COLLANA STORICA
DIRETTA DA SERGIO ROMANO

MIRELLA SERRI

I PROFETI DISARMATI

1945-1948 La guerra tra le due sinistre

CORBACCIO

www.corbaccio.it

ISBN 978-88-7972-978-9

A Paolo

INTRODUZIONE

Il passato che non passa. «Gli errori sono umani, diabolica è la ripetizione dell'errore».[1] A sfidarsi sul tema, solo apparentemente scontato, del passato che torna e ritorna, sono due protagonisti di primo piano degli anni che seguono la fine della seconda guerra mondiale: Pietro Secchia e Mario Pannunzio. Lo stimolo a riflettere sulle analogie storiche era contenuto in un editoriale del piccolo quotidiano *Risorgimento Liberale*: sulle colonne dell'*Unità* lo scritto meriterà una selva di rimbrotti e accuse da parte dell'ex commissario generale delle Brigate Garibaldi nonché uomo chiave dell'organizzazione comunista.[2] L'articolo della testata liberale non era firmato, ma a muovere i fili della provocazione era il gran burattinaio sulla plancia di comando, il trentasettenne Pannunzio che, meno di due anni dopo, fonderà e assumerà la direzione del più noto settimanale *Il Mondo*. Il giornalista – che, come era solito dire Giovanni Ferrara, «amante delle 'piccole comodità di ogni giorno', della scomoda attività della dissidenza aveva fatto la 'vocazione della vita'»[3] – aveva gettato il guanto della sfida dalle pagine del quotidiano da lui diretto, *Risorgimento Liberale*. Il giornale che aveva come numi tutelari Benedetto Croce e Luigi Einaudi, con toni preoccupati metteva l'accento su

[1] Non firmato, *La violenza è vile*, in *Risorgimento Liberale*, 18 marzo 1947.

[2] P. Secchia, *Chi sono i provocatori?*, in *l'Unità*, 19 marzo 1947.

[3] Non firmato, *Mario Pannunzio*, in AA.VV., *Dal* Risorgimento Liberale *al Centro Pannunzio. Un liberalismo duro e puro. Mostra per i 35 anni del Centro Pannunzio*, Torino, Palazzo Barolo, 15 maggio-1° giugno 2002, Centro di studi e ricerche Mario Pannunzio, 2002, p. 9.

eventi oscuri e apparentemente inspiegabili: il ripetersi, nella primavera del 1947, di assassinii, accoltellamenti, bastonature. In particolare si riferiva a vari agguati in cui erano rimasti vittime alcuni parlamentari del Pli.[4] Gli aggressori avevano colpito in contemporanea e in località diverse, alimentando il sospetto che si trattasse di azioni preordinate e preparate a tavolino.

Risorgimento Liberale, entrando nel merito del ripetersi degli «errori», proponeva un inaspettato parallelismo: quello tra l'anno in corso e il 1923. «Il popolo italiano fu scosso nel 1924 dall'assassinio di Matteotti ma prima ancora c'erano state le aggressioni a Misuri e a Forni e quando l'opinione pubblica si decise a muoversi fu troppo tardi»,[5] osservava il foglio di Pannunzio riprendendo i termini di un dibattito in atto su tutta la stampa nazionale. Si rievocava, così, per gli anni neri, l'operazione di bonifica da parte di Benito Mussolini, fresco di insediamento governativo, nei confronti di Cesare Forni, il ras della Lomellina, e di Alfredo Misuri, capo dello squadrismo umbro:[6] il duce li aveva fatti fuori entrambi, ricoprendoli di fango e di false accuse, non risparmiando nemmeno la visita di un paio di mazzieri che avevano sistemato la 'dissidenza' interna al Pnf. Ugualmente di conflitto intestino si parlava in quei mesi turbolenti del 1947, quando il Pci sedeva ancora sui banchi del governo (passerà all'opposizione, con la fine dell'alleanza Dc, Pci, Psi, il 13 maggio 1947). Il quotidiano liberale individuava proprio nei fatti di sangue sulla cui natura si interrogavano sia Pannunzio che Secchia una resa di conti all'interno di una stessa 'famiglia'. Questa analogia tra il dopoguerra in abito democratico e il passato in camicia nera suona oggi piuttosto singolare: i presupposti che mossero la

[4] Non firmato, *Richiamo al governo*, in *Risorgimento Liberale*, 18 marzo 1947.

[5] Non firmato, *La violenza è vile*, cit.

[6] Cfr. R. De Felice, *Mussolini il fascista. I. La conquista del potere, 1921-1925*, Torino, Einaudi, 1995, p. 447 e sgg.; sulle vicende di Forni e Misuri in particolare, si veda G. Pansa, *Le notti dei fuochi*, Milano, Sperling & Kupfer, 2001.

discussione appartengono infatti a un contesto politico-culturale del tutto dimenticato. Di quale famiglia e di quale conflitto si stava discutendo?

Un'attività divorante, affermava Pannunzio, si stava esercitando in maniera occulta ma tenace tra consanguinei. Il direttore l'aveva da subito definita – con una battuta che diventerà il leitmotiv di più di un decennio – l'esercizio della «tecnica della mangusta».[7] La guerra intestina, che veniva paragonata a quella dei primi anni bui della dittatura, stava opponendo componenti di una stessa grande comunità: era un conflitto tutto interno alla casa comune antifascista, proprio quella che, con le armi in pugno, aveva partecipato alla Resistenza, unita nel Comitato di liberazione nazionale.[8]

Da dove traevano origine le considerazioni di Pannunzio? Il capitano al timone del foglio liberale non era solo, in questa denuncia: in piena consonanza con quanto andava scrivendo il quotidiano, anche due grandi antifascisti come Ernesto Rossi e Gaetano Salvemini approdavano ad analoghe conclusioni. Sostenevano – adoperando curiosamente anch'essi un'immagine gastro-alimentare – che tra alleati antifascisti era in atto la pratica di «deglutirsi»[9] vicendevolmente. Oppure, in altri termini, individuavano in partiti apparentemente solidali nell'ostilità alla dittatura la consuetudine di «tirar la corda»,[10] fino a strangolarsi. Emergeva così da più parti e su varie testate[11] la denuncia

[7] M. Pannunzio, *Gli estremisti moderati*, in *Risorgimento Liberale*, 18 luglio 1944.

[8] Sulle ricostruzioni non sempre coincidenti circa la nascita e l'atto costitutivo del Cln, cfr. E. Forcella, *La Resistenza in convento*, Torino, Einaudi, 1999, pp. 11-13.

[9] Gaetano Salvemini a Ernesto Rossi, Firenze, 29 settembre 1947: «l'interesse a tenere divisi e a vedere sfibrarsi tutti i partiti di sinistra per deglutirne i seguaci uno a uno», in E. Rossi e G. Salvemini, *Dall'esilio alla Repubblica. Lettere 1944-1957*, a cura di M. Franzinelli, prefazione di M. Isnenghi, Torino, Bollati Boringhieri, 2004, p. 279.

[10] E. Rossi a G. Salvemini, Ginevra, 7 aprile 1945, in *Ibidem*, p. 87.

[11] Non firmato, in *Corriere d'informazione*, 7 agosto 1945.

di una divisione e di una ferita profonda,[12] iniziata mentre ancora divampava la guerra civile ma destinata ad allargarsi e a crescere negli anni della rinascita e della ricostruzione postfascista.

Questo libro intende ripercorrere la storia, oggi finita nell'oblio, di una sfida cruenta tra vincitori, dei ripetuti tentativi di «deglutirsi» proprio tra le forze politiche uscite vincitrici dalla guerra. In realtà questa ricostruzione era iniziata – come accade non di rado a chi fa ricerca storica e, imboccata una strada, si trova poi dall'evidenza dei fatti portato a percorrerne un'altra – come ricognizione di *Risorgimento Liberale*. L'intenzione era di ricomporre i numerosi tasselli del dibattito intellettuale alla fine della seconda guerra mondiale. Ma chi scrive si è trovata di fronte a uno scenario veramente inatteso. In primo piano non le polemiche dell'intellighenzia ma un risuonar di armi non solo metaforico. Al contrario delle aspettative di partenza, un quadro di denuncia, da parte di voci da decenni sopite: a questo punto non solo il quotidiano di Pannunzio – ma anche altri giornali, dal *Corriere della Sera* all'*Avanti!* all'*Unità* a *Il Popolo* a *L'ora d'Italia* a testate locali come il *Giornale dell'Emilia*, la *Gazzetta di Modena*, *La voce del popolo* – hanno contribuito a riattraversare le varie fasi di un'incredibile ventata che colpisce la penisola e ne accompagna l'inizio della «nuova vita» democratica e repubblicana. Fu un duello che si svolse tra il 1945 e il 1948 mettendo a confronto, in particolare, due sinistre ex alleate nella lotta contro il nazifascismo: quella rappresentata dal piccolo giornale diretto da Pannunzio e voce dei liberali di sinistra che sfidò, per poi soccombere, il gigante Golia, l'apparato comunista, i suoi organi di stampa e i suoi alleati socialisti. In questa ricostruzione, oltre a *Risorgimento Liberale* e agli altri quotidiani, viene ampiamente utilizzato anche lo sguardo di Salvemini e Rossi, la loro corrispondenza privata, gli interventi sul primo *Mondo*: non a caso la consonanza di vedute del professore di Molfetta e del suo ama-

[12] A. Garosci, *Storia dei fuorusciti*, Bari, Laterza, 1953, p. 158.

tissimo «Esto» con Pannunzio approderà nella collaborazione di entrambi al famoso settimanale nato dopo la fine di *Risorgimento Liberale*.

Ma cosa opponeva il Davide di Pannunzio a Golia? Di quale conflitto realmente si trattava? Il contenzioso culturale e politico che tagliò con un colpo netto la «famiglia» antifascista, e di cui *Risorgimento Liberale* fu protagonista e testimone attento, si annunciò prima lentamente. Poi in maniera sempre più incalzante, in uno sconvolgimento che si protrasse fino al 1948[13] e oltre, strisciante ma non troppo. Fu uno scontro che coinvolse i liberali, che ambivano a porsi come polo di aggregazione antifascista anche per i socialisti e per le forze sparse di sinistra, e il partito di Togliatti, che marciava con passo determinato e pesante per assumere la leadership e ribadire la fisionomia, acquisita durante la guerra di liberazione, di partito leader dell'antifascismo. E di partito determinato a espellere tutti gli ospiti non graditi dal condominio dei vincitori. Fu una lotta intestina che si può definire fratricida e che non è mai stata esplorata completamente. Molto si è parlato di strascichi o brandelli di guerra civile prolungata[14] che avevano come obiettivo ex fascisti che si riaffacciavano alla vita politica, o che erano rimasti nei gangli vitali delle istituzioni e parevano pronti a destabilizzare la Repubblica. Molto si è scritto e dibattuto a proposito della resa dei conti avvenuta nel triangolo della morte dopo la fine della guerra mondiale e fino al

[13] Cfr. G. Gozzini e R. Martinelli, *Storia del Partito comunista italiano. Dall'attentato a Togliatti all'VIII congresso*, Torino, Einaudi, 1998, pp. 3-71.

[14] Cfr. l'introduzione di Piero Craveri a *La seconda guerra mondiale e la sua memoria*, a cura di P. Craveri e G. Quagliariello, Soveria Mannelli, Rubbettino, 2006, p. 20: «Il vero rebus non risolto riguarda il tema della 'guerra civile' nonostante i numerosi passi fatti da Pavone», osserva lo storico affrontando il tema di una seconda guerra civile. Cfr. C. Pavone, *Una guerra civile. Saggio storico sulla moralità nella Resistenza*, Torino, Bollati Boringhieri, 1991; F. Grassi Orsini, *Guerra di classe e violenza politica in Italia. Dalla liberazione alla svolta centrista (1945-1947)*, in *1947. L'anno della svolta*, in *Ventunesimo Secolo*, a. IV, febbraio 2007, pp. 75-104; E. Galli Della Loggia, *La morte della patria*, Laterza, Roma-Bari, 1996.

1946[15] o delle note azioni della Volante rossa.[16] Trascurata, invece, è la catena di sopraffazioni, di episodi anche violenti, che furono proprio l'espressione della volontà di «tirar la corda» reciprocamente tra gli ex alleati e che procedettero di pari passo con la strisciante affermazione della leadership comunista. Fu una tempesta che investì lo stivale e portò a una drammatica spaccatura nel condominio che ospitava tutti quelli che avevano combattuto fianco a fianco contro il nemico nazifascista. E fu una scelta di divisione interna che trovava le sue ragioni in una lunga storia di lotta fratricida a sinistra per l'egemonia politica e culturale. Un filo rosso lega così luoghi e fatti lontani nel tempo e nello spazio di cui si tratta in queste pagine: si risale infatti alla prima frattura nella 'casa' dei 'fratelli' antifranchisti, all'epoca del Fronte popolare e della guerra di Spagna, quando si accese la «guerra civile nella guerra civile» (in questi termini Hans Magnus Enzensberger ha definito il massacro iberico degli anarchici)[17] tra gli antifascisti di fede diversa schierati contro il Generalissimo. Il primo successo dell'egemonia comunista ritenuta, peraltro, necessaria e imprescindibile per la causa dell'antifascismo, fu accompagnato dalla rivalsa sugli anarchici, fino a quel momento 'fratelli'. Dall'anteguerra al dopoguerra, una continuità segna le vicende di questa complicata famiglia: una nuova opposizione animò il consorzio antifascista, con i comunisti desiderosi di riaffermare e di riproporre il modello spagnolo e l'assoluta necessità della propria primazia, impegnati nella conquista di un nuovo ruolo leader senza perdere il legame con i socialisti.

Ma chi furono esattamente gli attori che si fronteggiarono sulla scena di questo confronto-scontro?

[15] Cfr. G. Fantozzi, *Vittime dell'odio. L'ordine pubblico a Modena dopo la liberazione (1945-1946)*, Bologna, Europrom, 1990; G. Pansa, *Il sangue dei vinti. Quel che accadde in Italia dopo il 25 aprile*, Milano, Sperling & Kupfer, 2003.

[16] C. Guerriero e F. Rondinelli, *La Volante rossa*, Roma, Datanews, 1996, p. 24; M. Mafai, *L'uomo che sognava la lotta armata*, Milano, Rizzoli, 1984.

[17] H.M. Enzensberger, *La breve estate dell'anarchia. Vita e morte di Buenaventura Durruti*, Milano, Feltrinelli, 1997, p. 12.

La svolta che cambiò le carte in tavola, a partire dal 1945, provocando un tourbillon politico di incredibili dimensioni tra compagni di lotta antinazista e antifascista, ebbe, tra gli altri, proprio il giornale di Pannunzio come protagonista e vittima. Il direttore, quando diede vita a *Risorgimento Liberale*, era già un brillantissimo giornalista che aveva condiviso con Arrigo Benedetti la responsabilità di *Oggi*, rivista in camicia nera. Il giornale si modellò, come del resto anche *Il Mondo*, sulla vocazione del suo timoniere votata all'originalità e si configurò come «il caso più nuovo e singolare» tra le pubblicazioni di partito del dopoguerra, secondo lo storico del giornalismo Paolo Murialdi. «Fu il frutto un po' inglese (tono pacato, scrittura pulita) di un gruppo di giornalisti di valore, alcuni dei quali avevano lavorato durante il fascismo in settimanali come *l'Omnibus* di Leo Longanesi, dotati, per i tempi che correvano, di finezza e di un certo anticonformismo.»[18] Fu anche questa l'eredità[19] che *Risorgimento Liberale*, insieme a tutte le sue firme, travasò nel *Mondo*.

Quali le sue ambizioni politiche? Molte, moltissime. Il quotidiano aveva come sponsor non solo Croce ed Einaudi ma anche Nicolò Carandini, Mario Ferrara[20] e tanti altri fari del mondo liberale. Nata in clandestinità, la testata non si configurava come un prodotto postumo dell'ancien régime, cioè del vecchio liberalismo.[21]

[18] P. Murialdi, *La stampa italiana. Dalla liberazione alla crisi di fine secolo*, Roma, Laterza, 1998, p. 18.

[19] Cfr. M. Teodori, *L'anticomunismo democratico in Italia. Liberali e socialisti che non tacquero su Stalin e Togliatti*, Roma, Liberal Edizioni, 1998; il volume raccoglie gli scritti di antifascisti anticomunisti italiani: dall'anarchico Armando Borghi, passando per il fondatore del socialismo italiano Filippo Turati, sino ai liberalsocialisti Carlo Rosselli, Gaetano Salvemini ed Ernesto Rossi, a Giustizia e Libertà, ai repubblicani Ugo La Malfa e Giovanni Spadolini, a Benedetto Croce, Mario Pannunzio e Luigi Einaudi.

[20] Teorico della terza via sui primi numeri del *Mondo*. Cfr. M. Ferrara, *Un appello ai dispersi*, in *Il Mondo*, 1° maggio 1949.

[21] Sulla diffidenza dei liberal di Pannunzio nei confronti dei liberali italiani e sul dibattito Croce-Salvemini sul liberalismo italiano e anglosassone, cfr. G.

Anzi, nel suo atto di nascita designava come interlocutori «laburisti, cattolici, repubblicani» e le forze di sinistra con cui ritrovava «somiglianza di idee»,[22] a cominciare dai socialisti. Li ambiva come partner e li corteggiava, cercando di sciogliere quel legame di ferro siglato dal partito di Pietro Nenni con il Pci (il patto di unità di azione, stipulato nel 1934, ribadito nel 1937, più volte rinnovato a partire dal 1943). Ma Pannunzio tendeva anche ripetutamente la mano al partito di Togliatti, asserendo che «nei limiti di una pacifica gara di ideali, potremo combattere insieme, senza tentare di sopraffarci a vicenda».[23] E non rinunciava, però, a sottolinearne i limiti: lo vedeva afflitto da una «decrepita ideologia... che è poi quella stessa che ha ispirato il fascismo... Conservatori potremmo chiamarli per la loro smisurata devozione all'autorità dello Stato, per l'inclinazione dei più al conformismo, per la sottomissione delle moltitudini a una gerarchia di pochi sacerdoti, e infine per quella specie di mistica, perfetta esaltazione di qualcosa che è al di sopra della ragione».[24] E si augurava che il Pci, grazie all'alleanza con i liberali orientati a sinistra, finalmente si liberasse dall'abito «ultraconservatore».[25] *Risorgimento Liberale* ambiva a essere il crocevia delle forze riformiste e delle nuove energie che si affacciavano all'orizzonte della «nuova» Italia. Sceglieva come interlocutori i più giovani, nauseati dalla dittatura vista come una tragica fase di stallo e di oscurantismo, proponeva un nuovo ruolo nella nuova vita democratica, progressista ma non progressivo (non sostenitore della democrazia progressiva sotto l'egida della falce e martello). Parlava a un intero ceto emergente.

Portavoce dei liberal di sinistra, il quotidiano esprimeva il

Salvemini, *Che cos'è un liberale italiano del 1946*, in E. Marzo, *Un rivoluzionario in grisaglia*, in *Critica Liberale*, giugno-luglio, v. X, nn. 92-93, 2003.

[22] M. Pannunzio, *Un partito giovane*, in *Risorgimento Liberale*, 29 agosto 1944.

[23] M. Pannunzio, *L'incerta tregua*, in *Risorgimento Liberale*, 1° novembre 1944.

[24] M. Pannunzio, *Gli estremisti moderati*, in *Risorgimento Liberale*, cit.

[25] *Ibidem*.

primo nucleo di una sinistra terzista orientata a conquistarsi le simpatie delle nuove classi dirigenti e delle nuove leve del mondo del lavoro. *Risorgimento Liberale* era pronto a cogliere il meglio della tradizione socialista e si riconosceva nel progetto che, prima ancora che sulle colonne del *Mondo*, sulle sue stesse pagine definiva terza forza o terza via: « nient'affatto compromissoria o conciliativa ».[26]

Pannunzio con il suo foglio interveniva facendo avvertire il proprio peso culturale e politico e dimostrando di non essere prono ai desiderata del Pci. Momenti di acceso dibattito saranno le inchieste che il giornale condusse senza paraocchi su Pola e su Trieste, sui prigionieri di guerra in Urss, sui reduci, sull'oro di Dongo e soprattutto su un intreccio di bugie e segreti riguardanti il colonnello Valerio, l'esecutore della sentenza di morte nei confronti di Mussolini. La testata pubblicò, poi – con una scelta assai audace – a puntate e con gran clamore, la scottante denuncia, *Ho scelto la libertà*, di Viktor Andreevich Kravchenko. L'autobiografia-rivelazione, venduta in milioni di copie, dell'alto funzionario sovietico fuggito dal suo paese era una testimonianza diretta dei processi di collettivizzazione forzata e dei campi di prigionia in Urss. Kravchenko, duramente attaccato dal regime sovietico e dai partiti comunisti di tutto il mondo, fu accusato dal settimanale del Partito comunista francese *Les Lettres Françaises* di divulgare notizie false e di essere una spia occidentale. L'ingegnere, che si era rifugiato in America, nel 1949 denunciò la rivista, ed ebbe luogo quello che fu chiamato il « processo del secolo » a cui parteciparono centinaia di testimoni (determinante a favore di Kravchenko fu la deposizione di Margarete Buber-Neumann, vedova di Heinz Neumann, ex leader del Partito comunista tedesco rifugiatosi a Mosca e condannato a morte dai sovietici. La Buber-Neumann, moglie di « elemento socialmente pericoloso », venne a sua volta chiusa in un gulag e poi consegnata ai nazisti che

[26] *Ibidem*. Cfr. C. De Michelis, *Ricordando Pannunzio*, in AA.VV., *Dal* Risorgimento Liberale *al Centro Pannunzio. Un liberalismo duro e puro. Mostra per i 35 anni del Centro Pannunzio*, cit., p. 11.

la tennero prigioniera a Ravensbrück). Il contenzioso si concluse con la vittoria di Kravchenko e agitò non poco le acque del comunismo internazionale[27] con la messa sotto accusa di quanti avevano sostenuto la sua causa.

Risorgimento Liberale portava infine alla luce anche i numerosi volti di un'Italia per nulla pacificata e ben distante dalla raffigurazione, offerta dalla stampa comunista, della penisola operosa e impegnata nella ricostruzione postbellica. Rendeva nota così una singolare escalation che prendeva avvio fin dalla fine della guerra: un notevole aumento degli omicidi politici. Il giornale era molto attento alla resa dei conti nel triangolo rosso – i delitti documentati dal giornale di Pannunzio suscitavano risposte veementi da parte comunista – e alle «bravate» della Volante rossa, dei famigerati «bravi ragazzi» di Sesto San Giovanni. Però raccontava di assassinii altrettanto cruenti che andavano a colpire insospettabili obiettivi. Erano violenze dirette contro antifascisti liberali (che avevano deposto le armi, a differenza dei comunisti e in parte anche dei democristiani), militanti dello scudo crociato, repubblicani, socialisti antifusionisti che non amavano il Pci «subdolamente prevaricatore».[28] Al gran mucchio delle vittime si aggiungevano inoltre i neofascisti e gli aderenti al movimento dell'Uomo qualunque. Il fenomeno si allargherà a macchia d'olio: la pressione aumentò con l'avvicinarsi delle elezioni amministrative del 1946 e nei mesi successivi la febbre della violenza si diffuse tanto da venire battezzata con un appellativo originale: gli «illegalismi».

Non passava giorno che Pannunzio e il suo Davide di carta non provocassero crampi e fastidi vari ai dirigenti comunisti che schie-

[27] V. Kravchenko, *Ho scelto la libertà*, uscirà a puntate su *Risorgimento Liberale* dal 28 maggio al 6 giugno 1946 e quindi in volume per Longanesi nel 1948. Sulla vicenda di Margarete Buber-Neumann, cfr. della stessa Buber-Neumann, *Prigioniera di Stalin e Hitler*, Bologna, Il Mulino, 2005.

[28] G. Vassalli, introduzione a *Sandro Pertini dal confino alla Resistenza. Lettere 1935-1945*, a cura di S. Caretti, Manduria-Bari-Roma, Piero Lacaita editore, 2007, p. 17.

ravano le penne più aggressive, da Togliatti a Secchia a Longo a Mauro Scoccimarro e Pietro Ingrao, per controbattere la tesi della «tecnica della mangusta», l'accusa di voler assimilare o mettere a tacere gli alleati, ormai ex, della coalizione antifascista. Se il foglio di Pannunzio faceva emergere che gli illegalismi erano come tanti fuochi che incendiavano la penisola, le gridate proteste comuniste tendevano a far sparire ogni traccia di delitto politico, seppellendolo sotto la generica catalogazione di brigantaggio postbellico. E se il quotidiano chiedeva ripetutamente, al di là delle dichiarazioni formali, un sostanziale rispetto della legge – «Abbiamo invocato, si può dire, dal primo giorno della nostra lotta politica, autorità, disciplina, osservanza della legge. Abbiamo deprecato ogni ricorso alla violenza, ogni forma di arbitrio, ogni inclinazione a farsi giustizia da sé, di là delle forme e degli organi che la legge prescrive» –,[29] il Partito comunista si opponeva. Complici la situazione internazionale di guerra fredda, la scissione del Psi, i cento tormentati giorni dell'ultimo governo con i comunisti, la calda temperatura degli illegalismi raggiungerà il diapason.

La dolorosa separazione tra le due sinistre diveniva così nel 1947 sempre più profonda per una molteplicità di cause. Determinante, però, il rilievo mosso da Pannunzio fin dall'epoca della guerra civile e poi riproposto negli anni: il Pci era sempre più intenzionato «a sollevarsi sopra gli altri partiti nella lotta al fascismo».[30] Progressivamente, mentre indossava i severi panni di tutore della «ricostruzione nazionale», sempre più il partito si identificava come il «salvatore della patria»,[31] come il rappresentante unico dei valori dell'antifascismo e della lotta di liberazione.

[29] Non firmato, in *Risorgimento Liberale*, 13 marzo 1945; il dibattito sulla inclinazione del Pci a fare «giustizia da sé» tornerà in maniera ricorrente sulle pagine di *Risorgimento Liberale*: cfr. M. Pannunzio, *Chi getta l'allarme*, in *Risorgimento Liberale*, 6 aprile 1947.

[30] M. Pannunzio, *Gli estremisti moderati*, in *Risorgimento Liberale*, cit.

[31] *Ibidem*. Cfr. M. Pannunzio, *Chi getta l'allarme*, in *Risorgimento Liberale*, cit.

Aspirava al «monopolio», a essere incoronato gestore e amministratore dell'eredità resistenziale. A ridefinire l'architettura della casa comune antifascista e a tratteggiare il profilo degli ospiti indesiderati saranno poi gli intellettuali, in particolare quelli che *Risorgimento Liberale* chiamava «gli zelanti neofiti dell'antifascismo»:[32] scrittori, saggisti, artisti operanti sotto il regime. Ora ansiosi di dimostrare la nuova appartenenza, in aperto scontro con il giornale di Pannunzio.

Il primo a meritarsi gli strali del quotidiano era il saggista Carlo Muscetta, fresco di approdo al Pci dopo aver cambiato in quattro anni quattro partiti, fascista, azionista, concentrazione repubblicana e per ultimo il partito della falce e martello. In polemica con il giornale di Pannunzio, proprio l'italianista einaudiano elaborerà l'immagine più incisiva di coloro che definirà: «uomini non qualunque». Un'immagine destinata a contraddistinguere non solo l'intellighenzia schierata sotto le bandiere comuniste ma anche gli intellettuali che si proponevano come fiancheggiatori e sostenitori «esterni» del partito di Togliatti.

Illustrando le ragioni della sua adesione al Pci, il professore che sedeva nell'autorevole consesso degli intellettuali dello Struzzo – di cui facevano parte, tra gli altri, Norberto Bobbio, Massimo Mila, Cesare Pavese, Italo Calvino, Natalia Ginzburg – disegnava il perimetro della nuova «casa» dell'antifascismo: si esprimeva addirittura in termini di superiorità «etica e morale» dei comunisti. Chiamava «uomini non qualunque» non solo tutti coloro che avevano in tasca la tessera del partito, ma anche quelli che aderivano alle battaglie comuniste proprio in nome di questa differenza «etica e morale». «Uomini qualunque» non erano per Muscetta gli adepti del partito di Guglielmo Giannini,[33] ma

[32] P. Gentile, *I pentiti e gli ostinati*, in *Risorgimento Liberale*, 8 gennaio 1947.

[33] Con cui Togliatti peraltro aveva inaugurato un pour-parler. Cfr. P. Gentile, *Il tranello comunista*, in *Risorgimento Liberale*, 8 gennaio 1947: «La discussione Giannini-Togliatti va facendosi estremamente interessante anche per noi terzi estranei», scriveva il giornale di Pannunzio a proposito del rapporto

piuttosto tutti quelli che non riconoscevano la superiorità del consesso con falce e martello, favorendo così la « restaurazione democratica ».[34] Il professore di Avellino stabiliva una netta distinzione tra « uomini di qualità » – che sostenevano le battaglie comuniste « con impegno estremo »[35] – e i « non uomini »: questi ultimi, non condividendo con i comunisti la loro superiorità etica, non erano degni di alloggiare nella comunità antifascista. Sanciva così il « complesso dei migliori »,[36] non solo degli intellettuali comunisti ma anche dei « compagni di strada », pronti a marciare a fianco dei militanti con falce e martello pur di acquisire le stellette di « uomini di qualità ». Questa distinzione operata da Muscetta, che sarà fondamentale nel dopoguerra per discriminare, espellere, attaccare l'intellighenzia indipendente e non disposta a un ruolo subalterno,[37] trovava un ulteriore apporto nelle parole di Concetto Marchesi. Il famoso latinista formulava un teorema anche questo destinato a sopravvivere inossidabile per decenni e teorizzava l'esistenza del « fascista mascherato », di colui che fingeva di appartenere alla grande famiglia degli « uomini di qualità » ma sotto il travestimento era ben altro. Togliatti, anziché smorzare i toni settari degli intellettuali « neofiti », solle-

tra il fondatore dell'Uomo qualunque e il leader comunista; S. Setta, *L'uomo qualunque. 1944-1948*, Roma-Bari, Laterza, 1975.

[34] C. Muscetta, *Perché sono nel Partito comunista. Risposta a certe domande. Parte II*, in *l'Unità*, 18 marzo 1947.

[35] *Ibidem.*

[36] La presunzione di una « supponenza morale » nella sinistra è stata analizzata da L. Ricolfi, *Perché siamo antipatici? La sinistra e il complesso dei migliori*, Milano, Longanesi, 2005, ma sono ben diversi i soggetti politici e la situazione politica e culturale.

[37] Sul tema della libertà di stampa e del rapporto con i comunisti, Ernesto Rossi – con la provocazione *La gallina di Charlot*, in *Il Mondo*, 8 novembre 1952 – aprì una discussione in cui intervennero, tra gli altri, Arturo Carlo Jemolo, Ignazio Silone, Aldo Garosci e Piero Calamandrei. Carlo Muscetta attaccò pesantemente Ernesto Rossi nell'articolo, *Piove prof. Rossi*, accusandolo di aver dimenticato l'amore per la libertà e le battaglie antifasciste. Cfr. C. Muscetta, *Gli eredi di Protopopov*, Roma, Lerici, 1977, pp. 87-92.

citava a far di tutto perché i fascisti mascherati da antifascisti buttassero giù la maschera.[38]

Nel vivo di uno spietato e cruento scontro sulle piazze d'Italia, che coinvolgeva città, borghi e paesi, si cementava ed era posto il suggello all'escalation culturale e alla divisione tra «uomini non qualunque» e «uomini qualunque», tra antifascisti senza maschera e fascisti mascherati.[39]

Uno degli elementi scatenanti che porterà alla ridefinizione dello stile che connotava la «famiglia» antifascista, sarà poi la crisi di identità e di credibilità che investirà il Partito comunista nella primavera del 1947. E questo avverrà in seguito alle polemiche relative all'uccisione dell'ex repubblichino Franco De Agazio, cronista sulle orme dei misteri collegati alla scomparsa del tesoro di Dongo.

Era *Risorgimento Liberale* a puntare il dito accusatorio: non tanto per denunciare le misteriose vie imboccate dall'ingente bottino sequestrato ai gerarchi in fuga. Quanto per sollecitare indagini approfondite sulla catena di assassinii degli ex partigiani a conoscenza di queste inaspettate strade prese dall'oro fascista. Il giornale apriva però anche la porta che conduceva ad alcune segrete stanze del ragionier Walter Audisio. Scopriva sepolcri imbiancati che riguardavano il passato del partigiano comunista più celebre del momento, l'uomo-simbolo della lotta armata e del partito degli «uomini di qualità», senza macchie né ombre.[40] Il partito di Togliatti, sotto attacco e minacciato attraverso le possibili rivelazioni su Audisio in camicia nera, rispediva al mittente ogni critica e lo faceva equivocando intenzionalmente: i fatti di cui si discuteva, si sosteneva sulle colonne dell'*Unità*, non erano un'offesa e un oltraggio nei confronti di uno dei partiti che aveva dato il suo apporto alla guerra civile, ovvero del Pci, ma un

[38] P. Gentile, *Il tranello comunista*, in *Risorgimento Liberale*, cit.

[39] M. Pannunzio, *Via dal Governo i comunisti*, in *Risorgimento Liberale*, 8 dicembre 1946.

[40] Senza firma, nella rubrica «Archivio», in *Risorgimento Liberale*, 28 marzo 1947.

attacco alla Resistenza stessa e all'immagine complessiva dell'antifascismo.

Scenderanno in campo dunque per difendere la Resistenza le squadre armate della «vigilanza democratica», impegnate nella campagna di smascheramento, sollecitata da Marchesi, dei fascisti mimetizzati da antifascisti. Saranno giustificate le aggressioni ad antifascisti «non di qualità»: tute blu che protestavano contro le prevaricazioni sindacali, studenti che si opponevano all'occupazione delle piazze, agricoltori, medici, avvocati, professionisti, sindaci che venivano sostituiti con altri sindaci, commercianti ostili al socialconfusionismo,[41] come ironicamente Salvemini chiamava la fusione tra socialisti e Pci.

Questo accanimento sarà accompagnato dal dilagare dei «delitti di folla». Con i municipi dello stivale presidiati da ex partigiani con fazzoletto rosso e mitra in spalla, nonché teatro di incontri-scontri che finivano in ripetute violenze. Verso gli ultimi mesi del 1947 continuavano gli assalti contro sedi ed esponenti del Partito democratico del lavoro[42] (fondato dall'antifascista Ivanoe Bonomi, socialista espulso dal Psi nel 1912 per aver manifestato idee «liberali» ed aver approvato la guerra di Libia; fu alla Presidenza del Consiglio dei ministri il 4 luglio 1921, e poi ebbe un ruolo di «protagonista indiscutibile, ancorché contestato, della transizione dal fascismo alla democrazia repubblicana attraverso il compromesso con la monarchia»).[43] Le violenze

[41] G. Salvemini, *Il privilegium fori*, pubblicato in inglese con il titolo *Vatican and Mindszenty*, in *The Nation*, 6 agosto 1949, ora in Idem, *Opere. Scritti vari*, Milano, Feltrinelli, 1978, v. VIII, p. 776.

[42] I maggiori esponenti della Democrazia del lavoro (Dl) erano Ivanoe Bonomi, Meuccio Ruini, Luigi Gasparotto. Nel 1944 la Dl diventò il Partito democratico del lavoro che nel 1946 partecipò alle elezioni per l'Assemblea costituente.

[43] G. Sabbatucci, introduzione a G. Fanello Marcucci, *Ivanoe Bonomi dal fascismo alla Repubblica. Documenti del Comitato Centrale di Liberazione Nazionale*, (dicembre 1942-giugno 1944), Manduria-Bari-Roma, Piero Lacaita Editore, 2005, p. 8. Cfr. anche L. Cavazzoli (a cura di), *Ivanoe Bonomi riformatore*, Manduria-Bari-Roma, Piero Lacaita Editore, 2005.

colpiranno politici bianchi, sostenitori dello stemma sabaudo, liberali, qualunquisti. Prendeva corpo anche una nuova manifestazione della cosiddetta vigilanza democratica: sotto tiro c'erano i giornali (un'eredità, questa dell'attacco ai mezzi d'informazione, che arriverà fino agli anni di piombo). A cominciare da *Risorgimento Liberale*, con gli uffici devastati e le copie bruciate in piazza. La testata stessa testimoniava della propria agonia con le sue cronache giorno dopo giorno. Da parte comunista venivano stilate pubbliche liste di proscrizione: questo avveniva sia a Sesto San Giovanni, rossa roccaforte della resistenza operaia, con elenchi di nomi di persone da passare per le armi, sia sulle colonne dell'*Unità*, che additava a caratteri cubitali i nomi dei giornali-bersaglio.

Risorgimento Liberale esauriva il suo corso con Pannunzio alla direzione il 5 dicembre 1947, mentre il Pli guardava con interesse a un'alleanza con i monarchici. Il direttore, con i liberali di sinistra, abbandonerà l'imbarcazione mentre il timone – con una virata a destra – passava a Manlio Lupinacci.[44] Il quotidiano

[44] Manlio Lupinacci su *Oggi*, il settimanale diretto da Benedetti e Pannunzio, aveva curato durante il ventennio «Documenti scarlatti», rubrica di imprese belliche. Si era espresso in maniera entusiasta sulla magnifica avanzata dell'Asse che segnava al suo attivo la conquista di Creta e della Grecia. Collaboratore del periodico *Mediterraneo* e anche del settimanale italo-spagnolo *Legioni e falangi*, aveva sostenuto con passione la necessità dell'entrata in guerra dell'Italia. Su *Primato* aveva delineato persino l'avvento di una nuova figura intellettuale, quella «del nuovo scrittore militarista». Nel novembre del 1940, sempre su *Primato*, il futuro direttore di *Risorgimento Liberale* aveva caldeggiato il rapporto fascismo-cultura e denigrato «il becerume delle Camere del Lavoro... quando la famiglia e il diritto di proprietà apparivano pericolanti: era soprattutto la cultura che minacciava di crollare sotto l'urto della masse».

Nel febbrario del 1941, sempre nella stessa sede, scrivendo del «genio nazionale», Lupinacci apprezzava il razzismo tedesco e metteva in relazione genio e razza, rintracciando proprio negli ariani le peculiarità del genio. Offriva così alimento alla teoria della distinzione tra popoli «minori» e «maggiori». Discutendo di *Nozione di Europa* mentre le armate del Reich invadevano il continente, esortava la cultura a uscire dai «cenacoli» e anche dai «conventi» e a operare «in senso europeo».

chiudeva definitivamente le pubblicazioni il 20 ottobre 1948. Ma i suoi illustri garanti e le sue firme più prestigiose lo fecero risorgere di lì a poco dalle proprie ceneri, come l'araba fenice, e incarnarsi nel *Mondo*.

Lo scontro intestino che aveva preceduto le elezioni del 18 aprile del 1948 non era privo di conseguenze. La distruzione delle sedi di *Risorgimento Liberale* e di molti altri quotidiani, i roghi delle testate non ben accette dalle squadracce in azione, le liste di proscrizione ricordavano gesti molto simili compiuti all'insegna di svastiche e di gagliardetti. Non erano l'estrema rivolta di ex partigiani, di operai, di sindacalisti, di antifascisti esasperati che, dagli spalti della nuova democrazia, difendevano l'eredità della «Resistenza sotto attacco», minacciata dall'avanzata del neofascismo minaccioso e imperante. Gli assassinii, i falò, le aggressioni da parte dei militanti con le bandiere rosse rappresentavano un giro di vite nei confronti di una cultura che non accettava la leadership comunista. Una cultura che si sottraeva a un'egemonia che, al contrario, tendeva sempre più ad affermarsi come necessaria e unica nella lotta contro il ritorno del fascismo. L'episodio che ha lasciato memoria consistente di questi tumultuosi mesi e ha segnato una battuta di arresto alla marea montante nelle piazze, è quello relativo a Ettore Troilo, e cioè la rimozione da prefetto di Milano del noto ex comandante della Brigata Maiella. Il suo allontanamento viene deciso dal governo il 27 novembre del 1947, pochi giorni dopo un efferato delitto di folla. Questo intervento ancora una volta «appare ai partiti di sinistra, ai militanti e agli ex partigiani come l'ennesimo insulto ai valori e ai protagonisti della Resistenza».[45] Il Pci reagisce e sarà Togliatti a mettere uno stop al clima insurrezionale.

Il terrore di quell'anno aveva però già convinto i «tentennanti», i liberal e tante aggregazioni minori che bisognava posizionarsi, prendere una tessera, andare da una parte o dall'altra della barricata. Ciò, almeno in parte, spiega il consistente successo

[45] C. Guerriero e F. Rondinelli, *La Volante rossa*, cit., pp. 37-38.

elettorale dello scudo crociato e la batosta al Pci del 18 aprile, per molti commentatori inattesi e sorprendenti nelle loro proporzioni: tali esiti saranno anche il risultato del dilagare delle squadracce armate, della «grande paura» disseminata a piene mani dalle violenze dei mesi precedenti fra agricoltori, artigiani, funzionari pubblici, ceti medi in genere. Non dunque il persistere dell'«eredità fascista»,[46] come è stato detto, negli orientamenti di una penisola nostalgica, bensì i durissimi scontri avevano spinto molti a cercar rifugio dietro la barriera anticomunista elevata dalla Dc. Consolidando così la tendenza verso il «fascismo omeopatico» di marca Dc, come lo chiamava Salvemini.

Il Pci, sconfitto alle urne nel 1948, conseguiva però altri successi: la mobilitazione del 1946-48 aveva offuscato definitivamente l'immagine degli altri occupanti della casa antifascista. Ora la storia era stata riscritta: ogni critica, osservazione, contestazione al partito dei lavoratori era percepita come schiaffo e oltraggio alla sostanza dell'antifascismo stesso e alla Resistenza. Il terzismo battuto si ritirava dall'agone della piazza. La terza via, scomparso *Risorgimento Liberale*, diventerà la nuova strada di intellettuali e politici del *Mondo*,[47] che battagliavano certamente contro lo stalinismo e l'Urss, ma soprattutto contro il nuovo potere democristiano, contro l'arroganza e la prepotenza dei nuovi emergenti.

Saranno, invece, soprattutto Rossi e Salvemini a tentare di mantenere in vita il ricordo delle lotte da poco passate e a far sentire sul *Mondo* la protesta contro la sinistra dei «profeti armati», come diceva Salvemini ancora sulle medesime pagine. Incrociando le lame con *l'Unità*, il grande antifascista del *Non mollare* era definito nel 1955, insieme agli amici del *Mondo*, «profeta

[46] G. Bocca, *Palmiro Togliatti*, Roma, Edizioni de l'Unità, 1992, v. II, p. 448.

[47] E. Scalfari, *La sera andavamo in via Veneto. Storia di un gruppo dal «Mondo» alla «Repubblica»*, Milano, Mondadori, 1986, ora in G. Carocci (a cura di), *«Il Mondo». Antologia di una rivista scomoda*, Roma, Editori Riuniti, 1997, pp. 230-231.

disarmato». A sua volta controbatteva: «Perché voi profeti armati non fate vostre le idee di quei profeti disarmati?» Sosteneva che i profeti dell'*Unità* erano «armati non solo di idee tenaci a morire ma anche di tecniche molto peculiari di convincimento. Queste tecniche», continuava, «discendono non solo dalla sicurezza che essi hanno di possedere la verità assoluta e dal disprezzo di chi non è stato toccato dalla rivelazione, ma anche dalla persuasione di trovarsi in permanente stato di guerra.»[48]

Salvemini, sempre sul nuovo giornale del gran direttore d'orchestra Pannunzio, a cui «tutti ancora una volta riconoscevano la capacità di dirigere»,[49] non rinunciava a definire esattamente le proprie scelte politiche: così si applicava a rintracciare l'atto di nascita della «separazione» originaria, il primo colpo mortale inflitto all'unità antifascista, nella storia internazionale del movimento operaio, nell'album di famiglia che ospitava anche gli anarchici.[50] Il primo momento in cui si era dato fuoco all'unità della casa antifascista era stata la «guerra civile nella guerra civile». Ed era stata una violenta deflagrazione, poiché a livello internazionale era emerso ciò che prima appariva assolutamente inconcepibile: il movimento operaio aveva adottato i metodi del duca Valentino[51] e questo aveva destato indescrivibile sdegno. Era il battesimo del sangue che frantumava la tradizionale solidarietà del proletariato e dei suoi dirigenti, era il dramma della lotta intestina contrabbandata come difesa dell'antifascismo. Salvemini aveva rievocato i fatti di Spagna come premessa di quanto era accaduto nella seconda metà degli anni Quaranta: l'estromissione degli alleati scomodi dalla casa comune antifascista, l'affermazione del Pci come gestore unico della causa antifascista e anche l'avvi-

[48] G. Salvemini, *Complesso pontificale*, in *Il Mondo*, 17 maggio 1955.

[49] I. Montanelli, *Pannunzio e* Il Mondo, *al di là delle leggende*, in AA.VV., *Dal* Risorgimento Liberale *al Centro Pannunzio. Un liberalismo duro e puro. Mostra per i 35 anni del Centro Pannunzio*, cit., p. 25.

[50] G. Ranzato, *L'eclissi della democrazia. La guerra civile spagnola e le sue origini. 1931-1939*, Torino, Bollati Boringhieri, 2004, p. 451 e sgg.

[51] A. Garosci, *Storia dei fuorusciti*, cit., p. 158.

cendarsi dei «gargarismi»[52] togliattiani, della «guerra guerreggiata» o «guerra civile permanente», della sinistra dei profeti armati contro la sinistra dei «profeti disarmati». L'eretico professore individuava infine nel terzismo un fenomeno carsico, una feconda traccia culturale pronta ad apparire e a sparire, a segnare la storia della sinistra italiana.[53] Un orientamento che sarà proprio «dei PM o pazzi malinconici o massi erratici su un ghiacciaio in via di estinzione... è il ghiacciaio che si chiamò 'liberalismo', democrazia e socialismo... Gli ultimi eredi di una rara avis in via di esaurimento che si potrebbero chiamare 'liberali-democratici-socialisti-repubblicani... e che si potrebbero definire con quattro lettere LDSR».[54]

Come mai il ricordo di *Risorgimento Liberale*, culla del terzismo, di tanti principi della sinistra liberale (riemersi a decenni di distanza, come testimoniano Alberto Alesina e Francesco Giavazzi, in *Il liberismo è di sinistra*)[55] e quello della «guerra guerreggiata» che si è accompagnata al successo della leadership culturale comunista, sono stati depennati dalla foga dei vincitori e non hanno trovato accoglienza nella memoria storica?

Il braccio di ferro in cui si misurarono Davide e Golia è finito nell'oblio. Il giornale di Pannunzio con le sue inchieste sui massacri in Emilia, sull'esodo della comunità italiana dell'Istria, di Fiume e della Dalmazia, sull'Urss e così via – tutte tematiche destinate a diventare altrettanti territori proibiti, off limits per la cultura di sinistra – sconfessava le pagine di storia riscritte in quei giorni di lotte accanite. L'interpretazione comunista considerava

[52] G. Salvemini a E. Rossi, Firenze, 29 settembre 1947, in E. Rossi e G. Salvemini, *Dall'esilio alla Repubblica*, cit., p. 283.

[53] Cfr. P. Bonetti, *Il Mondo. 1949-66. Ragione e illusione borghese*, Roma-Bari, Laterza, 1975; G. Galli, *Storia del socialismo italiano, da Turati al dopo Craxi*, Milano, Baldini Castoldi Dalai, 2007; M. Teodori, P. Ignazi, A. Panebianco, *I nuovi radicali*, Milano, Mondadori, 1977.

[54] G. Salvemini, *La pelle di Zigrino*, in *Il Mondo*, 21 febbraio 1953, pp. 3-4, ora in Idem, *Opere. Scritti vari*, cit., v. VIII, pp. 810-811.

[55] A. Alesina e F. Giavazzi, *Il liberismo è di sinistra*, Milano, Il Saggiatore, 2007, cfr. capitolo 2 n. 20.

arbitrario e inventato ad arte, per infangare gli eredi del patrimonio della lotta di liberazione,[56] tutto quello che non rientrava nel suo quadro di riferimento, soprattutto, poi se si trattava di un conflitto tra varie componenti della stessa sinistra. Soffiava sul fuoco dell'attacco alla memoria della Resistenza[57] per sollecitare la mobilitazione continua e la «guerra permanente» antifascista gestita dal Pci. Gli uomini di qualità, anche definendosi come tali, avevano vinto la loro battaglia per l'egemonia.

In questo bruciante risveglio alla democrazia degli anni Quaranta si delineava gran parte della storia successiva: si rinunciava alla condivisione della cultura antifascista, si tracciava la vocazione alla divisione profonda nella vita politica italiana e in quella artistica, culturale e intellettuale. Si gettavano le fondamenta di una tradizione storiografica proseguita fino ai nostri giorni, quando persino alcuni politici che hanno partecipato in prima persona a varie fasi di quell'avventura hanno sentito la necessità di ripensarne le tappe.[58] E ciò mentre gran parte degli storici continua a leggere quegli anni lontani con le stesse lenti deformanti usate dai profeti armati.

L'«Italia dei galantuomini», ha affermato Scalfari,[59] si era ritrovata sulle colonne del *Mondo.* Ma aveva già esordito su *Risorgimento Liberale*. Ed era uscita azzoppata da questa prima

[56] G. Oliva, *L'alibi della Resistenza*, Milano, Mondadori, 2004; F. Focardi, *La guerra della memoria. La Resistenza nel dibattito politico italiano dal 1945 a oggi*, Roma, Laterza, 2005.

[57] Letta con gli occhiali, come diceva Italo Calvino, dei «sacerdoti di una Resistenza agiografica e edulcorata», I. Calvino, *Il sentiero dei nidi di ragno*, Torino, Einaudi, 1947.

[58] Dai padri fondatori, come G. Napolitano nella biografia, *Dal Pci al socialismo europeo*, Roma, Laterza, 2005, agli esponenti di generazioni successive come Walter Veltroni afferma che nel 1999, in un'intervista sulla *Stampa* a Gianni Riotta, la presenza di una vena liberal molto sentita nell'alveo comunista: «Si poteva stare nel Pci senza essere comunisti. Era possibile, è stato così». Cfr. anche M. Damilano, M.G. Gerina e F. Martini, *Veltroni, il piccolo principe*, Milano, Sperling & Kupfer, 2007, p. 87.

[59] E. Scalfari, *La sera andavamo in via Veneto*, cit., p. 17.

esperienza. L'Italia degli illegalismi e degli agguati, dei soprusi, dei delitti di folla e del terrorismo aveva vinto il primo round contro l'«Italia perbene»[60] rappresentata dai profeti disarmati.

Salvemini e Rossi, gli eretici, erano bersagliati come traditori e «trotzkisti». Soprattutto bollati come antifascisti inaffidabili, non «di qualità», in quanto dotati del coraggio di denunciare la «guerra guerreggiata». Della cui esistenza persino Togliatti prendeva atto, ricordando che gli avversari addebitavano ai comunisti di aver fatto circa 35 mila[61] vittime negli scontri postbellici fino al 1946, esclusi dunque gli anni successivi in cui si era molto allungato il sanguinoso elenco.

I profeti armati avevano seminato in più luoghi «una non sufficiente comprensione di che cos'è la legalità e, in ultima analisi, lo Stato», fino a generare «qualcosa di malato nell'unità nazionale», come ha detto Vittorio Foa riflettendo su quegli anni.[62] Avevano posto le fondamenta di una mentalità destinata a durare fino ai nostri giorni, fatta di «idee tenaci a morire», fondate sulla sicurezza di possedere la «verità assoluta» e dunque sulla convinzione di essere «uomini di qualità» ovvero detentori di una speciale immunità. La sinistra ultraconservatrice dei profeti armati aveva preso avvio nella guerra di Spagna con la «guerra civile nella guerra civile», aveva proseguito il suo corso con i soprassalti della «guerra guerreggiata» e con la stagione degli illegalismi che progressivamente si esaurirono negli anni Cinquanta. Ma intanto, negli anni dal 1945 al 1948 e oltre, erano state gettate le basi di una cultura e di una politica in cui il conflitto tra le due anime della sinistra era il punto nodale, lo

[60] *Ibidem.*

[61] P. Togliatti, «*Tripartitismo*», in *l'Unità*, 23 ottobre 1946. Rispondendo a un interrogativo di don Luigi Sturzo sulla possibilità di un governo tripartito, sosteneva che un'eventuale alleanza doveva passare attraverso il silenzio degli alleati. Alleati che esortava a smettere di rinfacciargli «35 mila assassinii». Cfr.: Non firmato, *Tripartitismo e fatti dell'Emilia. Ricerca delle responsabilità*, in *Giornale dell'Emilia*, 27 ottobre 1946.

[62] V. Foa e F. Montevecchi, *Le parole della politica*, Torino, Einaudi, 2008, p. 30.

spartiacque destinato a segnare la storia successiva e ad agire immutato per decenni. Nei primi numeri di *Risorgimento Liberale* Pannunzio aveva stigmatizzato come spettro culturale da combattere la sinistra ultraconservatrice. Al termine dello scontro, Golia aveva messo al tappeto Davide e aveva anche ridefinito la propria immagine: era nata la sinistra degli «uomini di qualità» o dei «migliori» destinata a egemonizzare il dopoguerra e a espungere dal suo consesso tutti quelli che non si riconoscevano nella sua etichetta.

Capitolo I

OGGI IN SPAGNA, DOMANI IN ITALIA

Una guerra civile nella guerra civile

« Carissimo, ho letto il tuo articolo su Donati e Berneri.[1] Ti dico la verità, avrei preferito che tu non lo imperniassi sul contrasto tra i due riguardo allo spionaggio. Io ho sempre difeso Berneri e ancora ritengo sia stato una delle figure più pure dell'antifascismo. Donati all'estero era completamente sputtanato, Berneri morì per le idee per le quali aveva combattuto per tutta la vita ».[2] Ernesto Rossi, appena arruolato sulle colonne del *Mondo* da Pannunzio, siglava questo appunto. Era diretto allo « zio », come Rossi era solito chiamare Gaetano Salvemini, da lui convinto a collaborare al settimanale. L'articolo in questione sarebbe poi uscito di lì a pochi giorni, il 3 maggio del 1952. Metteva in parallelo le turbinose vite di due personaggi molto diversi ma che avevano dato entrambi filo da torcere al regime fascista: quella di Camillo Berneri, l'anarchico miliziano in Spagna, trovato cadavere insieme all'amico Francesco Barbieri nel centro di Barcellona nella notte tra il 5 e il 6 maggio 1937, e quella di Giuseppe Donati, battagliero antifascista cattolico, ex direttore del quotidiano *Il Popolo.* Cosa avevano in comune agli occhi di Salvemini? Tutti e due avevano avuto un rapporto di collaborazione con il professore

[1] E. Rossi si riferisce all'articolo di G. Salvemini *Donati e Berneri*, poi apparso sul *Mondo* il 3 maggio 1952 (ora in Idem, *Opere. Scritti vari*, cit., v. VIII, pp. 95-102).

[2] E. Rossi a G. Salvemini, Roma, 20 aprile 1952, in E. Rossi e G. Salvemini, *Dall'esilio alla Repubblica*, cit., pp. 569-570.

di Molfetta e tutti e due all'inizio degli anni Trenta erano caduti vittime di un agguato poliziesco: erano finiti in una rete di spioni. Rossi – futuro autore dei *Padroni del vapore*, sui legami tra potentati economici e fascismo – commentava un po' polemicamente l'impostazione dello «zio». A suo parere poneva sullo stesso piano figure ben diverse. Zio e discepolo, che si firmava anche Esto o Burattino, erano però d'accordo su un punto: il più speciale tra i due, quello che più stava a cuore a entrambi era l'anarchico di Lodi. Rossi il 6 agosto 1937, in una lettera dal carcere, aveva scritto: «la notizia della morte di Berneri m'ha molto addolorato... contro l'uniformità, la regolamentazione dall'alto... tipi come Berneri rivendicano il valore dell'individuo»,[3] facendo filtrare tra le righe della censura il grande sconforto per la terribile morte. L'anarchico era stato assassinato a quarant'anni, vittima della sterzata inaspettata della lotta antifranchista, allo scoppio della «guerra civile nella guerra civile» in cui si erano scontrati comunisti e seguaci di Bakunin e che era terminata con la liquidazione di quest'ultimi.[4]

Il biondino Berneri aveva conosciuto Salvemini giovanissimo, ma già convertito alla estrema utopia. E il loro legame si era rinsaldato nell'opposizione alla dittatura, convinti di essere parte, nonostante tante divergenze, di una stessa famiglia, quella antifascista. Berneri, nella consapevolezza di un obiettivo comune di lotta, aveva assimilato molti principi del socialismo liberale predicati dall'antifascista di Molfetta, diventandone uno degli allievi prediletti, un «figlio» intellettuale insieme a Rossi, a Carlo e Nello Rosselli. Destinato dalla fede politica e dalla persecuzione poliziesca a diventare l'anarchico più espulso d'Europa, come lo definivano i militanti sotto la stessa bandiera, accusato di attentati e di cospirazione, aveva trascorso gli ultimi anni della sua vita sempre in fuga, pronto a mimetizzarsi, a nascondere la propria

[3] E. Rossi, *Elogio della galera. Lettere 1930-1943*, a cura di M. Magini, Bari, Laterza, 1968, pp. 385-387.

[4] H.M. Enzensberger, *La breve estate dell'anarchia. Vita e morte di Buenaventura Durruti*, cit., p. 12.

identità, a cambiare domicilio e città per sfuggire agli sbirri. Studioso di psicologia e di pedagogia, autore di numerosi scritti, era diventato un personaggio di primo piano nella galassia dell'antifascismo internazionale.[5] C'era dunque una comunione d'intenti politici: ma, nonostante la «parentela» politica e culturale, che significato aveva per Rossi e Salvemini rispolverare, a tanti anni di distanza, le trappole in cui era caduto Berneri? E perché sottolinearne la figura di antifascista? Perché riportare d'attualità la sanguinosa vicenda che aveva travolto Berneri sulle ramblas di Barcellona?

L'articolo sul *Mondo* portava allo scoperto nervi politici assai sensibili; parlando di Berneri, sia Rossi che Salvemini finivano per discutere d'altro: del dopoguerra in cui stavano vivendo e delle divisioni interne alla sinistra di cui essi stessi finivano per essere protagonisti. Denunciavano, dopo anni di confino e di esilio, di trovarsi inquilini di uno stabile antifascista appena edificato ma già pericolante: le ostilità intestine ricordavano quelle che avevano funestato la guerra civile spagnola e il Fronte popolare giunto alla vittoria. Da dove aveva origine questa consapevolezza?

Rossi, condannato dal Tribunale speciale a venti anni – di cui nove furono scontati nelle patrie galere e quattro al confino di Ventotene –, fin da quando le porte della prigione si erano spalancate, il 30 luglio del 1943,[6] si era impegnato nel condurre un'aspra battaglia per definire un'identità politica all'interno della galassia antifascista e per impostare rapporti con lo schieramento più forte della coalizione che aveva combattuto il nemico nazifascista, i comunisti. Una scommessa che troverà la sede più adatta per essere perseguita e ribadita proprio sulle pagine del *Mondo*.[7] Esto

[5] Cfr., per le diverse interpretazioni della sua figura, C. De Maria, *Camillo Berneri tra anarchismo e liberalismo*, Milano, Franco Angeli, 2004.

[6] G. Fiori, *Una storia italiana. Vita di Ernesto Rossi*, Torino, Einaudi, 1997, pp. 210-211.

[7] E. Scalfari, *La sera andavamo in via Veneto*, cit., p. 15; cfr. anche A. Cardini, *Tempi di ferro. «Il Mondo» e l'Italia del dopoguerra*, Bologna, Il Mulino, 1992.

aggiungeva alla faticosissima presidenza dell'Arar (Azienda Rilievo Alienazione Residuati) una febbrile attività giornalistica su varie testate, tra cui anche la collaborazione con il *Corriere della Sera*, che lo porterà a essere persino l'inventore di uno stile e di un lessico giornalistici: « l'esposizione piana di temi economici, finora trattati in 'difficilese' ».[8] Era molto stimato da Pannunzio, direttore di « non comune finezza intellettuale »,[9] che di firme di valore se ne intendeva e che, pur di avere Rossi con sé, come garanzia di assoluta indipendenza gli aveva promesso che i suoi articoli li avrebbe letti « solo dopo che fossero stati pubblicati ».[10] La collaborazione di Rossi con il *Mondo*, individuato anche come autorevole sede per definire e ridefinire i rapporti tra le forze antifasciste, continuò ininterrotta per tredici anni e si chiuse con porte sbattute e lettere feroci,[11] in una drammatica rottura con Pannunzio.

[8] G. Fiori, *Una storia italiana. Vita di Ernesto Rossi*, cit., p. 242.
[9] *Ibidem*, p. 246.
[10] *Ibidem*.
[11] A determinare la violenta rottura nel dicembre del 1961 fu il « caso Piccardi », su cui Rossi e Pannunzio si divisero drasticamente. « Lo storico Renzo De Felice », così Scalfari rievoca il « caso » in cui fu implicato il dirigente del Partito radicale in *La sera andavamo in via Veneto* (cit., p. 152), « in uno dei suoi libri di storia del fascismo, ricordò un convegno giuridico sulla razza, avvenuto in Germania nel '38, al quale aveva partecipato, come membro della delegazione italiana... Leopoldo Piccardi. Il fatto fu considerato grave da tutti noi soprattutto perché taciuto dall'interessato. Ma molti lo attribuirono al clima dell'epoca, alla giovane età del Piccardi e al suo 'tecnicismo' giuridico che forse non gli aveva fatto considerare le implicazioni morali di quella partecipazione ». Il gruppo vicino a Pannunzio chiese le dimissioni del dirigente dal Partito radicale, mentre Rossi si oppose prendendone le difese. La direzione del Pr coinvolta da questa divisione tra due esponenti di primo piano si dimetterà, insieme alla segreteria. A seguito della feroce polemica con Pannunzio, Rossi andò a consultare *Oggi*, la rivista diretta da Arrigo Benedetti e dallo stesso Pannunzio, che ebbe vita dal 1939 al 1942 e a cui collaborarono intellettuali come Giaime Pintor, Vitaliano Brancati, Corrado Alvaro, Alberto Moravia, Mario Alicata, Carlo Muscetta, Elio Vittorini. L'ex direttore Pannunzio sosteneva che *Oggi* « fu perseguitato, sequestrato, bruciato nelle piazze e infine soppresso dal fascismo. E rappresentò in quell'epoca tutto quello che un giornale poteva esprimere di non conformista ». Rossi, invece, dopo l'appro-

Salvemini, dopo un esilio durato ventidue anni, era rimpatriato d'oltreoceano e aveva ripreso l'insegnamento a Firenze. Riscoprendo la verve polemica che lo aveva opposto a Giovanni Giolitti, « ministro della malavita », si era impegnato a fianco di Rossi « nel litigio con l'Italia incivile del dopoguerra »,[12] nella battaglia politica contro le « camorre affaristiche », i monopoli, l'integralismo confessionale. E nel 1949 era entrato a far parte del « club » di cui erano soci i crociani del *Mondo* (il direttore Pannunzio e gran parte dei collaboratori) e i demosocialisti, variamente definiti, da tutti quelli (tanti) che non li amavano, « visi pallidi », « zitelle isteriche », « lividi censori », « menagrami », « ridicoli predicatori », « onanisti della politica ».[13]

Il professore non aveva scelto a caso quella rivista. Certo, da quella tribuna faceva i conti con fatti e misfatti addebitabili allo scudo crociato ma, anche lui come Rossi, sempre sulle pagine del *Mondo*, si cimentava pure in una denuncia molto particolare e cancellata dalla memoria storica: sottolineava i rapporti, prima politicamente conflittuali e poi lordati di sangue, non tra fascisti e antifascisti, ma all'interno della stessa famiglia, tra ex alleati antifascisti. Rossi e Salvemini raccontavano e facevano emergere dall'oblio eventi di un dopoguerra insanguinato che in maniera latente si protrarrà quasi fino alla morte dello storico di Molfetta, in una situazione che ricordava ai due antifascisti la spaccatura della « guerra civile nella guerra civile » in cui aveva vissuto ed era morto Berneri nella Repubblica spagnola.

Ma andiamo con ordine, tornando allo scritto su Donati e Berneri. Salvemini rivelava i risvolti di una trappola in cui erano finiti entrambi gli oppositori, costretti a emigrare dai questurini

fondita ricerca sull'intera vita della rivista, oppose un'interpretazione assai meno rassicurante: « Questa è stata per me una lettura ben poco edificante », scriveva a Pannunzio. « Non credo si potessero fare più servili esaltazioni di Mussolini, di Hitler, di Franco, delle opere del regime, della milizia, dell'esercito nazista ».

12 N. Ajello, *Rabbia e giustizia*, in *L'Espresso*, 19 febbraio 1967, p. 9.

13 *Ibidem*.

del regime. Donati, collaboratore dell'*Unità* di Salvemini, dopo l'assassinio di Giacomo Matteotti si era gettato in una durissima campagna di stampa per incriminare del delitto le gerarchie fasciste. « Si buttò a corpo perduto contro i responsabili, a capo dei quali era persuaso, e a ragione, che fosse Mussolini »,[14] dice lo storico pugliese. Costretto ad abbandonare l'Italia per via del suo antifascismo, Donati, nell'ambiente del fuoriuscitismo che pullulava di spie, era stato incastrato dal delatore Carlo Bazzi. Berneri, invece, cadde nella rete di un altro imbroglione e informatore degli sbirri mussoliniani, Ermanno Menapace,[15] ex dannunziano fiumano,[16] che tesseva le sue trame tra Parigi e Bruxelles. E che riuscì a conquistarsi l'ammirazione incondizionata di Berneri, perseguitato dal regime e approdato in Francia. Menapace si era presentato negli ambienti antifascisti parigini nelle vesti piuttosto originali di corridore motociclista. Un bellimbusto che si vantava delle sue doti di amatore e che partecipava alle gare nel velodromo di Parigi sentendosi un asso della ruota. Capace con la sua eloquenza di sedurre e abbindolare. Menapace fornì esplosivi a Berneri e gli tese un tranello denunciandolo alla polizia belga[17] nel gennaio del 1930. L'obiettivo dell'articolo di Salvemini era ribadire che Berneri era stato un convinto antifascista perché sia da destra che da sinistra, fin dal giorno successivo alla sua morte, se ne inquinava la figura e si instillavano veleni. La vicenda finiva per coinvolgere personalmente lo storico di Molfetta, maestro di Berneri, pronto a cercare di far luce su quella morte che aveva segnato con una macchia indelebile la storia dell'antifascismo internazionale.

[14] G. Salvemini, *Donati e Berneri*, in *Il Mondo*, cit.

[15] M. Canali, *Le spie del regime*, Bologna, Il Mulino, 2004, p. 226; Idem, *Il delitto Matteotti*, Bologna, Il Mulino, 1997, p. 500.

[16] Cfr. G.B. Guerri, *D'Annunzio. L'amante guerriero*, Milano, Mondadori, 2008.

[17] *Ibidem*.

Berneri il «folle»

L'11 maggio 1937 migliaia di persone in gran silenzio assistettero al passaggio di due carri funebri trainati da cavalli neri. Tra le ali di folla incredula, scorrevano in corteo i corpi di Berneri e di Barbieri, che saranno sepolti nel cimitero di Montjuich. Il movimento anarchico in lutto teneva a dare rilievo all'assassinio di un leader come Berneri. Nei giorni precedenti erano passati per quelle stesse strade altri cortei funebri: portavano le prime vittime della mattanza avvenuta durante la cosiddetta «semana sangrienta» che vide schierati, da una parte, i comunisti terzinternazionalisti (Partido Socialista Unificado de Catalunya ed Esquerra Republicana de Catalunya), dall'altra i militanti sotto le bandiere rosso-nere (concentrati nella Fai, Federación Anarquista Ibérica, molto influente all'interno della Confederación Nacional del Trabajo, Cnt) e i loro alleati, gli esponenti del Poum (Partido Obrero de Unificación Marxista). Quest'ultimo rappresentava il partito dei comunisti dissidenti, che non volevano sottostare all'autorità del governo di Valencia e combattevano per mantenere il regime autonomo della Catalogna.

Si chiamavano Adriano Ferrari e Lorenzo De Peretti, i primi italiani che caddero proprio il 3 maggio, all'inizio degli scontri tra gli antistalinisti del Poum e del sindacato anarchico con il Partito comunista spagnolo filosovietico. Avevano circa vent'anni ed erano appena arrivati in licenza dal fronte d'Aragona. Volevano godersi la città, la vacanza, le ragazze catalane, la lontananza dalla guerra e avevano preso alloggio in un hotel in via Layetana. La notizia della loro presenza, per via della fitta rete di spie che controllava Barcellona, si era sparsa immediatamente. Poche ore dopo il loro arrivo, l'albergo era stato circondato dalle milizie del Psuc e dei reparti speciali di polizia. Anche Pietro Macon, quarantaquattrenne militante di Giustizia e Libertà, venne colpito mentre tentava di difendere la Centrale telefonica combattendo contro le Guardias de Asalto incaricate di far fuori gli «scomodi» anarchici. Tra tutte queste vittime, però, solo Berneri e l'amico

Barbieri sollecitarono molte ricostruzioni fantasiose circa la mano che aveva premuto il grilletto.

Berneri era, come si autodefiniva lui stesso, un « anarchico sui generis », un teorico, un giornalista, uno scrittore: sulle orme di Salvemini, nell'ambito dell'antifascismo internazionale si era distinto lottando con accanimento contro il patto di ferro tra comunisti e socialisti. Vi vedeva un attentato ai danni della lotta antifascista. « Quel giovanotto timido che venne a trovarmi nel 1919 », così lo tratteggia il professore pugliese,[18] riferendosi al primo incontro con Camillo,[19] quando da studente gli aveva chiesto la tesi di laurea. Ma quel ragazzo controllato e introverso che condurrà una vita da vero « apostolo dell'ideale », da emigrante che viveva di espedienti, era destinato a divenire un capo degli antifascisti dell'emigrazione.

Un ribelle, non c'è dubbio, lo era e ad alimentare la sua passione eversiva era stata la madre, la maestra Adalgisa Fochi,[20] che si era concentrata tutta sull'educazione del figlio così ben dotato negli studi. Con spirito da suffragetta aveva tirato su il ragazzo da sola. Il motivo ufficiale della separazione dal marito era la girandola dei suoi incarichi di insegnante: a Palermo, Milano, Cesena, Forlì e Reggio Emilia. La Fochi sperimentava la sua emancipazione nell'educazione del figlio. A Reggio Emilia, Camillo era entrato nella federazione giovanile del Partito socialista e aveva iniziato la sua attività politica. Ma nel 1915 dette addio alla Fgsi e si convertì al verbo di Bakunin. All'Accademia di Modena, dove è accolto, viene pure rapidamente espulso alla fine del 1917. Il 4 gennaio 1918 arriva la fatidica cartolina ed è chiamato alle armi.

[18] G. Salvemini, *Donati e Berneri*, cit.

[19] AA.VV., *Camillo Berneri nel cinquantennio della morte*. Memoria antologica, saggi critici e appunti biografici in ricordo di Camillo Berneri, Pistoia, Ed. Archivio Famiglia Berneri, 1985; M. Granchi, *Gli studi sociali di Camillo Berneri, anarchico internazionalista*, in *Storia e Futuro*, Bologna, n. 7, luglio 2005; M. Ortalli, *Camillo Berneri e Carlo Rosselli. Vite parallele*, in *Umanità Nuova*, n. 8, 4 marzo 2001.

[20] A. Fochi, *Con te, figlio mio*, Parma, Freshing editori, 1948.

Nel 1919, ad Arezzo, convola a nozze con un'ex allieva della madre, Giovanna Caleffi. A farlo posizionare al di sopra dei tanti compagni adepti del sindacalismo rivoluzionario era la sua vocazione intellettuale, eclettica ma anche molto particolare. Si dedicherà a un intenso e multiforme lavoro di scrittura: da un pamphlet antimussoliniano, *Mussolini grande attore*[21] (il duce, in occasione della sua morte, dirà che «i bolscevichi italo-russi lo temevano più del Generalissimo Franco»),[22] a un singolare excursus su *L'ebreo antisemita* che analizzava i pregiudizi antisemiti affrontati con «scrupolosissima documentazione e trasparente onestà», afferma Alberto Cavaglion.[23]

Il giovane anarchico si laurea con Salvemini. Ora è definitivamente nel gruppo degli adepti del maestro e a Firenze, con i fratelli Rosselli, Nello Traquandi e Piero Calamandrei, fonda il Circolo di Studi Sociali, messo a ferro e fuoco dalle squadracce in camicia nera. Collabora alle pagine del *Non mollare*, di cui lo storico pugliese era direttore. È deciso, per quel che lo riguarda, a non cedere e a manifestare in tutti i modi il suo personale ostracismo alla dittatura. Sempre in bolletta, neosposo e padre, non ha intenzione di nascondersi dietro al «tengo famiglia» che diventerà il leitmotiv di tanti antifascisti che accettano di piegare la testa. Insegna al liceo di Camerino e rifiuta la tessera del Pnf.[24] I fascisti non lo perdonano, lo pedinano, lo bastonano, lo denunciano ripetutamente, fino al momento in cui, nell'aprile del 1926, Camillo è pronto al gran passo. Varca la frontiera a Ventimiglia con la netta sensazione di dover affrontare l'ignoto. Dopo quattro

[21] Cfr. ora in C. Berneri, *Mussolini grande attore*, a cura di A. Cavaglion, Santa Maria Capua Vetere, Edizioni Spartaco, 2007, che contiene, oltre al saggio da cui prende il nome il libro, anche *L'ebreo antisemita* e *Il delirio razzista*.

[22] Y. De Begnac, *Taccuini mussoliniani*, Bologna, Il Mulino, 1990, p. 112.

[23] C. Berneri, *L'ebreo antisemita*, presentazione di A. Cavaglion, Roma, Carucci, 1984, p. 23. Come riportato alla nota 21, *L'ebreo antisemita* è stato ripubblicato anche nella raccolta *Mussolini grande attore*, sempre a cura di A. Cavaglion.

[24] C. De Maria, *Camillo Berneri. Tra anarchismo e liberalismo*, cit., p. 31.

mesi la moglie e le due figlie lo raggiungono clandestinamente oltre confine. Non abbandonava comunque la sua attività politica. A partire da questo momento iniziava la sua vita di ospite delle carceri di Olanda, Belgio, Lussemburgo, Francia, Germania. Nel tempo indosserà sempre più convinto l'abito di «repubblicano federalista». Uno degli «uomini nuovi» della lotta antifascista «incardinata sull'azione», lo definivano i questurini sulle sue tracce.[25] «Mentre molti anarchici sono come case le cui finestre sono sulla strada», scriveva di lui Salvemini, «Berneri si interessava a tutto con curiosità insaziabile... Ho innanzi a me una sua lettera, credo del 1929, all'amico Libero Battistelli (giellista, combattente in Spagna nel Battaglione Garibaldi, muore nel giugno del 1937 dopo essere stato ferito a un polmone, *N.d.R.*), in cui Berneri spiega la sua fede politica: 'Sono entrato nella Federazione Giovanile Socialista verso i 18 anni a Reggio Emilia. Ho scritto sui giornali socialisti, ho fondato dei circoli nelle campagne. Ho partecipato a qualche sciopero. Ho fatto propaganda antimilitarista. Sono uscito dalla Federazione verso i 19 anni, per aderire al gruppo anarchico locale... Ho abbandonato il movimento socialista perché mi sentivo dare dell'anarchico: entrato nel movimento anarchico mi sono fatto fama di repubblicano federalista. Quello che è certo è che sono un anarchico sui generis, tollerato dai compagni per la mia attività ma capito e seguito da pochissimi'».[26]

Individualista, liberista per via dell'insegnamento di Salvemini, Berneri riscontra analogie tra fascisti e comunisti: «La storia del fascismo rimane un mistero se non si considera che in Italia l'80 per cento dei militanti politici erano psicologicamente dei fascisti, nel senso di non tollerare l'opinione avversa».[27]

Nel 1929 descrive il suo sogno. «Una concentrazione di socialisti, anarchici e repubblicani... Escludo i comunisti assoluta-

[25] Cfr. Informazione confidenziale, Parigi 30.5.1928, Acs, Dpp, Materia, b. 10, fasc. 4 (Parigi fuorusciti).

[26] G. Salvemini, *Donati e Berneri*, cit.

[27] C. De Maria, *Camillo Berneri. Tra anarchismo e liberalismo*, cit., p. 117.

mente».[28] Queste parole non erano una chimera. Era il cammino che Berneri aveva consapevolmente imboccato e su cui troverà numerosi sbarramenti.

Nel marzo 1933, dopo la vittoria delle camicie brune in Germania, c'è la massima allerta del Comintern. Di fronte all'appello dell'organizzazione internazionale dei partiti comunisti anche il Partito comunista d'Italia si mobilita. Si volge a socialisti e repubblicani e propone un fronte unico. Ma vuole anche dividere, ed esclude Giustizia e Libertà. Ci si avvia per la strada della «lotta unitaria», slogan non solo ripetuto infinite volte negli anni bui dell'anteguerra ma nelle piazze della penisola nel dopoguerra. La lotta unitaria riceverà un apporto determinante nell'agosto del 1934, quando i comunisti, alleatisi con i socialisti tramite il patto di unità d'azione, acquistavano particolare forza e potere rispetto a tutte le altre aggregazioni antifasciste, dai repubblicani agli anarchici ai liberalsocialisti. «Al centro delle relazioni fra esuli antifascisti si faceva sentire il peso determinante del patto socialcomunista»,[29] commenta lo storico Emilio Gentile, mentre Giustizia e Libertà si trovava isolata ed emarginata.

Berneri, proprio perché si era conquistato seguito e ascolto, era pronto a non cedere il passo agli eventi. Voleva ostacolare lo strapotere dell'alleanza tra socialisti e comunisti denunciando la strategia di predominio dei compagni con falce e martello. All'inizio del dicembre 1935 partecipava a Parigi a una conferenza indetta da Giustizia e Libertà alla quale erano presenti circa 200-250 persone, tra repubblicani, socialisti, comunisti, anarchici e trotzkisti. In un'atmosfera di rissa e di pesanti accuse lanciava una vera bomba sul patto socialcomunista.[30] Descriveva i comunisti come generali sul campo di battaglia, con i socialisti nei

[28] *Ibidem*, p. 81, Lettera di C. Berneri a L. Battistelli.

[29] E. Gentile, *Fascismo e antifascismo. I partiti italiani fra le due guerre*, Firenze, Le Monnier, 2000, p. 280.

[30] Cfr. Acs, Ps, Categoria G1Permanente, b. 284, Appunto Roma, 13.12.1935, Dagr-Ag, fasc. 756-38, s. fasc. 4 (Francia, Giustizia e Libertà 1935-36).

panni di « secondi » e le altre forze politiche come manovalanza e truppe sparse di un esercito destinato a essere assimilato e a scomparire.

Ma temeva anche l'accordo tra Gl e i comunisti, con l'isolamento degli anarchici e un ulteriore rafforzamento della leadership comunista. Sarà la guerra civile di Spagna a riportare Berneri, e non solo lui, all'idea della grande unità di intenti nella famiglia ora divenuta antifranchista. Catalogna e Andalusia, dopo che era stato dato fuoco alle polveri del conflitto contro il Caudillo, erano le regioni dove si concentravano in larga parte i figli di Bakunin e del sindacalismo rivoluzionario. Sbarravano le porte delle chiese, mettevano in atto con estrema ferocia esecuzioni sommarie, mandavano a morte preti e controrivoluzionari progettando una società di piccole comunità autogestite e autonome, federate su scala regionale o nazionale, per assicurare lo scambio dei proprio prodotti.

Alla fine del luglio 1936, Berneri approda nella Catalogna controllata dagli anarchici, per mobilitarsi contro la sciabola e l'aspersorio del franchismo. È il periodo più intenso della sua vita, come scrive lui stesso. Mette da parte animosità e rancori per dedicarsi all'organizzazione, ai rifornimenti, alle armi, agli alloggi dei miliziani. Contribuisce alla formazione del Gruppo italiano della Colonna Ascaso e tiene contatti tra la Fai, la Cnt e i gruppi libertari in Francia. Pochi giorni dopo arrivava nella capitale catalana anche Carlo Rosselli, accompagnato da colonnelli come Aldo Garosci e da volontari provenienti da varie regioni d'Italia. L'entusiasmo è incontenibile e fa superare tutte le fratture. È Berneri a sancire il patto con i repubblicani e con gli esponenti di Gl.[31] L'atto ufficiale verrà siglato il 17 agosto 1936. Il

[31] Non firmato, *La prima colonna di volontari. La colonna italiana, sezione della Colonna Ascaso*, in *Umanità nova*, 11 luglio 1965. « Fu Berneri, con Fantozzi e Giusti, a propugnare in seno agli anarchici una formazione di quadri nella quale tutti gli antifascisti avessero accesso. Si pervenne perciò ad una mutua transazione, indispensabile a qualsiasi iniziativa di carattere unitario. I non anarchici accettavano di integrare una colonna patrocinata dalla confede-

comando militare della colonna italiana sarà assunto da Mario Angeloni, avvocato repubblicano di Perugia, ex ufficiale espatriato clandestinamente nel 1932, gran parlatore, un vulcano di iniziative. Due giorni dopo, tra lo sventolio di bandiere e di berretti, la colonna partiva in treno e aveva il suo battesimo di sangue in una mattina di sole cocente del 28 agosto 1936. La battaglia si svolse su una prominenza dell'altopiano di Galocha, tra Huesca e Saragozza. Su questo monte desolato, chiamato Monte Pelato[32] e

razione sindacale. Gli anarchici rinunciavano a loro volta a conferire alla colonna un carattere specifico corrispondente alla loro ideologia.» Il 5 agosto 1936 veniva raggiunto l'accordo con gli altri antifascisti e gli anarchici ne prendevano atto: «Gli anarchici italiani arruolati nella Milizia della Cnt e della Fai salutano fraternamente i volontari antifascisti italiani di Giustizia e Libertà, del Partito socialista massimalista, del Partito repubblicano e dell'Azione repubblicana socialista, che hanno preferito, riconoscendo il grande ruolo dell'anarchismo spagnolo nella lotta contro il fascismo, la nostra alle altre milizie. Decidono la formazione di un Comitato di coordinamento fra i volontari italiani inquadrati nella nostra milizia, comitato destinato ad utilizzare il meglio possibile le capacità tecniche dei volontari», in U. Consiglio, *Il gruppo italiano della Colonna Ascaso*, in *Umanità nova*, n. 31, 2 agosto 1959. Cfr. U. Calosso, *La battaglia di Monte Pelato*, in *No al fascismo*, a cura di E. Rossi, Torino, Einaudi, 1957; A. Garosci, *Vita di Carlo Rosselli*, Firenze, Vallecchi, 1973, vol. 2, pp. 412-460 dedicate alla Colonna italiana.

Il patto costitutivo fu stilato da Berneri. Alle trattative presero parte i giellisti Carlo Rosselli, Umberto Calosso e Aldo Garosci, il repubblicano Mario Angeloni e gli anarchici Diego Abad de Santillán, Virgilio Gozzoli, Lorenzo Giusti, Renato Castagnoli, Vindice Rabitti ed Enzo Fantozzi. «La formazione», scrive ancora Consiglio, «si denominava, adunque, 'Gruppo italiano della Colonna Ascaso', ed era un 'gruppo misto', in quanto vi facevano parte elementi delle varie correnti antifasciste; monarchici, comunisti (ufficiali e dissidenti), socialisti, giellisti (cioè di Giustizia e Libertà) e repubblicani. Gli anarchici costituivano il gruppo 'maggioritario'; i repubblicani erano i più simpatici e vicini a noi... Il primo comandante della formazione era stato Mario Angeloni, che io non conobbi personalmente e che guidò la battaglia del Monte Pelato, nella quale egli rimase ucciso, essendo avvenuta mentre il 'secondo scaglione' (del quale facevo parte) era ancora alla caserma Pedralbes, in Barcellona, in attesa della partenza per la zona di operazioni. Di Angeloni, i compagni parlavano come di un ottimo uomo e militante. Dopo la sua morte il comando rimase in mano di Carlo Rosselli».

[32] U. Calosso, *La battaglia di Monte Pelato*, in *No al fascismo*, cit.

scenario di grandi orrori, Angeloni, con un tascapane pieno di bombe, colpito da una mitragliata, perse la vita. Gli antifascisti italiani fronteggiarono, appoggiati da un cannone e da alcune autoblinde, alcune centinaia di franchisti che innalzavano bandiere monarchiche. I falangisti bombardarono le posizioni degli italiani, che li respinsero, subendo però forti perdite.

Anche Berneri si era trasferito al fronte e aveva partecipato alla battaglia con « la mia solita flemma », scrive, ricordando che proprio Carlo Rosselli lo definiva un tipo « flemmatico ».[33] I miliziani erano male equipaggiati e malnutriti, tenuti su a caffè e acquavite, impegnati in battaglie fatte di lunghe attese, di sole caldissimo, piogge diluviali e poche azioni. L'anarchico sempre febbricitante, reso quasi sordo da un'infezione mai curata all'orecchio, non resistette a lungo in quelle condizioni. Rientrato a Barcellona si dedicava al giornalismo con *Guerra di classe*, fondato nell'ottobre del 1936. In Italia le relazioni degli agenti del regime lo indicavano come « il capo riconosciuto della organizzazione anarchica italiana in Barcellona e in tutta la Catalogna ».[34]

Dal momento che tutto poteva cambiare e precipitare, era dunque necessario darsi da fare, spingere sul pedale dell'attivismo. In settembre, nel 1936, parlando della sua vita a Barcellona, scriveva: « Da qualche tempo non sto bene, ma vivo degli anni in un giorno solo ».[35] Sulle pagine di *Guerra di classe*, pochi giorni prima del suo assassinio, siglerà il suo atto di morte: prenderà le distanze dai comunisti difendendo il Poum[36] accusato di trotzkismo. Però Berneri il flemmatico continuava a credere nei legami di solidarietà tra « fratelli » antifascisti. Così il 3 maggio del 1937,

[33] A. Fochi, *Con te, figlio mio*, cit., p. 144.

[34] Cfr. Acs, Cpc, b. 537, fasc. III Camillo Berneri.

[35] Lettera di C. Berneri a G. Angeloni, in C. De Maria, *Camillo Berneri. Tra anarchismo e liberalismo*, cit., p. 106.

[36] Cfr. R. De Felice, *Camillo Berneri*, in *Dizionario biografico degli italiani*, Roma, Istituto della Enciclopedia Italiana, 1967, v. IX, pp. 330-334; G. Carrozza, *Camillo Berneri*, in *Dizionario biografico degli anarchici italiani*, diretto da M. Antonioli, G. Berti, S. Fedele, P. Iuso, Pisa, Biblioteca Franco Serantini, 2003, pp. 142-149.

tendeva la mano ai comunisti in un discorso di commemorazione di Antonio Gramsci a Radio Barcellona, controllata dalla Fai. I toni erano concilianti e non volevano esasperare le contrapposizioni ideologiche, ma venivano ribaditi alcuni punti fondamentali dell'anarchismo, quali l'idea di «un'economia collettivista», accompagnata da un «coordinato federalismo politico». Non vi erano cenni espliciti alla situazione del momento e non si parlava della proposta, avanzata perentoriamente dai comunisti, di scioglimento delle brigate anarchiche.[37] Ma intanto anche Giustizia e Libertà stava passando il Rubicone, ripudiava gli anarchici e sceglieva l'alleanza con i compagni con falce e martello. L'accordo rafforzava così i comunisti, pronti a mandare al macero l'unità antifascista e all'eccidio gli anarchici ormai isolati.[38]

Il compagno Berneri, lasciato solo da tutti, era pronto a diventare un simbolo per Salvemini e Rossi: era la testimonianza della politica intransigente degli ex alleati comunisti contro chi «sfasciava il fronte», contro chi voleva sottrarre lo sgabello fornito loro dai compagni di strada socialisti.

Storie di anteguerra, dunque. Che nel dopoguerra non venivano tirate fuori dallo scantinato dei ricordi in nome dell'ostilità maturata nel fuoco delle differenti visioni ideologiche degli anni Trenta,[39] del rifiuto della grande madre Urss che con le grandi

[37] H.M. Enzensberger, *La breve estate dell'anarchia: vita e morte di Buenaventura Durruti*, cit., p. 48.

[38] C. De Maria, *Camillo Berneri. Tra anarchismo e liberalismo*, cit., p. 89.

[39] M. Franzinelli, introduzione a G. Salvemini ed E. Rossi, *Dall'esilio alla Repubblica*, cit., p. XXXVII. Al Congrès International des Écrivains pour la défense de la culture – consesso che si tenne dal 21 al 25 giugno 1935 e che aveva visto riuniti intellettuali come Aragon, Babel, Barbusse, Benda, Ernst e Jean Richard Bloch, Brecht, Breton, Ehrenburg, Feuchtwanger, Forster, Gide, Huxley, Koltsov, Malraux, Heinrich e Klaus Mann, Mounier, Musil, Nizan, Pasternak, Seghers, Tzara – era intervenuto anche Salvemini. Si discutevano le forme di opposizione a fascismo e nazismo. Però nell'ambito del convegno veniva richiesta, con una prassi che testimoniava da parte dei comunisti il non celato desiderio di affermasi come il partito guida dell'antifascismo a livello internazionale, anche la piena solidarietà dei convegnisti al movimento comunista internazionale. Salvemini affermava di voler certo protestare contro la

purghe staliniane violava i principi di libertà. Al contrario. Queste storie erano rievocate perché essenziali per capire e interpretare l'esperienza della «nuova» Italia nata dalle rovine fumanti del fascismo, dove il partito nuovo di Togliatti configurava nuovi scenari.

La critica delle armi

L'urto tra le forze anarchiche, che si erano impegnate contro il franchismo nelle grandi città, e quelle socialcomuniste, deflagrava a Barcellona in un assolato dopopranzo del 3 maggio del 1937 con l'assalto alla Centrale telefonica. La cruciale struttura, fino a quel momento controllata dagli anarchici della Cnt, divenne il centro di accaniti scontri per tutta la notte e il giorno successivo. A guidare l'attacco erano reparti speciali di polizia, composti in gran parte da elementi di stretta osservanza comunista. Paolo Spriano osserva che la fine di Berneri e Barbieri fu «particolarmente dolorosa per l'antifascismo italiano e fu un'indicazione, anche, dei metodi che la polizia segreta introdurrà poi largamente in Spagna».[40]

Gli inviati di Stalin a partire dal 1936 si erano a poco a poco infiltrati nei posti chiave della fragile struttura repubblicana. Barcellona pullulava di agenti dalla doppia o tripla identità. Il loro primo compito era stata la «colonizzazione» di tutti gli ingranaggi dell'amministrazione repubblicana, dell'esercito e della po-

Gestapo e contro l'Ovra fascista. Però riteneva di non poter dimenticare l'esistenza della polizia politica sovietica. Ricordava che se esistevano i proscritti fascisti e nazisti esistevano anche quelli «russi». Come verrà accolta la sua richiesta di equidistanza dalle dittature? Ambrogio Donini non esitava a tacciarlo come un «nemico», mosso da una fiducia «reazionaria» nelle forze «sane» della borghesia; cfr. S. Teroni (a cura di), *Pour la défense de la culture. Les textes du Congrès international des écrivains*, Paris, juin 1935, Dijon, Eud, 2005.

[40] P. Spriano, *Storia del Partito comunista italiano*, v. III, *I fronti popolari, Stalin, la guerra*, Torino, Einaudi, 1970, p. 209.

lizia.[41] La presenza di emissari sovietici ovunque era resa possibile dal fatto che l'Urss dava armi ai repubblicani privi di mezzi e pretendeva in cambio contropartite politiche. «Le armi russe venivano fornite attraverso il Partito comunista e i partiti ad esso legati, i quali provvedevano che la minor quantità di armi possibile giungesse ai loro avversari politici», ricorda George Orwell, accorso in Spagna per combattere sotto le insegne del Poum. «Ecco perché c'erano così poche armi russe sul fronte aragonese, dove le truppe erano principalmente formate da anarchici. Fino all'aprile 1937 l'unica arma russa ch'io vidi, a eccezione di qualche aereo che può anche non essere stato russo, fu un solitario fucile mitragliatore».[42]

Gli agenti sovietici, affiancati dai combattenti stranieri obbedienti agli ordini di Mosca, come gli italiani, stabilirono dei veri e propri piani di repressione delle altre forze politiche. I primi a essere presi di mira furono i socialdemocratici, poi gli anarcosindacalisti, i trotzkisti e i comunisti eterodossi, che manifestavano opinioni politiche dissidenti.[43] A fianco degli agenti russi operavano inoltre gli inviati ufficiali o ufficiosi del Comintern. Tra gli uomini più fidati vi erano l'argentino Vittorio Codovilla, che svolse un ruolo di rilievo nel Pce fin dai primi anni Trenta e lo diresse effettivamente; l'ungherese Erno Gerö (detto Pedro); Vittorio Vidali (sospettato di avere partecipato, nel 1929, all'uccisione del leader comunista cubano Julio Antonio Mella), primo commissario politico del 5° Reggimento organizzato dai comunisti nel gennaio 1937; il bulgaro Stephan Ivanov, che aveva lavorato nella segreteria di Stalin dal 1927 al 1929 e che approdò in Spagna nel febbraio 1937. Gli italiani erano circa 3500 – tutti regolarmente schedati dal commissariato per l'Ordine pubblico della Generalitat e inseriti nel gigantesco archivio con tutti i dati degli stranieri residenti in Catalogna e successivamente in Spagna – ed erano

[41] F. Furet, *Il passato di un'illusione. L'idea comunista nel XX secolo*, a cura di M. Valensise, Milano, Mondadori, 1995, p. 274 e sgg.

[42] G. Orwell, *Omaggio alla Catalogna*, Milano, Mondadori, 1985, p. 64.

[43] Cfr. P. Abramson, *Mosaico Roto*, Madrid, Compañia Literaria, 1994.

concentrati in gran parte nel Battaglione Garibaldi. A Pietro Nenni, che per la sua indiscussa notorietà avrebbe dovuto ricevere l'incarico di commissario politico, fu preferito Antonio Roasio, comunista di scuola sovietica.[44] Poi, ancora, tra le stellette del Pci brillavano quelle del commissario generale, Luigi Longo detto Gallo (che aveva preso parte alla battaglia di Madrid del novembre 1936), del commissario politico, Ilio Barontini, del giovanissimo Giuliano Pajetta, di Edoardo D'Onofrio. Questi i «generali», uomini che non avrebbero mai pensato di alzare la testa e rifiutarsi alla guerra fratricida contro gli anarchici.

Tra i non schierati vi era il repubblicano Randolfo Pacciardi, a capo della Brigata Garibaldi, che entrò in contrasto e in aperto dissenso nei confronti dell'impresa spagnola dopo essersi dissociato dall'azione dei comunisti contro gli anarchici («Il mio dissidio con i comunisti, compresi i consiglieri sovietici, scoppiò quando mi rifiutai in Aragona, nella sua capitale provvisoria Caspe, di portare la Brigata Garibaldi a Barcellona in servizio di ordine pubblico contro gli anarchici»).[45] Fino al 1937, comunque, il consistente gruppo anarco-sindacalista concentrato nella Cnt era sfuggito insieme al Poum all'influenza dei comunisti. Ma il Poum divenne una vittima designata a causa della sua debolezza e della difesa di Trockij avanzata, nel corso del 1935, dai suoi capi Andrés Nin e Julian Gorkin (dirigente del Poum che sarebbe stato uno dei primi a stabilire il nesso tra la politica sovietica in Spagna e l'instaurazione delle democrazie popolari. Sottolineando quella che diventerà una costante nella politica comunista: «imporre l'egemonia a tutti gli antifascisti non solo contro il nemico fascista esterno ma anche contro l'opposizione interna»).[46] I di-

[44] A. Petacco, *Viva la muerte! Mito e realtà della guerra civile spagnola 1936-1939*, Milano, Mondadori, 2006; P. Spriano, *Storia del Partito comunista italiano*, v. III, *I fronti popolari, Stalin, la guerra*, cit., p. 132.

[45] R. Pacciardi, *Dall'antifascismo alla repubblica*, Roma, Archivio trimestrale, 1986, pp. XVIII-XIX.

[46] J. Gorkin, *España, primer ensayo de democracia popular*, Buenos Aires, Biblioteca de la Libertad, 1961, 84.

rigenti del Poum avevano chiesto alle autorità catalane di concedere il permesso affinché Trockij, espulso dalla Francia, potesse stabilirsi a Barcellona. Nel contesto della caccia ai trotzkisti in corso nell'Urss, la segreteria del Comintern, riunitasi il 21 febbraio 1936, dopo la vittoria elettorale del Fronte popolare spagnolo, comunicò al Partito comunista spagnolo l'ordine di impegnarsi senza risparmio di mezzi «contro la setta trotzkista controrivoluzionaria».[47] Ad aggravare la situazione si aggiunse il fatto che durante l'estate il Poum ebbe l'audacia di prendere le difese delle vittime del primo dei processi di Mosca, finendo per essere bollato con l'infamante etichetta di «quinta colonna fascista».[48]

La schedatura degli stranieri residenti in Catalogna, approntata dal commissariato per l'Ordine pubblico della Generalitat, mostrava così tutta la sua funzionalità per far individuare e annientare la mala erba trotzkista e anarchica e i politici dissidenti. L'archivio era poi arricchito dalle informazioni provenienti dagli altri partiti comunisti – liste nere di antifascisti, denunce di comunisti critici, dati biografici forniti dai servizi dei quadri dei vari Pc –, che venivano trasmesse al Departamento de Estado diretto dal comunista Victorio Sala. Così prendeva avvio una polizia politica parallela, composta da comunisti spagnoli e stranieri.

In un primo tempo, da settembre a dicembre 1936, la persecuzione degli oppositori non fu sistematica. Poi, con gli infiltrati della polizia sovietica introdotti nel Cuerpo de investigación y vigilancia del governo della Generalitat, che controllavano il servizio passaporti e chiunque entrasse o uscisse dalla Spagna, il rastrellamento cominciò a diventare metodico. E a seguito della prima resa dei conti tra anarchici e aderenti al Poum da una parte, e socialisti, seguaci di Rosselli, comunisti italiani e spagnoli fedelissimi di Mosca, dall'altra, durata una settimana, vi furono circa 600 morti (secondo altre fonti «solo» 300)[49] e 1400 feriti. A

[47] F. Furet, *Il passato di un'illusione. L'idea comunista nel XX secolo*, cit., p. 318 e sgg.
[48] *Ibidem*.
[49] G. Ranzato, *L'eclissi della democrazia*, cit., p. 451 e seg.

incaricarsi dell'eccidio furono le milizie del Partito comunista spagnolo, vari reparti del governo democratico repubblicano, le Guardias de Asalto, i militanti della Esquerra Republicana de Catalunya (il partito politico catalano, nato nel marzo 1931, che operò nel Fronte popolare e rimase a sostegno del governo democratico repubblicano). Grazie all'apporto fondamentale dell'Unione Sovietica, il Pci otteneva così quel ruolo leader contro cui Berneri aveva utilizzato tutte le sue munizioni. Il partito di Togliatti, nella mattanza dei «fratelli» anarchici, era sostenuto non solo dai socialisti ma anche da Giustizia e Libertà. La guerra fratricida appoggiata dall'Urss di Stalin aveva finito per posizionare su opposte sponde i due «figli» del maestro Salvemini, Carlo Rosselli e Camillo Berneri.

Scene da un'esecuzione

Berneri a Barcellona aveva scelto di alloggiare in un unico appartamento con Francesco Barbieri detto Ciccio, con Tosca Tantini e Fosca Corsinovi. Fosca, che sarà una delle testimoni oculari del prelevamento di Camillo e Ciccio, era una robusta e giovane toscana, seguace della causa delle bandiere rosso-nere, in precedenza compagna di un altro anarchico, Dario Castellani, da cui aveva avuto una figlia, Luce. Si era poi unita a Barbieri seguendolo in Spagna. Barbieri, che la polizia fascista indicava nei suoi rapporti come il consulente militare dei gruppi anarchici, era il braccio armato dell'intellettuale Camillo. Nella vita di Barbieri, come in quella di altri che militavano sotto le stesse insegne, come Francisco Ascaso e Buenaventura Durruti, era molto sottile il crinale tra delinquenza comune e azione rivoluzionaria e politica. Geometra, nato in Calabria il 14 dicembre 1895 da una famiglia piuttosto agiata, Barbieri aveva compiuto attentati dinamitardi e azioni terroristiche. Esperto di mitra e abile con il moschetto, era un buon conoscitore di esplosivi. Si era arruolato come volontario durante la prima guerra mondiale ed era ritornato carico di decorazioni. Dopo la conquista del potere da parte di Mussolini era emigrato in Argentina. Soprannominato «Chico il professore» per gli studi di perito agrario, si era unito al gruppo di Durruti e Ascaso e con loro non si era risparmiato sul fronte dell'attivismo, partecipando ad assalti a banche, furti, rapine. Fondamentale anche la suggestione esercitata su di lui da Severino Di Giovanni, teorico dell'«anarchismo espropriatore». Quando il Di Giovanni piazza una bomba presso il consolato italiano di Buenos Aires provocando la morte di nove persone e il ferimento di una trentina, il movimento libertario si spacca sull'accaduto. Gli accoliti di Di Giovanni si disperdono per sottrarsi alla caccia all'uomo messa in moto dalla polizia e Chico ripara prima in Uruguay e poi in Brasile. Dopo essersi associato alla campagna a favore di Sacco e Vanzetti, in Costa Azzurra incontra Berneri e lo accompagna nell'avventura spagnola.[50]

La mattina del 4 maggio, intorno alle 10, secondo il racconto della Corsinovi e di altri testimoni, due uomini che portavano un bracciale rosso con la sigla H.P. (Hijo del Pueblo), segno dei militanti del Partito comunista spagnolo, avevano bussato al numero 2 di Plaça de Angel.[51] Aveva aperto Fosca e i due agenti, che parlavano italiano, avevano chiesto di Barbieri e Berneri. Appena Barbieri si era presentato alla porta i due visitatori gli avevano intimato di consegnare le armi. Berneri li aveva rassicurati sulle loro intenzioni: «Siamo antifascisti venuti a combattere per la rivoluzione, perché dovremmo sparare su altri antifascisti?» A questa strana visita non fu data eccessiva importanza: i controlli non erano inusuali e per le strade gli scontri a fuoco erano all'or-

[50] Secondo il saggio di R. Gremmo, *Bombe, soldi e anarchia. L'affare Berneri e la tragedia dei libertari italiani nella guerra di Spagna* (edizioni Storia Ribelle, 2008), gli anarchici erano in combutta con le spie fasciste.

[51] G. Ranzato, *L'eclissi della democrazia*, cit., p. 453, n. 77. Secondo l'ipotesi di García Oliver, Berneri forse fu vittima degli agenti dell'Ovra, la polizia segreta del regime fascista, che non gli avrebbe perdonato di aver scritto un opuscolo su *Mussolini alla conquista delle Baleari* (Casalvelino, Galzerano, 2002) in cui si denunciavano le mire imperialiste del regime.

dine del giorno, non si poteva uscire e nell'appartamento non c'era telefono.

Verso le tre del pomeriggio, però, i due uomini dal bracciale rosso erano ritornati a Plaça de Angel, accompagnati da due poliziotti: « Siamo venuti a perquisire la casa ». Gli inquilini non avevano opposto alcuna resistenza: sempre perché a Barcellona da qualche tempo queste cose erano all'ordine del giorno. I poliziotti, inquadrati nella Guardia Nacional Republicana (che aveva assunto i comandi dell'unico corpo di polizia nato a seguito dello scioglimento decretato dal governo della Generalitat di tutti i corpi armati),[52] effettuarono un minuzioso controllo, forzando persino la porta dell'appartamento accanto, abitato da un altro compagno anarchico, Leonida Mastrodicasa. Qui sequestrarono libri e carte. Prima di uscire intimarono agli anarchici di non muoversi: « Se uscite rischiate di essere presi a fucilate ». Berneri aveva chiesto le ragioni di questa intimidazione, ma gli sbirri erano andati via senza spiegazioni. Il giorno successivo, mercoledì, alle sei del pomeriggio, si erano presentati circa una dozzina di militanti dell'organizzazione sindacale Ugt (Uniòn General de Trabajadores), il potente sindacato diretto dai socialisti di sinistra ostile all'alleanza tra il movimento operaio e i repubblicani liberali. Il gruppo era composto dai cosiddetti « mozós de escuadra », sempre con i loro « bracciali rossi », accompagnati da un poliziotto (ma in borghese) che dichiarava in arresto Berneri e Barbieri. Erano accusati di essere « elementi controrivoluzionari e spie fasciste ».[53] Di fronte a una simile, inattesa affermazione, Barbieri rispondeva che durante i suoi vent'anni di militanza anarchica era la prima volta che gli capitava di essere fatto oggetto di un simile insulto. Il poliziotto controbatteva che « appunto perché anarchico era un controrivoluzionario ». Irritato Barbieri chiedeva il no-

[52] *Ibidem*, p. 445.

[53] Non firmato, *La barricata a Barcellona: stile moscovita 1937. Come fu assassinato Camillo Berneri*, in *Il martello*, 28 maggio 1937; Non firmato, *La Risveglia*, n. 3/4, gennaio-aprile-maggio-agosto 2000; cfr. anche C. De Maria, *Camillo Berneri tra anarchismo e liberalismo*, cit., p. 90 e sgg.

me del poliziotto, riservandosi di «domandargli conto del suo comportamento in altra occasione».[54] Il questurino, rovesciando il bavero della giacca, mostrava la targhetta metallica con il numero 1109, che veniva annotato da Fosca, la compagna di Barbieri.

Sarà l'autopsia che rivelerà le modalità della morte di Camillo e di Ciccio. Due colpi a testa, sparati da distanza ravvicinata, da circa settanta centimetri. Il primo, diretto a Berneri, era stato esploso da dietro con traiettoria in avanti e con foro d'entrata «dietro la linea ascellare destra», l'altro aveva una traiettoria dall'alto in basso e da dietro in avanti nella regione temporo-occipitale destra. Il secondo colpo era arrivato per entrambi gli anarchici quando i due erano già a terra. Assomigliava molto al «colpo di grazia» con cui si finiscono i condannati a morte. Probabilmente l'esecuzione era avvenuta subito dopo il loro arresto, appena usciti da casa e girato l'angolo, in modo che le compagne che abitavano con loro, e li seguivano affacciate alla finestra, non potessero vedere quello che stava accadendo. I due amici sembrerebbero non essersi neppure accorti che si stava procedendo alla loro esecuzione. Forse erano stati colpiti mentre stavano cercando di spiegare la loro posizione. Forse mentre tentavano di far ragionare i loro assassini. Era talmente impensabile cadere sotto un fuoco di repubblicani e antifranchisti che non si erano nemmeno girati.

Tantini, Corsinovi e Virgilio Gozzoli, condirettore di *Guerra di classe* e responsabile del Comitato di difesa anarchica per la Catalogna, provvederanno al riconoscimento ufficiale e scopriranno, dalle cartelle dell'ospedale, che Camillo era stato rinvenuto dalla Croce Rossa alle prime luci dell'alba, in piazza della Generalitat, non molto distante da dove abitava. Ciccio, il cui corpo doveva essere stato spostato dopo l'assassinio, era stato trovato sulla rambla de les Flores, più o meno nelle stesse ore.[55]

[54] *Ibidem.*

[55] Sulla morte di Berneri e Barbieri cfr.: Non firmato, *Berneri y Ascaso fueron enterrados ayer*, in *La batalla*, 12 maggio 1937; R. Vella, *Ricordi sulla*

Delitto di leso fronte

La morte dell'allievo da cui era stato separato dalla persecuzione fascista commosse moltissimo Salvemini. Veniva cancellata una figura di riferimento della lotta comune contro il tiranno. Ma non solo. Da più parti un polverone di dicerie si levava sull'operato di Berneri. Un anno dopo la scomparsa dell'ex discepolo, trattando dell'assassinio nel saggio *Carlo e Nello Rosselli*,[56] l'illustre emigrato si preoccupava di far fronte alle accuse della stampa fascista. I giornali mussoliniani erano impegnati a diffondere la notizia che l'anarchico fosse stato addirittura ucciso da antifascisti a lui molto vicini, i miliziani in Spagna al seguito di Carlo Rosselli. Secondo queste voci, Rosselli, entrato in attrito con gli anarchici che facevano parte della colonna da lui comandata, avrebbe dato mandato di far fuori Berneri e Barbieri. Nella casa di Barcellona dove i due abitavano sarebbero stati sottratti documenti importantissimi poi consegnati allo stesso Rosselli. Quest'ultimo, sempre secondo la stampa in camicia nera, poco prima di morire era in procinto di tornare in Italia. Convertitosi al fascismo, stava per depositare nelle mani del duce quelle carte preziose rubate a Berneri. I fratelli Rosselli, dunque, non sarebbero dunque stati accoltellati dai sicari della Cagoule (Comité secret d'action révolutionnaire,

rivoluzione spagnola: alla ricerca di Berneri e Barbieri, in *Il libertario*, n. 24-25, 23 luglio 1952; G. Mascii, *L'uomo Berneri*, in *L'internazionale*, n. 9, 1° maggio 1967; A. Nocchi, *Perché Berneri fu assassinato*, in *Ibidem*; I. Garinei, *L'assassinio di Camillo Berneri*, in *Seme anarchico*, n. 5, maggio 1937; V. Gozzoli, *Plaza de Angel*, in *Umanità nova*, n. 17, 6 maggio 1967; N. Turcinovich, *Lettera aperta al compagno Bifolchi: il maggio di sangue di Barcellona*, in *Umanità nuova*, n. 19, 27 maggio 1967; F.S. Madrid, *Camillo Berneri, un anarchico italiano (1897-1937): rivoluzione e controrivoluzione in Europa (1917-1937)*, in AA.VV., *Camillo Berneri nel cinquantennio della morte*, cit.; G. Carrozza, *Alcuni elementi per la comprensione dei rapporti tra Berneri e il movimento anarchico*, in *Atti del Convegno di studi su Camillo Berneri*, ottobre 1977, Carrara, La coop. Tipolitografica, 1979, pp. 21-46; M.C. Rama, *Camillo Berneri e la rivoluzione spagnola*, in *Atti*, cit., pp. 61-87.

[56] G. Salvemini, *Carlo e Nello Rosselli*, in *Giustizia e Libertà*, marzo 1938, ora in Idem, *Opere. Scritti vari*, cit., v. VIII, pp. 673-715.

organizzazione francese filofascista e anticomunista), ma dagli anarchici che volevano vendicare Berneri e riprendersi il materiale riservato loro sottratto. Una storia dai tratti veramente rocamboleschi.

Il primo obiettivo degli «storici» al servizio del regime era dimostrare che Rosselli era un traditore. Il secondo era scaricare sugli anarchici l'esecuzione dei fratelli Rosselli. Confutando questa ridda di complicate e non provate affermazioni, Salvemini riconosceva che in Spagna vi erano stati gravi dissapori tra Rosselli e gli anarchici. Faceva però notare che, se gli anarchici avessero voluto veramente uccidere Rosselli, lo avrebbero fatto durante la guerra civile quando «una palla avrebbe potuto facilmente partire di notte da un fucile o da un revolver misterioso».[57] Osservava inoltre che non si capiva perché gli anarchici avrebbero dovuto aspettare dei mesi per la vendetta e per andare a pugnalare Rosselli a Bagnoles-sur-l'Orne in Normandia. Ricordava che Berneri era intimo di Carlo Rosselli e che gli anarchici avevano sempre rimproverato al compagno di fede l'eccessiva vicinanza a Giustizia e Libertà. Sottolineava infine che tutta la stampa rossonera non aveva certo mosso a Rosselli l'accusa di essersi macchiato del delitto dell'amico nella *semana sangrienta*; i compagni anarchici, invece, avevano fin dal primo momento additato i comunisti come assassini di Berneri e Barbieri.

La campagna contro gli anarchici «rei» del delitto Rosselli aveva ripreso vigore negli anni Cinquanta negli ambienti della destra neofascista, determinata a scagionare Mussolini dall'accusa di aver inviato sicari prezzolati per far fuori i dirigenti di Gl. Salvemini, peraltro in stretto contatto con la vedova di Berneri, Giovanna Caleffi,[58] era interessato a smentire, anche per ristabilire la verità sull'uccisione dei Rosselli e sull'assassinio dello stesso Berneri.

Rientrato in Italia il 16 ottobre 1949, lo storico riprendeva il

[57] *Ibidem*, p. 713.

[58] G. Salvemini, *A un'amica anarchica*, in *Volontà*, marzo 1953, ora in Idem, *Opere. Scritti vari*, cit., v. VIII, pp. 820-821.

suo insegnamento. Dalla cattedra fiorentina, da cui era stato cacciato via a bastonate dai fascisti, puntava il dito e ricordava: « qui insegnante ebbi alunni ed amici Nello Rosselli e Camillo Berneri: il primo con suo fratello Carlo doveva essere assassinato da sicari francesi per mandato italiano; il secondo doveva essere soppresso in Spagna dai comunisti nel 1937 ».[59] Salvemini agitava la memoria di Berneri come un drappo rosso di fronte a un infuriato Togliatti. Metteva sotto accusa l'operato dei comunisti nella Spagna repubblicana e la tattica divisoria all'interno della sinistra antifascista.[60] Togliatti a sua volta non lasciava passare sotto silenzio l'accusa di avere le mani insanguinate. Anche perché si rincorrevano le voci non smentite di una sua diretta responsabilità nel massacro degli anarchici.[61] E, rispondendo, sembrava al cor-

[59] G. Salvemini, *Una pagina di storia antica*, in *Il Ponte*, a. VI, n. 2, febbraio 1950, pp. 116-131.

[60] Cfr. in R. Mieli, *Togliatti 1937*, Milano, Rizzoli, 1964, pp. 259-261, *Dichiarazioni di Orlov su Togliatti, al Sottocomitato della commissione giudiziaria del senato americano del 14-15 febbraio 1957*: « Nel 1936, dopo lo scoppio della guerra civile in Spagna, venni inviato come 'diplomatico' sovietico a Madrid e come 'consigliere' del governo repubblicano spagnolo per le informazioni, il controspionaggio e le operazioni di guerriglia nelle retrovie nemiche... Arrivai in Spagna nel 1936, nel mese di settembre, e ne ripartii il 12 luglio del 1938, quando ruppi con il governo sovietico e riparai negli Stati Uniti d'America, passando per il Canada... Palmiro Togliatti si trovava con me, durante quel periodo, in Spagna ed eravamo legati da profonda amicizia a quell'epoca. Egli dirigeva il Partito comunista spagnolo e le forze militari comuniste per conto di Mosca... ».

[61] J. Hernandez, *La Grande trahison*, Paris, Fasquelle Editeurs, 1953, pp. 89-107. Stando alla testimonianza dell'ex ministro dell'Istruzione, Jesus Hernandez, Togliatti fu direttamente coinvolto negli eventi sanguinosi in quanto sarebbe stato presente in Spagna nell'ottobre del 1936 e poi nella primavera del 1937. Paolo Spriano afferma che Togliatti si trovò a Mosca sino al giugno 1937. Però non esclude che il leader comunista avrebbe potuto compiere anche più di una visita nel corso del 1936 e dei primi mesi del 1937 (*Storia del Partito comunista italiano*, vol. III, *I fronti popolari, Stalin, la guerra*, cit., p. 215, n. 1); A. Agosti in *Togliatti*, Torino, Utet, 1996, p. 590, rileva che fonti diplomatiche « e di polizia riferiscono con una certa insistenza di un viaggio di Togliatti in Spagna fra il maggio e il settembre del 1936 ».

rente dell'esatta dinamica dei fatti. Ma per rimandare al mittente l'addebito prendeva una via traversa. Cercava di screditare il suo avversario. Il pretesto fu la risposta a una lettera di Salvemini uscita sulla rivista *Belfagor* in cui lo storico svolgeva alcune riflessioni sul rapporto tra forze antifasciste. Dopo aver duramente criticato le osservazioni di Salvemini e sottolineato la sua distanza dal professore pugliese, il Migliore, cambiando completamente argomento, attaccava i liberali come il conte Carlo Sforza e Benedetto Croce. In particolare bersagliava sul piano personale Salvemini stesso, emigrato negli Stati Uniti. Dove si era trasferito, precisava il leader, proprio quando i comunisti erano torturati o morivano in carcere. Non solo vile, dunque, ma capace di «bersi tutte le panzane, purché siano di marca americana e anticomunista».[62] Insomma, stabiliva un collegamento diretto tra il soggiorno di Salvemini negli Stati Uniti e la sua volontà di calunniare i comunisti, una lettura che gettava ombre sul profilo del maestro antifascista e che era destinata a durare per decenni:[63] «Non perdoniamo però, sempre a Gaetano Salvemini, di portare persino nelle aule universitarie alcune delle più infami calunnie della libellistica anticomunista».[64] Togliatti rammentava al professore l'inopportuna lezione accademica a Firenze. Osservava inoltre che «la rivolta barcellonese del maggio fu una serie confusa di sanguinose battaglie di strada, da casa a casa, dai tetti, ecc. Il Bernieri (sic) cadde in uno di questi scontri, ecco tutto».[65] Il compagno Ercoli, con linguaggio impacciato e sorprendentemente involuto ma esplicito, ribadiva che «Cammillo Bernieri (sic)...

[62] R. di Castiglia (Togliatti), *A ciascuno il suo*, in *Rinascita*, a. VII, n. 3, 1950; ora con il titolo *Gaetano Salvemini*, in P. Togliatti, *I corsivi di Roderigo. Interventi politico-culturali dal 1944 al 1964*, scelti da O. Cecchi, G. Leone, G. Vacca, Bari, De Donato, 1976, p. 187.

[63] Cfr. la liquidatoria biografia di G. De Caro, *Gaetano Salvemini*, Torino, Utet, 1970.

[64] R. di Castiglia, *A ciascuno il suo*, ora in P. Togliatti, *I corsivi di Roderigo*, cit., p. 192.

[65] *Ibidem*.

col pretesto di fare l'anarchia si era avvicinato a quanti sfasciavano il fronte e facevano strada ai fascisti».[66]

Il leader comunista inquinava l'immagine dell'anarchico. Ne storpiava il nome, secondo un suo vezzo nei confronti di quelli che reputava suoi avversari, e lo chiamava «Cammillo Bernieri». Soprattutto lo traghettava oltre lo Stige mutandolo in un mito negativo dell'antifascismo, trasportandolo nel territorio di coloro che «sfasciavano il fronte».

Togliatti tornerà più volte, negli anni Cinquanta, con la sua vis polemica, sulla guerra di Spagna e sulla *semana sangrienta*: consapevole che le interpretazioni del passato erano un mezzo per illuminare il presente. E per ribadire che dal suo partito era stata imboccata la giusta via. Attaccava con violenza chi osava denunciare la strategia del terrore applicata dai comunisti in Spagna nei confronti di anarchici e poumisti, cercando di farlo apparire soprattutto indegno, non all'altezza della lotta politica. Come nel caso del poeta Stephen Spender che veniva inserito nel gruppo dei *Sei che sono falliti*, con Arthur Koestler, Ignazio Silone, Richard Wright, André Gide, Louis Fischer.[67] O di George Orwell, a cui Togliatti, sempre utilizzando la tecnica di lavorare l'avversario ai fianchi, rimproverava per prima cosa di essere un bieco e sanguinario poliziotto e ne cancellava la dedizione antifascista. Lo faceva parlando di *1984*,[68] il celebre racconto di un onnipotente partito unico con a capo il Grande Fratello che nessuno ha mai visto e che tiene la vita di tutti i cittadini costantemente sotto controllo con i suoi occhi che sono telecamere. Togliatti imputava a Orwell di essere un violento e un fanatico, in quanto funzionario nella «polizia imperiale inglese». Un'esperienza da cui avrebbe ricavato «conoscenza dei mezzi potenti e misteriosi per estendere il proprio dominio sugli uomini... Quali mezzi poteva inventare

[66] *Ibidem*.

[67] R. di Castiglia, *I sei che sono falliti*, in *Rinascita*, a. VII n. 5, 1950; ora in P. Togliatti, *I corsivi di Roderigo*, cit., p. 204.

[68] R. di Castiglia, *Hanno perduto la speranza*, in *Rinascita*, a. VII, n. 11-12, 1950; ora in P. Togliatti, *I corsivi di Roderigo*, cit., p. 211.

un simile tipo? Egli non ha inventato nulla, difatti. Il mezzo che egli conosce è uno solo, quello che si adopera contro gli indigeni in Birmania e altrove, le botte, il calcio negli stinchi, la mazzata nel gomito, la tortura con la corrente elettrica, e poi lo spionaggio, s'intende, che è sempre il cavallo di battaglia».[69]

In questo modo il romanziere, che in Spagna aveva scelto di indossare la divisa del Poum, veniva trasformato da valoroso antifranchista a violento poliziotto parafascista. Dunque le sue testimonianze non potevano avere nessuna credibilità. Come quella resa in *Omaggio alla Catalogna* (Togliatti rilevava erroneamente che «combatteva tra le file degli anarchici», mentre era in quelle del Poum), dove si descriveva la mattanza della *semana sangrienta* e in particolare la vicenda di Andrés Nin, arrestato insieme ad altri dirigenti del Poum una decina di giorni dopo l'uccisione di Berneri e Barbieri (il 16 giugno 1937). Condotto nella prigione segreta di Alcalá de Henares, Nin fu torturato per giorni e giorni dal feroce Aleksandr Orlov, responsabile della polizia segreta sovietica in Spagna. Gli fu applicato quello che si chiamava il «metodo secco». Si trattava di una «persecuzione implacabile di dieci, venti, trenta ore, durante le quali i seviziatori si avvicendavano facendo sempre le stesse domande: 'confessate', 'dichiarate', 'riconoscete', 'vi conviene di...', 'potete salvarvi'... Lo si fa stare in piedi per ore e ore senza permettergli di sedersi fino a quando barcolla, spezzato in due da un mal di reni insopportabile. Quando arriva a questo punto di stanchezza, il corpo si appesantisce terribilmente e le vertebre cervicali rifiutano di sostenere la testa. Tutta la spina dorsale è indolenzita come se venisse ridotta in pezzi. I piedi si gonfiano e una stanchezza mortale s'impadronisce dell'organismo estenuato e non ci si augura che una sola cosa: chiudere gli occhi, dimenticare la propria esistenza e quella del mondo intero. Quando diventa materialmente impossibile continuare l'interrogatorio, si trascina il prigioniero fino alla cella... Dopo venti, trenta minuti di riposo, non di

[69] *Ibidem*.

più, la seduta riprende. Daccapo con i consigli e le minacce e il tempo che pesa, pesa... implacabile, senza fine, con ogni minuto che è un'eternità... Andrés Nin tuttavia resisteva in un modo incredibile... I suoi seviziatori perdevano la pazienza. Decisero di abbandonare il metodo 'secco' per passare alla prova di 'durezza': la pelle strappata, i muscoli lacerati, la sofferenza fisica spinta fino all'estremo limite... In capo a qualche giorno, il suo viso non era più che una massa informe di carne tumefatta. Orlov, frenetico, impazzito dalla paura dello scandalo che poteva significare la sua liquidazione, era esasperato di fronte a questo uomo ammalato che agonizzava senza 'confessare' e senza denunciare i suoi compagni di partito... Bisognava mostrare che 'Nin era colpevole di intelligenza con il nemico' ».[70]

Di fronte a testimonianze come questa Togliatti non negava direttamente l'accaduto ma difendeva la strada imboccata dai comunisti italiani in Spagna. Vi vedeva la premessa per successivi percorsi politici in una continuità che andava dagli anni Trenta a quelli Cinquanta. Alfredo, nome di battaglia di Togliatti[71] all'epoca della guerra di Spagna, interveniva ripetutamente sul quel periodo e non riteneva di dover cancellare le sue « precise responsabilità ideologiche », rileva Giorgio Bocca:[72] « Nell'estate del 1937 mentre si arrestano e si mandano a morte i 'trotzkisti' e gli anarchici, a pochi giorni dal suo arrivo in Spagna, esce un saggio scritto a più mani ».[73] Nel suo intervento Alfredo spiegava: « Smascherati nelle loro attività criminali, banditi trotzkisti zinoveviani rispondono dei loro crimini davanti al tribunale supremo della classe operaia nel momento in cui l'offensiva del fascismo

[70] J. Hernandez, *La Grande trahison*, cit., pp. 89-107.

[71] Sul soggiorno spagnolo cfr. *Conversando con Togliatti*, Roma, Edizioni di cultura sociale, 1953, p. 261 (scritto da Maurizio Ferrara insieme alla moglie Marcella), e R. Mieli, *Togliatti 1937*, cit., p.101 e sgg.

[72] G. Bocca, *Palmiro Togliatti*, cit., v. I., p. 283 e sgg.

[73] M. Ercoli, *Les Einsegnements du procès de Moscou*, in G. Dimitrov, N. Krùpskaja Kostantinovna, B. Nikolaevič Ponomariev, E. Fisher, Ercoli, *Le Complot contre la révolution russe*, Paris, 1937, pp. 15-17.

entra in una nuova fase».[74] «Il suo personale ruolo fu», scrive di sé Togliatti, ricostruendo in terza persona, circa quindici anni dopo, l'eccidio degli anarchici, «che non si dimenticassero mai le esigenze della politica unitaria e costruttiva» e che «si facesse fronte ai tentativi di capitolazione davanti al nemico e di tradimento che ogni tanto affioravano».[75]

La lotta non lasciava spazio ad esitazioni, Togliatti aveva ragione. Lo scontro con i «fratelli» anarchici fu determinante per far spostare l'asse delle alleanze a favore dei comunisti. Il terrore del maggio spagnolo spinse i socialisti a rinsaldare il patto con i comunisti: dopo il patto del 1934, tanto deprecato da Berneri, la nuova Carta veniva firmata il 18 agosto 1937 e vi si affermava che tra i due partiti erano esistite «divergenze fondamentali di dottrina, di metodo, di tattica», sia sul piano dei principi sia sul giudizio complessivo sulla situazione politica. Ma ora i socialisti erano pronti a schierarsi con il Pci e a siglare quell'unione.[76] Il solido legame tra il Pci e il partito di Nenni era considerato «come una delle principali condizioni dell'unità di tutte le forze antifasciste e della creazione in Italia di un movimento di fronte popolare»,[77] osservava Spriano. E aggiungeva che «si lotta per la conquista della democrazia e delle libertà, per l'instaurazione di una repubblica democratica presidiata dalla classe operaia che distrugga alle radici le basi economiche della reazione e del fascismo... Questi sono due capisaldi e si può davvero chiamarli storici, dal momento che resteranno per un decennio almeno alla base della Resistenza e dell'azione successiva dei due partiti in Italia». La strada della continuità dalla Spagna all'Italia era stata imboccata e darà i suoi frutti, come sostiene Spriano, proprio nel decennio successivo.

[74] *Ibidem.*

[75] A. Agosti, *Togliatti*, cit., p. 233.

[76] P. Nenni, *Il programma di azione comune dei socialisti e dei comunisti spagnoli*, in *Nuovo Avanti!*, 4 settembre 1937.

[77] P. Spriano, *Storia del Partito comunista italiano*, vol. III, *I fronti popolari, Stalin, la guerra*, cit., p. 221.

Quali le reazioni del mondo antifascista di fronte alla mattanza degli anarchici e all'eliminazione di Berneri?

Immediatamente dopo l'assassinio, il *Nuovo Avanti!* aveva parlato di «barbara trucidazione».[78] Ma dopo la stesura della Carta di unità di azione faceva marcia indietro e si trovava assolutamente concorde sulla necessità di una «drastica epurazione».[79] *Il grido del popolo*,[80] organo comunista, polemizzando con chi aveva reso omaggio alla memoria di Berneri, affermava che l'anarchico era stato giustiziato dalla «Rivoluzione democratica» e parlava di legittima difesa.[81] La rivista *Prometeo*[82] definiva l'uccisione un «crimine di pretto stile squadrista».

Nell'emigrazione antifascista – in parte di quella socialista, di quella repubblicana, di quella liberale –, da Bruno Zevi, impegnato nella raccolta di fondi per il fronte democratico, a Salvemini, si aprì con questo assassinio una grave ferita. Garosci nella sua *Storia dei fuorusciti*[83] fa terminare il racconto della «rivoluzione spagnola» con l'uccisione degli anarchici, proprio per indicarne il fallimento. Il sangue degli anarchici era considerato come un vulnus orribile nella storia dell'antifascismo e cominciava a circolare una sensazione «di oppressione e di sospetto».[84] Con il maggio di sangue si esauriva lo spirito unitario della lotta rivoluzionaria in Spagna, commentava Garosci. Un delitto fratricida bagnava con grande eco lo scenario del movimento antifascista italiano e costituì «una crisi gravissima nel corso della guerra antifascista», osservava il militante di Giustizia e Libertà. Anche

[78] Non firmato, *Il sanguinoso conflitto fratricida*, in *Nuovo Avanti!*, 15 maggio 1937; Non firmato, *Il nuovo governo di Valenza*, in *Nuovo Avanti!*, 22 maggio 1937.

[79] P. Nenni, *Il programma di azione comune dei socialisti e dei comunisti spagnoli*, in *Nuovo Avanti!*, cit.

[80] Non firmato, *Bisogna scegliere*, in *Il grido del popolo*, 20 maggio 1937.

[81] Ivi, 29 maggio 1937.

[82] Non firmato, *Prometeo*, 29 maggio 1937. Si trattava di una rivista trockijsta bimestrale che uscì dal 1928 al 1938.

[83] A. Garosci, *Storia dei fuorusciti*, cit., p. 158.

[84] *Ibidem*.

quelli che non condividevano i metodi e la politica degli anarchici e si consideravano loro avversari « sentirono tradito il valore della lotta antifascista. Si continuava a combattere il fascismo, ma non si era più sicuri di quel che ci fosse dietro a sé. Il Fronte Popolare era proprio quello che diceva di essere o era un espediente tattico verso alleati da eliminare con i sistemi del duca Valentino? ».[85] Nell'emigrazione si cominciò a respirare un « clima totalitario ».[86] La reazione, dunque, era questa: si chiudeva un'epoca di grandi illusioni, sia sul movimento operaio che sui rapporti all'interno della coalizione antifascista, e se ne apriva un'altra. Iniziava l'era, dice Garosci, delle delazioni, degli assassinii, dei compagni non più fratelli.[87] Il Migliore, recensendo nel 1953 la *Storia dei fuoru-sciti*, ribadiva la giustezza della via imboccata dal suo partito. La storia dei popoli « alla fin fine », diceva il leader, aveva dato ragione a chi aveva spianato le canne fumanti contro i seguaci di Bakunin: « Su questa linea si mosse la storia dei popoli e si sviluppò la lotta di unità antifascista negli anni successivi ». Sulla strada delle « pazzie dei libertari catalani non vi fu proprio nessuno che si mise ». Certo, « quello fu un episodio doloroso ma è dopo di esso che appaiono in miglior luce le grandi conquiste e il valore della politica di unità nazionale ».[88] Gli scontri di maggio

[85] *Ibidem.*

[86] *Ibidem.*

[87] « Perché Rosselli accettò di appoggiare i comunisti? C'erano alternative? Ci si poteva dissociare dalla solidarietà con gli assassini? La guerra con Franco restava il primo e il principale compito dell'antifascismo; abbandonarla ai comunisti, poiché questi prevalevano e cominciavano a far sentire i loro metodi, mentre ancora esisteva una possibilità di vita all'interno, e quando non c'erano altre forze politiche tutt'attorno a cui appoggiarsi, avrebbe significato tagliarsi fuori dalla lotta antifascista », sostiene Garosci in *Storia dei fuoriusciti*, cit., p. 161. E continua: « La strada era obbligata. Proprio per non tagliarsi fuori dall'alleanza antifascista, anche Rosselli continuò a sostenere i comunisti. Certo l'Urss interviene in Spagna al di là del giusto e del necessario. Ma senza l'Urss esisterebbe ancora oggi una Spagna repubblicana? Nonostante tutti gli errori, gli arretramenti, le delusioni la Spagna resta il campo di battaglia tra fascismo e antifascismo ».

[88] R. di Castiglia, recensione ad A. Garosci, *Storia dei fuorusciti*, in *Rina-*

erano considerati l'antefatto della politica del dopoguerra sostenuta dal fronte unitario di socialisti e comunisti proprio per il ruolo leader conquistato dal partito di Togliatti con l'eliminazione degli anarchici. Finivano per trovarsi nel campo avverso all'antifascismo dei comunisti non solo Berneri ma tutti quelli, come i liberalsocialisti, che avevano considerato l'uccisione degli avversari politici una violazione dei principi dell'antifascismo. Come Garosci, che non aveva capito che la posizione degli anarchici in Catalogna era «storicamente e politicamente falsa».[89]

È durante la guerra di Spagna, osserva Gabriele Ranzato,[90] che si precisa l'immagine dell'Urss come quella dell'unico paese in grado di combattere il fascismo. Gli anni del conflitto spagnolo coincidono con l'eliminazione degli avversari di Stalin, come Lev Kamenev e Grigorij Zinov'ev, giustiziati nell'agosto 1936 al termine del primo dei grandi processi di Mosca. L'Urss storna l'attenzione dall'avvio delle purghe e contemporaneamente getta le basi dell'«imperativo etico antifascista» che assocerà sempre più alla propria immagine nel dopoguerra. «Essere il solo paese che si batteva contro il fascismo sfidandone i pericoli attirava quella simpatia nei molti che, ignorando i lontani orrori dello Stato comunista e temendo assai di più l'incombente minaccia del vicino fascismo, facevano prevalere l'imperativo etico antifascista su ogni altra considerazione politica».[91] La propaganda e la vasta mobilitazione per la Spagna erano il risvolto dell'abile consolidamento del potere staliniano. La battaglia ideologico-culturale il cui seme viene gettato in Spagna è destinata a fiorire nel decennio che segue la fine della seconda guerra mondiale. «Gli intellettuali che si esponevano a favore della Repubblica capivano, anche ignorando tutto o quasi della vicenda spagnola, che la posta in gioco della guerra non era solo la sua sopravvivenza, ma valori di

scita, a. X, n. 7, 1953; ora in P. Togliatti, *I corsivi di Roderigo. Interventi politico-culturali dal 1944 al 1964*, cit., p. 256.

[89] *Ibidem.*

[90] G. Ranzato, *L'eclissi della democrazia*, cit., p. 336.

[91] *Ibidem.*

libertà e democrazia che la trascendevano. Benché di fatto quei valori nel territorio repubblicano fossero negati – e non era difficile saperlo – la guerra aveva acquistato un significato simbolico, di principio, che poteva prescindere da questa realtà... Resta il fatto che oggi non può non apparire paradossale», osserva ancora Ranzato, «che in prima fila in quella battaglia c'erano i comunisti».[92] I comunisti e i loro fedeli alleati diventavano inattaccabili in quanto difensori in prima linea del «principio» sacro della democrazia e dell'antifascismo. «In poche settimane», ha scritto Stephen Spender, «la Spagna era diventata il simbolo della speranza per tutti gli antifascisti... La Spagna innalzò il destino degli antifascisti dalla condizione di patetica catastrofe alle altezze della tragedia... Offriva al XX secolo un 1848: cioè un tempo e un luogo nel quale una causa che rappresentava un grado di libertà e giustizia più alto di quella reazionaria, che gli si oppone, riusciva a ottenere vittorie».[93]

Togliatti e il Pci, dopo l'uccisione degli anarchici e il rafforzamento del patto d'azione con i socialisti, avevano acquisito un patrimonio. Servirà anche a mitigare l'amaro sapore della sconfitta, l'imbarazzante ricordo della fuga fortunosa di Alfredo che si lascia alle spalle la Spagna volando verso il Marocco, da dove in nave raggiungerà Marsiglia. Il bonus di leader dell'antifascismo il Migliore lo investirà anche nel dopoguerra italiano. Lo ricorda Elio Vittorini pochi mesi dopo la fine della seconda guerra mondiale, sul primo numero del *Politecnico*, facendosi latore di un messaggio a cui Togliatti tiene molto: ribadisce il ruolo del Pci in terra di Spagna, mentre evidenzia l'inutilità dell'antifascismo degli esuli che non credono nella democrazia progressiva. «La guerra civile di Spagna ha una grande importanza nella storia italiana», scrive Vittorini. «Tutta la gioventù italiana era senza contatto, prima del luglio 1936, con il mondo della democrazia progressiva. Dobbiamo dirlo, l'antifascismo italiano risultò morto agli italiani,

[92] *Ibidem*, p. 364.
[93] S. Spender, *Autobiografia*, cit. in A. Garosci, *Gli intellettuali e la guerra di Spagna*, cit., pp. 254-255.

era tutto all'estero, emigrato, o era in prigione, era al confino, chiuso in se stesso e molti di noi non l'avevano mai conosciuto.»[94]

Appena arrivato in Italia il compagno Alfredo cercherà di potenziare la sua riserva aurea sminuendo il ruolo dell'antifascismo «fratello» e combattendo contro di esso una battaglia senza risparmio di mezzi: contro la sinistra liberalsocialista, i repubblicani, i liberali e le varie aggregazioni antifasciste, accorse prontamente come i comunisti al richiamo della lotta di liberazione. «Oggi in Spagna, domani in Italia» era stato il fortunato slogan coniato nel 1936 da Carlo Rosselli per gli antifascisti italiani impegnati nella guerra civile ed esprimeva una speranza per il futuro. Il modello spagnolo, proprio secondo gli auspici di Rosselli, migrerà verso i lidi della penisola. Con modalità ben diverse, però, da quelle che l'antifascista di Giustizia e Libertà aveva programmato.

[94] E. Vittorini, *Il popolo spagnolo attende la liberazione*, in *Il Politecnico*, a. I, n. 1, 29 settembre 1945.

Capitolo II

PAROLA D'ORDINE: DELEGITTIMARE

Conservatori veri e presunti

Quando sbarca a Salerno proveniente dall'Urss Togliatti indossa un abito dal taglio assai démodé e « un maglione a strisce bianche e azzurre ».[1] A partire dal 21 giugno 1945 adotterà il doppiopetto ministeriale di Guardasigilli, ruolo che ricoprirà nel governo Parri e in quello presieduto dal democristiano Alcide De Gasperi. La solidarietà antifascista, la recente lotta contro il nemico comune tiene unite le forze che hanno partecipato alla guerra di liberazione. Ma il segretario è pronto a mettere in circolo messaggi, indicazioni che parlano il linguaggio della discordia, insinuano dubbi e si muovono in controtendenza. « Con il socialismo liberale già facemmo conoscenza tramite la rivista *Quarto Stato* di Carlo Rosselli che era arrivato a collocarsi... più a destra delle posizioni di Piero Gobetti... negando la funzione dirigente del proletariato nella lotta antifascista e democratica »,[2] osserva il compagno Ercoli sulla rivista che già dal primo numero, nel 1944, si è configurata come la voce più autorevole del Partito comunista: *La Rinascita*.

Essere più a destra di Gobetti e ostacolare la funzione dirigente del proletariato non è responsabilità di poco conto che è addebitata agli eredi dei liberalsocialisti. « Carlo Rosselli », osserva-

[1] G. Bocca, *Palmiro Togliatti*, cit., v. II, p. 334.

[2] R. di Castiglia, *Socialismo liberale*, in *Rinascita*, a. II, n. 3, 1945; ora in P. Togliatti, *I corsivi di Roderigo. Interventi politico-culturali dal 1944 al 1964*, cit., p. 133.

va Togliatti,[3] « che pure aveva capito che cosa significasse per il fascismo e che cosa dovesse significare per gli antifascisti la guerra di Spagna, nella Spagna stessa sbagliò profondamente quando credette che la posizione giusta fosse quella degli anarchici catalani ». Questo articolo – come altri dello stesso tenore – prende forma di reprimenda contro i liberalsocialisti che recalcitrano a un'alleanza subalterna e vorrebbero, come all'epoca del conflitto antifranchista, subentrare ai compagni con falce e martello nel rapporto privilegiato con i socialisti. « Non è senza ragione che, negli ultimi tempi, da parte di scrittori appartenenti al Partito liberale siano state fatte avances ai socialisti per una sorta di alleanza liberale-socialista. È probabile che le intenzioni di questi scrittori non giungano sino a credere alla possibilità pratica di un'alleanza tra i due partiti; ma essi contano verosimilmente sulla esistenza di 'correnti socialiste-liberali' e si adoperano per rafforzarle ».[4] Come all'epoca delle lunghe dispute interne all'antifascismo dell'emigrazione, il Migliore mostrava di temere fortemente le avances fatte ai compagni socialisti. Nessuno spazio di sinistra deve essere disponibile al di là del partito nuovo, l'unico che può garantire il bene « della collettività », ragiona il segretario. L'unico che può sostenere l'opera di « fondamentale ricostruzione del paese... nel campo industriale, agricolo, commerciale, dei trasporti ». L'unico che può assicurare la continuità di lunghi sacrifici. Questi potranno essere « accettati da parte del nostro popolo solo se non ne andranno a beneficiare ... gruppi di grossi capitalisti » ma « l'intiera collettività nazionale ».[5] Il Pci è anche il solo partito che può sgombrare definitivamente il campo da tutti « i residui » del fascismo. La conseguenza? Tutti quelli che cercano « di spez-

[3] R. di Castiglia, recensione ad A. Garosci, *Storia dei fuorusciti*, in *Rinascita*, a. X, n. 7, 1953; ora in P. Togliatti, *I corsivi di Roderigo. Interventi politico-culturali dal 1944 al 1964*, cit., p. 256.

[4] R. di Castiglia, *Socialismo liberale*, in *Rinascita*, a. II, n. 3, 1945; ora in P. Togliatti, *I corsivi di Roderigo. Interventi politico-culturali dal 1944 al 1964*, cit., p. 133.

[5] *Ibidem*.

zare l'unità d'azione tra socialisti e comunisti»[6] sono nemici dell'antifascismo. L'operazione tentata dagli «scrittori socialisti-liberali» non è quindi un corteggiamento, un tassello del gioco democratico, ma una deriva pericolosa che potrebbe mettere in forse il futuro della risorta nazione, una mina in procinto di esplodere contro la nuova vita democratica. È il Pci il partito che può dar vita «una politica di unità nazionale», ribadisce il leitmotiv. Politica comunista di unità nazionale e antifascismo coincidono. Il Partito comunista, del resto, ha saputo per primo risvegliare il sentimento dell'opposizione al regime e vuole consolidarlo garantendosi la leadership anche culturale.

Palmiro Togliatti, alcuni mesi prima della stesura di questo articolo del 1945, anche a rischio di rompere delicati rapporti di governo, stabiliva chi meritava la patente di «antifascista» e chi invece non ne era degno. Benedetto Croce[7] ha l'onore e l'onere di un attacco nel primo numero de *La Rinascita* per il suo libro *Per la storia del comunismo in quanto realtà politica.*[8] Togliatti era, come del resto Croce (fino al 27 luglio 1944, quando gli subentrerà Nicolò Carandini) ministro senza portafoglio nel governo del socialdemocratico Ivanoe Bonomi.

L'opera del Santissimo, così i comunisti avevano ribattezzato il pensatore, è definita dal compagno Ercoli «scrittarello». Togliatti scrive: «Recensire questo scrittarello è cosa alquanto penosa...» Vi trova «asserzioni esposte con molta boria e pretese».[9] Lo scrittarello rappresenta «il conato nel vuoto», cioè quello «di chi argomenta fuori della realtà e fuori della storia, aridamente

[6] *Ibidem*, p. 135.

[7] Cfr. A. Jannazzo, *Il liberalismo italiano del Novecento. Da Giolitti a Malagodi*, Saveria Mannelli, Rubbettino, 2003, p. 170. «Garosci ha autorevolmente testimoniato come Croce fosse vicino, in una prima fase, negli anni Trenta, alle tendenze liberalizzatrici del socialismo avanzate da Gl e da Carlo Rosselli».

[8] B. Croce, *Per la storia del comunismo in quanto realtà politica*, Bari, Laterza, 1943.

[9] R. di Castiglia, recensione a B. Croce, *Per la storia del comunismo in quanto realtà politica*, in *La Rinascita*, a. I, n. 1, 1944; ora in P. Togliatti, *I corsivi di Roderigo*, cit., p. 126.

rimestando sofismi e luoghi comuni di cui e la realtà e la storia si sono incaricate di fare piazza pulita ».[10] Di Croce viene ricordata « una curiosa situazione di privilegio, nel corso degli ultimi vent'anni. Egli ha tenuto cattedra in questa materia, istituendosi tra lui e il fascismo un'aperta collaborazione. Questo fu il prezzo della facoltà che gli fu concessa di arrischiare ogni tanto una timida frecciolina contro il regime ». Mentre il gran maestro criticava blandamente e larvatamente il regime, il Partito comunista era messo al bando. « E proprio aver accettato questa funzione mentre noi eravamo forzatamente assenti e muti, o perché al bando nel paese o perché perseguitati fino alla morte dei nostri migliori, è una macchia di ordine morale che non gli possiamo perdonare. » Se Croce e l'intero paese si sono fatti contaminare dal fascismo, l'Unione Sovietica invece ne è stata immune. Ha sviluppato « una forma mentale e culturale superiore, cioè è stata una civiltà che non ha permesso sorgesse nel suo seno il fascismo, anzi è all'avanguardia nella lotta per schiacciarlo nel mondo intiero ».[11] Non coinvolti dalla dittatura, anche i comunisti, come i sovietici, hanno maturato una loro superiorità. Croce, insomma, con la sua « aperta collaborazione » con il fascismo, non apparteneva allo schieramento antifascista: il pensatore era investito dalla più feroce delle accuse.

Una conclusione che non poteva non allarmare il filosofo di Pescasseroli. L'autore dell'*Estetica* controbatteva a parole che suonavano come un'onta. « Le dirò », scriveva, « che provo un curioso effetto tra di meraviglia e di filosofico sorriso nel sentirmi talvolta designare dai suoi come 'reazionario' o anche filofascista: la modestia, il pudore mi vieta di rammentare che io sono stato il più radicale, e con ciò sempre liberalissimo, rivoluzionario nella vita mentale e culturale d'Italia della prima metà del Novecento ».[12] Togliatti dopo queste proteste ammetterà di avere esagerato e

[10] *Ibidem.*
[11] *Ibidem.*
[12] *Una lettera di Croce a Togliatti*, in *Rivista di Studi crociani*, f. II, aprile-giugno 1965, p. 248.

l'incidente si chiuderà nel nome del reciproco rispetto e della concordia nell'azione comune per il bene del nostro paese. Ma Giorgio Amendola osserverà che non era stata una gaffe, bensì «violenza calcolata da parte di Togliatti».[13] Per ridimensionare la rappresentatività di Croce in ambito antifascista e subentrare al suo posto? Per sminuire l'autorevolezza di una figura a cui si volgeva con rispetto tutta una classe dirigente politica e culturale formatasi nel pensiero crociano? Buttare giù dal piedistallo il padre dell'idealismo italiano rappresentava, poi, anche un modo per criticare l'autorevole garante di *Risorgimento Liberale*. Il giornale diretto da Mario Pannunzio non risparmiava le punzecchiature al partito di Togliatti e si proponeva come antagonista su alcuni terreni privilegiati: un concorrente pronto in primo luogo a conquistarsi le ultime leve, i giovani ostili al regime ma al contempo usciti dalla guerra disorientati e confusi.

Pannunzio, prima dell'approdo al quotidiano, poteva contare su un ben nutrito curriculum: recensore di romanzi sul *Saggiatore* a ventun anni, a ventitré era stato alla guida di *Oggi* (settimanale di lettere e arti), a ventisette redattore con Arrigo Benedetti di *Omnibus*, fondato da Leo Longanesi; a ventinove, sempre con l'ex compagno di giochi Benedetti, era a capo di una nuova edizione di *Oggi* (dal 3 giugno 1939 al 31 gennaio 1942, quando sarà chiuso dal regime). *Risorgimento Liberale* era nato clandestinamente nel 1943 (nel dicembre dello stesso anno Pannunzio fu arrestato e rinchiuso a Regina Coeli, da cui uscì nel febbraio del 1944). A chi si rivolgeva la nuova testata? Agli ultimi arrivati sulla scena culturale e politica, cercando di far chiarezza sull'atteggiamento da tenere riguardo ai loro trascorsi in camicia nera: «Che cosa pensano i 'giovani'?... Parlo di quei giovani di venticinque, trenta e più anni, nati o cresciuti tra le due guerre o poco avanti la prima... Oggi i giovani non hanno più voglia di parlare... Molti

[13] Cfr. G. Amendola, *Intervista sull'antifascismo*, a cura di P. Melograni, Roma-Bari, Laterza, 1976, p. 3; sulla polemica cfr. P. Battista, *Cancellare le tracce. Il caso Grass e il silenzio degli intellettuali italiani dopo il fascismo*, Milano, Rizzoli, 2007, p. 36.

hanno creduto appassionatamente, altri si sono lasciati ingannare senza resistenza. Ebbene, è proprio per questo che su la maggior parte di essi pesa una condanna che toglie ogni ragione di vita... Chi non ricorda i nomi di qualcuno di questi giovani, che caddero nella lotta? Si chiamavano, per esempio, Leone Ginzburg, Eugenio Colorni, Giaime Pintor, Pilo Albertelli, Mariano Buratti, che pur erano più inclinati agli studi che al combattimento. Altri per fortuna sono vivi e presenti, e lavorano uniti, anche se di idee e di partiti diversi. Molti di loro hanno avuto la 'tessera', come generalmente quelli nati dopo una certa epoca. Eppure – ripetiamo – di questo si fa loro colpa».[14]

Pannunzio offriva il menu di una forza politica completamente rinnovata: il Pli come un partito «nuovo, giovane e progressivo»,[15] lontano dai vecchi schemi che connotavano i liberali prima dell'avvento della dittatura. «Il Partito liberale non è un partito conservatore. L'abbiamo detto altre volte, ma conviene ripeterlo.» Nulla a che vedere con le roccaforti della conservazione e del potere. Il suo posto è a destra? «Non è un partito di destra. Non difende interessi e privilegi costituiti», afferma Pannunzio. Quale il suo rapporto con «l'alta borghesia, l'alta industria, l'alta finanza»? «Non è disposto a difenderle». Al contrario. Essere liberali significa «essere socialisti in modo assai più avveduto e attuale di quel che credono gli epigoni di Marx...» Tra giovani liberali e giovani «laburisti, cattolici, socialisti e perfino comunisti c'è spesso più somiglianza di idee, o per lo meno di costume, che tra i componenti giovani e vecchi di uno stesso partito». Il legame con i comunisti? Non si rifiuta. Al contrario, si guarda a «quel tanto di positivo che si riscontra nelle dottrine socialiste...» L'alleanza con i comunisti non è da gettare alle ortiche, per Pannunzio: «Sul terreno della guerra di liberazione, della lotta contro il fascismo, dell'epurazione rapida e radicale dei colpevoli dei delitti fascisti,

[14] M. Pannunzio, *Una generazione fra le due guerre*, in *Risorgimento Liberale*, 1° agosto 1944.

[15] Per questa e le citazioni seguenti, cfr. M. Pannunzio, *Un partito giovane*, in *Risorgimento Liberale*, cit.

dell'assalto infine agli istituti marci e corrotti del passato regime, socialisti e comunisti ci troveranno loro alleati».[16] E poi i «nemici dei nuovi comunisti sono gli stessi nemici dei nuovi liberali: il fascismo, il nazismo, la plutocrazia, i monopoli, il latifondo e così via...»[17] Non c'è dubbio, esistono delle differenze tra il Partito liberale e quello comunista. Il primo è «aperto al metodo della discussione, della critica, della gara individuale», mentre il partito che si ispira alla dottrina di Karl Marx in molte occasioni è più «conservatore». È, cioè, afflitto da una «decrepita ideologia», che è poi quella stessa che ha ispirato il fascismo. «Conservatori»: è la giusta definizione per i comunisti. «Sia per la devozione all'autorità dello Stato, per l'inclinazione al conformismo, per la sottomissione a una gerarchia di pochi sacerdoti, e infine per quella specie di mistica, perfetta esaltazione di 'qualcosa che è al di sopra della ragione'.»[18] Tutti concetti, come si vede, destinati a tornare dopo sessant'anni anni e che si ripropongono assai simili nel dibattito odierno su liberismo e statalismo.[19]

Risorgimento Liberale voleva configurarsi come un «partito di centro». Contro «l'ordine degli anelanti a dittature militari, la legalità dei costituzionalisti pavidi»,[20] il quotidiano ambiva a far suoi «gli ideali e gli interessi dei ceti medi, artigiani, contadini, impiegati, professionisti, imprenditori, commercianti in stretta collaborazione con i ceti operai».[21] Il giornale dei liberali duri e puri, come furono definiti da Francesco Compagna,[22] fin dai primi numeri veleggiava nel passaggio stretto del terzismo, tra Scilla e Cariddi, come era solito dire Salvemini, tra diccì e piccì, tra la critica verso le scelte governative e l'opposizione persino

[16] M. Pannunzio, *L'incerta tregua*, in *Risorgimento Liberale*, cit.
[17] M. Pannunzio, *Gli estremisti moderati*, in *Risorgimento Liberale*, cit.
[18] *Ibidem.*
[19] A. Alesina e F. Giavazzi, *Il liberismo è di sinistra*, cit.
[20] M. Pannunzio, *Un partito giovane*, in *Risorgimento Liberale*, cit.
[21] *Ibidem.*
[22] P.F. Quaglieni, introduzione a *Dal* Risorgimento Liberale *al Centro Pannunzio. Un liberalismo duro e puro. Mostra per i 35 anni del Centro Pannunzio*, cit., p. 5.

verso gli stessi liberali al governo (Luigi Salvatorelli accusava i liberali «di mettere in malavista... la stessa opera governativa», mentre «dimenticando i loro rimproveri ai partiti di sinistra, fanno politica su due piani, collaborazione con responsabilità governative da una parte, opposizione antigovernativa dall'altra»).[23]

I boys liberal di Pannunzio erano quelli che Togliatti ribattezzerà i «democratici puri» contro i «democratici progressivi». Scegliendo i primi di posizionarsi tra gli opposti schieramenti come un «partito di centro mediatore fra destra e sinistra, fra gli istinti rivoluzionari e le paure conservatrici, che possa dare un nuovo orientamento alla direzione politica dello Stato».[24] È l'unico modo per evitare all'Italia «la rovina di una dittatura dal momento che l'opposizione crescente al governo va cercando i suoi capi e... può trovarli in avventurieri senza scrupoli».[25] Il quotidiano esprimeva un comune sentire, una pubblica opinione di orientamento antitotalitario, non nostalgica del passato, e che in anni successivi troverà altri sbocchi, a cominciare dal Partito radicale di Pannunzio e di Ernesto Rossi.

Risorgimento Liberale – che in un primo momento non era nemmeno l'organo del Pli e apparteneva a un gruppo di amici – voleva soprattutto essere il punto di aggregazione di intellettuali «terzisti». Le personalità di riferimento erano quelle di «tanti buoni scrittori»,[26] come ricordava Giuseppe Fiori. C'era don Benedetto, che sul giornale riceverà il plauso caloroso e la sua massima consacrazione tramite le parole di Sandro De Feo per i suoi ottant'anni: «I debiti che abbiamo con lui non riusciremo mai a pagarli, soprattutto quello di non essere morti di freddo e di

[23] Cit. in M. Pannunzio, *La storia di oggi*, in *Risorgimento Liberale*, 10 luglio 1945.

[24] M. Pannunzio, *Le speranze d'Italia*, in *Risorgimento Liberale*, 18 novembre 1945.

[25] *Ibidem*.

[26] G. Fiori, *Una storia italiana. Vita di Ernesto Rossi*, Torino, Einaudi, 1997, p. 247.

disperazione nella stazioncina sperduta nella steppa e avvolta nella bufera durante la lunga attesa tra una civiltà liberale e un'altra».[27] E poi tra i garanti della testata c'erano i grandi esponenti del liberalismo italiano: Luigi Einaudi, futuro presidente della Repubblica, che, rientrato alla fine del 1944 dalla Svizzera, dove si era rifugiato per sfuggire all'arresto, fin dal 1945 era stato nominato governatore della Banca d'Italia; Nicolò Carandini, che nella schiera dei liberal di sinistra era stato tra i fondatori del Partito liberale[28] e diventerà il primo ambasciatore italiano a Londra del dopoguerra. Carandini, genero di Luigi Albertini, estromesso dal fascismo dalla guida del *Corriere della Sera*, aveva curato durante l'occupazione tedesca una serie di opuscoli del Movimento liberale a cui collaborarono, oltre a Einaudi, il crociano Carlo Antoni, Umberto Zanotti Bianco e Guido Carli. A questi si aggiungeva Francesco Libonati, personaggio che ricordava «Sancho Panza, l'uomo del buon senso e della tolleranza, avvocato meridionale, scarpe pinguino bianche e blu, lobbia Borsalino, ombra fedele di Pannunzio e suo portavoce»:[29] così lo descrive Scalfari. Libonati, lo «Swann della ricerca politica»,[30] sarà membro della Consulta nazionale, tra i promotori del *Mondo* e del Partito radicale. Con Carandini e Pannunzio abbandonerà il Partito liberale quando questo si affiderà alla guida di Roberto Lucifero. E poi c'era Leone Cattani, anche lui nel novero dei fondatori del Pli. «Differivano in molte cose, Carandini e Cattani, ministro nel governo dell'azionista Ferruccio Parri. Il primo raffigurava il gentiluomo di campagna, il gentiluomo all'inglese. Sembrava uscito da una stampa risorgimentale, l'argento dei suoi

[27] S. De Feo, *Compleanno*, in *Risorgimento Liberale*, 26 febbraio 1946.

[28] L. Cattani, *Gli anni del Risorgimento Liberale*, in *Dal Risorgimento Liberale al Centro Pannunzio. Un liberalismo duro e puro. Mostra per i 35 anni del Centro Pannunzio*, cit., p. 15.

[29] E. Scalfari, *La sera andavamo in via Veneto*, cit., p. 17.

[30] P.F. Quaglieni, introduzione a *Dal* Risorgimento Liberale *al Centro Pannunzio. Un liberalismo duro e puro. Mostra per i 35 anni del Centro Pannunzio*, cit., p. 5.

capelli, la qualità delle sue flanelle, l'urbanità dei suoi modi erano celebri... Cattani era l'uomo d'azione, il tribuno liberale e anche il retore del gruppo... Fu il solo alle cui impuntature Pannunzio talvolta soggiacque[31] ».

Al gruppetto si aggiungeva il combattivo e intransigente condirettore, e futuro direttore de *Il Resto del Carlino*, Vittorio Zincone. Che il figlio Giuliano definisce un « liberale e un credente. Credeva nelle istituzioni, nelle leggi dello Stato, nel Parlamento, nell'Università, nell'efficacia delle competenze tecniche e professionali ... Credeva nei ruoli precisi ... E questo atteggiamento intransigente gli costò molte amarezze ».[32] E poi vi furono il giornalista Raffaele Mauri e l'avvocato Enzo Storoni, sottosegretario all'Industria nel governo Parri e al Commercio estero nel primo ministero De Gasperi, lo scrittore Giovanni Comisso, Sandro De Feo, Arrigo Benedetti, Paolo Monelli, giornalista e tra i fondatori del premio Bagutta, Vitaliano Brancati (autore di una rubrica sulle caratteristiche degli italiani, « Il diavolo nel cassetto »), Vittorio Gorresio, che al *Mondo* passava circa un'ora per concordare con Pannunzio il « Taccuino », il cuore politico del giornale, Luigi Barzini jr., anche lui nella truppa dei liberali, inviato speciale del *Corriere della Sera* e poi fondatore de *Il Globo*.

Del nutrito drappello liberal faceva parte anche Mario Ferrara, avvocato, giornalista che « spezzò la penna » nel 1924 in spregio al fascismo. Prima era stato corrispondente del *Secolo XIX* alla Conferenza di pace di Versailles e aveva collaborato alla *Rivoluzione liberale* di Gobetti.[33] Il figlio Giovanni, liberale come il padre, professore di storia antica a Firenze, collaboratore del *Mondo* di Pannunzio, senatore del Pri, rammenta che la scelta del suo nome fu fatta in base a precisi criteri di memoria storica: fu chiamato Giovanni, in ricordo di Amendola, Giacomo, in me-

[31] *Ibidem*.

[32] G. Zincone, *Testimonianze*, in V. Zincone, *Lo Stato totalitario*, prefazione di D. Cofrancesco, Roma, Ideazione editrice, 1999, p. 8.

[33] G. Ferrara, *Il fratello comunista*, Milano, Garzanti, 2007, p. 72 e sgg.

moria di Matteotti, e Piero in ricordo di Gobetti. « 'È una fortuna che i fascisti non abbiano ammazzato anche Salvemini', mi diceva mio padre in uno dei suoi momenti di humor nero, 'altrimenti t'avrei chiamato anche Gaetano'. »[34] La caduta del fascismo permise all'avvocato Mario di riprendere la penna in mano, di diventare un sostenitore della terza via sul *Mondo* – sulle cui colonne transiterà velocemente (la collaborazione si interromperà col numero del 14 luglio 1951) –, di scrivere sul *Corriere della Sera* per poi passare alla *Stampa* diretta da Giulio De Benedetti. Nel manipolo dei liberali conservatori c'era invece Panfilo Gentile. Prima socialista, giornalista dell'*Avanti!* diretto da Mussolini e dell'*Unità* di Salvemini nel 1925, « Panfilino », come veniva chiamato, fu firmatario del *Manifesto degli intellettuali antifascisti* promosso da Croce. Per questo nel ventennio fu costretto a rifugiarsi nell'attività privata ed esercitò la professione di avvocato. Dopo l'esperienza di *Risorgimento Liberale*, anche lui sperimenterà un breve passaggio sul *Mondo* (fino al 7 luglio 1951), diventerà responsabile della *Nazione* di Firenze, entrerà nella direzione nazionale del Pli e sarà commentatore di politica economica e interna sul *Corriere della Sera* per ben quindici anni. Ma passando gli anni il suo « liberalismo diventava amaro, elitario, conservatore », scrive Sergio Romano,[35] mentre progressivamente l'orientamento politico si spostava a destra, tanto che Indro Montanelli lo definì « non un dissenter » ma « un vero conservatore ».[36] Tutto questo gruppo di firme si trasferì da *Risorgimento Liberale* alla redazione del *Mondo*: a questi si aggiunsero molti altri nomi, ma in particolare quelli di Salvemini e Rossi.

Gli attacchi che nel 1945 Togliatti aveva riservato a Croce e ai liberali non erano stati fissati per caso. *Risorgimento Liberale* era rappresentativo di un gruppo intellettuale che aveva un peso più che notevole nell'ambito dell'antifascismo. Un'ampia quota di

[34] *Ibidem*, p. 79.

[35] P. Gentile, *Democrazie mafiose*, introduzione di G. de Turris con uno scritto di S. Romano, Milano, Ponte alle Grazie, 2005, p. XVI.

[36] *Ibidem*, p. 8.

pubblica opinione vi si ritrovava fin dai primi numeri: a metà luglio del 1944 giunse a vendere più di 100 mila copie, mentre *l'Unità* era a quota 40 mila e *l'Avanti!* a 42 mila.[37] L'orizzonte economico in cui si inscriveva il giornale era tracciato dalla penna di Luigi Einaudi,[38] mentre si ribadiva che l'arma più efficace per contrastare il neofascismo e per erigere un'efficace barriera era il « liberalismo ».[39]

Pannunzio, nonostante le offerte di collaborazione, non mancava di rilevare fin dall'epoca della guerra civile, in un leitmotiv più volte ripetuto, che il partito di Togliatti lavorava più a dividere che a unire proprio nella casa comune antifascista. Commentando un'intervista di Togliatti a Herbert Matthews pubblicata sul *New Yok Times* notava che il segretario comunista affermava di auspicare una stabile alleanza tra le forze democratiche e progressive.[40] E allora? Oltre le dichiarazioni si muovevano forze sotterranee. Non fuori dal partito, ma all'interno dello stesso Pci, che si applicava a una « propaganda capillare »[41] e a « un'azione pertinace... con una politica di quotidiano sgretolamento dell'opera del Comitato di liberazione nazionale... l'atmosfera che ci circonda è avvelenata da contrasti aperti o sottaciuti... l'ambiente è corrotto da una demagogia inopportuna », che porta a divisioni profonde in un'Italia che « vive in un periodo di semi-anarchia ».[42] Si rischiava di finire in un nuovo fascismo.[43]

[37] A. Jannazzo, *Il liberalismo italiano del Novecento*, cit., p. 185. « Il Pli che si affacciò sulla scena politica nazionale alle elezioni del 2 giugno 1946, con la denominazione di Unione democratica nazionale, era un partito dalla forte connotazione meridionale... dopo il voto del 1946, attestato intorno al 6, 8 per cento (1.560.638 voti). »

[38] Cfr. L. Einaudi, *L'imposta di successione*, in *Risorgimento Liberale*, 6 marzo 1946.

[39] V. Zincone, *Il criterio della libertà*, in *Risorgimento Liberale*, 3 marzo 1946.

[40] M. Pannunzio, *Gli estremisti moderati*, in *Risorgimento Liberale*, cit.

[41] *Ibidem*.

[42] *Ibidem*.

[43] *Ibidem*.

La volontà di schiacciare sotto il tallone gli alleati della coalizione antifascista non sfuggiva nemmeno a chi era appena uscito di prigione ed era in un primo momento entusiasta dell'operato dei comunisti. Lo rilevava Ernesto Rossi dal rifugio ginevrino dove era approdato per sfuggire dai tedeschi. Era braccato per aver capeggiato una manifestazione di piazza la sera dell'8 settembre a Bergamo: « I comunisti sono assai forti. Raccolgono i frutti di quello che hanno seminato in vent'anni di intenso e intelligente lavoro. Hanno con loro anche molti intellettuali, specialmente studenti, o giovani che non hanno ancora potuto formarsi una preparazione politica. Gli operai delle fabbriche, politicamente attivi, sono quasi tutti comunisti ».[44] Ammirava poi dei comunisti le capacità organizzative e ne condivideva riserve e ostilità nei confronti degli angloamericani. Che non volevano farlo rientrare in Italia e che, « appoggiando le forze reazionarie, spingono tutti gli uomini di tendenze progressive a volgersi verso l'Urss ».[45] Gli Alleati, diffidando di lui, non gli concedevano l'ingresso nel Regno del Sud. Rossi, che si sentiva recluso in Svizzera e voleva tornare per riprendere vecchi rapporti e militanza politica, aveva poi varcato clandestinamente il confine e si era stabilito a Milano, iniziando a collaborare ai giornali del Pd'a. Ai dirigenti azionisti riconosceva « un lavoro stupendo nell'organizzare le squadre partigiane »[46] e nelle file del Partito d'azione si impegnava a promuovere la costituzione del Movimento federalista europeo e a favorire l'aggregazione dei progressisti.[47] Anche se era ben a conoscenza dell'ostilità dei comunisti a ogni progetto di Europa unita e di federalismo, si sentiva in sintonia con il partito delle camicie rosse.[48] Un'intesa iniziale con i compagni,

[44] E. Rossi a G. Salvemini, Ginevra, 26 marzo 1944, in E. Rossi e G. Salvemini, *Dall'esilio alla Repubblica*, cit., p. 24.

[45] E. Rossi a G. Salvemini, Ginevra, 13 febbraio 1945, *Ibidem*, p. 59.

[46] E. Rossi a G. Salvemini, Ginevra, 19 dicembre 1944, *Ibidem*, p. 43.

[47] Cfr. anche E. Rossi, *Epistolario 1943-1967. Dal Partito d'Azione al centrosinistra*, a cura di M. Franzinelli, Roma-Bari, Laterza, 2007.

[48] Cfr. il bel saggio di A. Lepre, *Guerra e pace nel XX secolo. Dai conflitti*

dunque. Ma che, progressivamente, comincerà a mostrare molte crepe. Si rivelerà insidiata da molti dubbi. «Sembra che i comunisti, come al solito, abbiano tirato troppo la corda e, come al solito, abbiano dimostrato che intendono la unità di azione solo come una completa sottomissione dei loro alleati ai loro voleri»,[49] scriveva Esto allo «zio» il 7 aprile del 1945. La tanto ambita unità di azione rivelava un risvolto inquietante: il «tirare la corda» nei confronti degli altri partiti, verso fratelli e cugini socialisti, repubblicani, democratici del lavoro, liberali, azionisti e anche democristiani e così via, era un modo di renderli sottomessi alla «lotta unitaria». Proprio questo tema diventerà uno dei motivi guida della corrispondenza Rossi-Salvemini e anche di molti scritti sparsi di Esto[50] (su *L'Italia libera*, *Il Ponte*, *Italia socialista*, *Lo Stato Moderno*, *Il Cittadino*, *La Stampa*, il *Corriere della Sera* e altri).

Salvemini poi condividerà le preoccupazioni di Rossi nei confronti di un partito animato dalla necessità di «deglutire» gli altri partiti «consanguinei» a uno a uno.[51]

Cosa instillava dubbi e perplessità? Da dove nasceva questa opinione? Rientrato in Italia, Esto constatava un'avanzata di forze che si rivelavano scomode all'interno del suo stesso schieramento. «Aggraveranno i problemi di ordine pubblico piuttosto

tra Stati allo scontro di civiltà, Bologna, Il Mulino, 2005, p. 378. «L'opposizione di sinistra al processo di unificazione europea derivava dal timore che sarebbe nata un'Europa degli stati non dei popoli. I comunisti avversavano l'Europa unita soprattutto perché temevano, non senza fondamento, che essa potesse nascere soprattutto in funzione antisovietica. Bisogna ricordare che, per ragioni tattiche, Stalin aveva invitato i partiti comunisti a togliere dalle mani delle borghesie la bandiera del nazionalismo... e ciò aveva accentuato la loro avversione al cosmopolitismo culturale, visto come espressione del capitalismo internazionale.»

[49] E. Rossi a G. Salvemini, Ginevra, 7 aprile 1945, in E. Rossi e G. Salvemini, *Dall'esilio alla Repubblica*, cit., p. 87.

[50] F. Ferrantini Tosi e G. Grassi (a cura di), *Italia Libera 1943-1945*, prefazione di F. Parri, Milano, Feltrinelli, 1975.

[51] G. Salvemini a E. Rossi, Firenze, 29 settembre 1947, in E. Rossi e G. Salvemini, *Dall'esilio alla Repubblica*, cit., p. 279.

che costituire un fattore positivo per la soluzione dei nostri problemi».[52] E si riferiva: «all'arrogante esultanza di troppi partigiani dell'ultima ora... i cui ranghi si erano infittiti non già per scelta matura e consapevole, bensì per eludere i bandi di reclutamento».[53] Questi rilievi gettavano nello sconforto Salvemini, che da Cambridge si interrogava: «Quanti siano stati i partigiani in Italia fra il settembre 1943 e l'aprile 1945, nessuno saprà mai».[54] C'erano «quelli che sono diventati antifascisti dopo il 25 luglio 1943 e si considerano [antifascisti, n.d.r.] della vigilia, anche se avevano posti di comando durante il regime fascista. Ma si considerano pulitissimi anche coloro che non hanno accettato di collaborare con i tedeschi durante gli ultimi mesi dell'occupazione. Molti hanno voltato gabbana proprio nelle ultime settimane, magari passando dalla milizia fascista ai reparti partigiani quando la guerra era oramai perduta, e si presentano come 'salvatori della patria'».[55]

Sono i preconcetti di chi coltivava una visione elitaria che richiedeva «molto da se stesso e dagli altri» ?[56] Sono frutto, come osserva Franzinelli, di depressione ed esaurimento, strascichi della lunga prigionia?[57]. È una critica alla lotta di liberazione quella che si legge nelle pagine della corrispondenza di Rossi con Salvemini? Franzinelli spiega che in parte c'è l'amarezza per «la campagna comunista di rivendicazione della Resistenza, quasi essa fosse stata – nelle sue espressioni migliori e decisive –, una mera emanazione

[52] E. Rossi a G. Salvemini, Firenze, 12 giugno 1945, in *Ibidem*, p. 102.

[53] Cfr. M. Franzinelli, introduzione a E. Rossi e G. Salvemini, *Dall'esilio alla Repubblica*, cit. p. XXVI, e cfr. E. Rossi a G. Salvemini, Roma, 23 febbraio 1947, in *Ibidem*, p. 225.

[54] G. Salvemini a E. Rossi, Cambridge, 10 aprile 1947, in *Ibidem*, p. 242. Cfr. anche *Gli italiani sono fatti così*, in *Controcorrente*, aprile 1947, ora in G. Salvemini, *Opere*, *Scritti vari*, cit., vol. VIII, pp. 737-739.

[55] G. Salvemini a E. Rossi, Cambridge, 10 aprile 1947, in E. Rossi e G. Salvemini, *Dall'esilio alla Repubblica*, cit., p. 242.

[56] M. Franzinelli, introduzione a E. Rossi e G. Salvemini, *Dall'esilio alla Repubblica*, cit., p. XXVI.

[57] *Ibidem*.

del Pci ».[58] Le parole di Rossi stridono con il mito della « ricostruzione » del dopoguerra, della fattiva collaborazione tra chi ha combattuto sotto la stessa bandiera, ha visto cadere amici, fratelli, compagni per scacciare i nazifascisti, ha dato un contributo di vite versate alla Resistenza. « Non v'è da farsi illusioni, la rinascita sarà difficilissima e lentissima ».[59] « Alcuni antifascisti ... vantano l'uccisione di avversari politici con un'indifferenza per il valore della vita umana che qualche anno fa sarebbe sembrata certamente anche a loro una manifestazione di brutale malvagità ».[60] Per Rossi è come se i totalitarismi si contaminassero. Il sangue sparso dai nazifascisti sembra favorire nuovo sangue. Anche tra antifascisti. « Io non sono disposto ad accettare un totalitarismo che si appoggi sui ceti operai, dopo un totalitarismo che si appoggiava sui ceti plutocratici. Non dimenticherò che il fascismo, ed ancor più il nazismo, sono stati due tipici 'regimi di masse' ».[61] È la denuncia sofferta per chi vede liquefarsi un'alleanza con il Pci che poteva essere fattiva. Da dove traggono alimento queste constatazioni di Rossi? Sono i fantasmi di chi ha trascorso i suoi anni migliori in carcere o al confino? Sono gli ectoplasmi che visitano chi ha visto stravolta la propria esistenza e quella di tanti amici e compagni? Di chi osserva che una plumbea « cappa di conformismo »[62] sta scendendo sull'unità antifascista? Di chi lamenta che intellettuali, scrittori non dicono nulla, non fanno sentire nessuna voce di protesta nei confronti di questa pesante cappa? Rossi, al timone dell'Arar che conduce con perizia e mano ferma, auspica la nascita di un nuovo ceto imprenditoriale, politico, intellettuale, svincolato sia da « quelli che hanno le principali posizioni di comando » sia dai « comunisti che hanno l'appoggio dei lavoratori manuali, che hanno una gerar-

[58] *Ibidem.*

[59] E. Rossi a M. Rosselli, Roma, 1° novembre 1946, in *Epistolario 1943-1967*, cit., p. 74.

[60] *Ibidem*, p. 105.

[61] E. Rossi a G. Salvemini, Ginevra, 12 febbraio 1945, in E. Rossi e G. Salvemini, *Dall'esilio alla Repubblica*, cit., p. 55.

[62] *Ibidem.*

chia militarmene assai efficiente, hanno armi e sanno imporre una rigida disciplina ai loro seguaci ».[63] Si augura una rottura dell'unità socialcomunista e un fattivo rapporto « con il Partito socialista dopo che Nenni ha abbandonato la pregiudiziale marxista ».[64] La solidarietà nella famiglia antifascista è improponibile. Il malcontento serpeggia senza avere la forza di uscire allo scoperto anche nelle file del Psi. « Il partito va alla deriva », scriveva il 16 febbraio 1945 Sandro Pertini a Pietro Nenni e Giuseppe Saragat, « voi vi siete lasciati troppo prendere dalla parola d'ordine fusione, lanciata con scaltrezza dai comunisti... abbiamo la sensazione che voi, ormai rassegnati a questa fusione, non pensiate più a potenziare il nostro partito. Non esitiamo a dirvi che è delittuoso quanto state facendo o meglio... quanto non state facendo. Questa vostra passività, che denuncia un complesso di inferiorità, ci porterà alla rovina. Voi ne risponderete dinanzi a noi, dinanzi alla classe operaia italiana. »[65]

Non ci sono solo i socialisti che, nel ruolo di « comunisti mancati », come diceva Salvemini, rafforzano le ambizioni del partito nuovo di Togliatti e la gran voglia di « mangiare » gli alleati mutati in avversari. Ma anche tante nuove, inedite situazioni.

Il Pci « smacchiatore »

L'ascesa del partito nuovo si sta avvantaggiando anche di un prepotente fenomeno in atto: l'ampliamento dei ranghi. Chi approda al Pci? « Tutta gente che durante il regime fascista si è convinta della necessità di avere una tessera in tasca e che non ha nessuna idea politica da sostenere ».[66] Gli ex fascisti sono ovunque e insidiano con la loro consistente presenza anche le file

[63] E. Rossi a G. Salvemini, Firenze, 12 giugno 1945, in *Ibidem*, p. 104.

[64] E. Rossi a E. Reale, Monte Oriolo, 17 giugno 1945, in *Epistolario 1943-1967*, cit., p. 58.

[65] S. Caretti (a cura di), *Sandro Pertini dal confino alla Resistenza. Lettere 1935-1945*, cit., p. 207.

[66] *Ibidem*.

del Pd'A: «Pensa che la prima settimana hanno domandato di iscriversi, solo a Milano, 70 mila persone», scrive Rossi il 12 giugno 1945 a Salvemini.[67] E dopo qualche giorno aggiunge: «Non è possibile eliminare i fascisti dall'amministrazione: prima di tutto per la politica bestiale degli anglosassoni che hanno voluto mantenere il re e tutti i generali fascisti e, poi, perché se non si vuole aumentare il caos, bisogna servirsi degli uomini che hanno una certa pratica dell'amministrazione, i quali sono tutti fascisti... Così avviene che i poliziotti che vanno ad arrestare i fascisti, i giudici che fanno i processi ai fascisti, i diplomatici che rappresentano la democrazia italiana all'estero, i maestri che devono dare un'educazione democratica ai giovani, quasi tutti dovrebbero, a loro volta, essere arrestati come fascisti, condannati come fascisti...»[68]

La presenza degli ex fascisti,[69] anche dei peggiori, è una mina vagante contro l'ascesa dei migliori, di un nuovo ceto politico e intellettuale capace di spazzar via l'eredità delle camicie nere. Ma il partito che accoglie il maggior numero di ex fascisti è quello più capace di gestire nuove forme di subalternità e devozione. «I comunisti camuffati da democratici fanno massa accettando nelle loro fila anche gli elementi più compromessi con il fascismo.»[70] Che si gettano nelle braccia dei comunisti, osserva Rossi, perché questi sono in grado di guidarli e dirigerli in massa grazie alla solidità delle loro strutture. Per Rossi, l'improvviso, esplosivo incremento del partito nuovo, è sconvolgente. Alla fine del 1945, quando si celebra a Roma il V Congresso del Pci, gli iscritti sono più che triplicati rispetto al 25 aprile. Sono 1.800.000, inquadrati in 7 mila sezioni e 30 mila cellule; durante la III Conferenza organizzativa dal 6 al 10 gennaio 1947 Pietro Secchia annuncia

[67] E. Rossi a G. Salvemini, Firenze, 12 giugno 1945, in E. Rossi e G. Salvemini, *Dall'esilio alla Repubblica*, cit., p. 99.

[68] E. Rossi a G. Salvemini, Firenze, 15 giugno 1945, in *Ibidem*, p. 103.

[69] Cfr. M. Franzinelli, *L'amnistia Togliatti*, Milano, Mondadori, 2006.

[70] E. Rossi a G. Salvemini, Firenze, 12 giugno 1945, in E. Rossi e G. Salvemini, *Dall'esilio alla Repubblica*, cit., p. 87.

una nuova crescita impressionante: 2.100.000 iscritti;[71] al VI Congresso nel 1948 diventeranno 2.250.000 e le cellule 50 mila.[72]

Anche gli intellettuali fanno la fila e chiedono accoglienza nei ranghi dei partiti antifascisti. Certo ci sono gli « ostinati », ovvero tutti coloro che « ostinati hanno dato vita a giornali dichiaratamente neofascisti come *Rivolta ideale* e *Rataplan* ».[73] Spesso « vengono lasciati vivere indisturbati e su questi bisognerebbe prendere dei provvedimenti ».[74] Il neofascismo degli « ostinati » è avvertito come un grave « problema politico del presente »,[75] commenterà il giornale di Pannunzio nel 1947 facendo un bilancio della situazione degli ex fascisti e del neofascismo tramite la firma di Panfilo Gentile. Oltre gli « ostinati » ci sono i « pentiti »: dal momento che il numero di quelli che avevano giurato fedeltà al regime è imponente, osserva l'editorialista, era impossibile sbarrarne l'accesso nelle nuove forze antifasciste e impedire l'arrivo in massa delle ex camicie nere nelle file dell'antifascismo. « Molti sono quelli che sono stati smistati nei vari partiti. Non era possibile tenere al bando o in condizione di minorazione politica i milioni di italiani, che, per l'uno o per l'altro motivo, si erano tesserati, avevano vestito l'orbace, avevano plaudito alle adunate oceaniche, e non avevano voluto o potuto rinunciare a qualche compromesso. »[76] Insomma non si poteva mettere al bando un'intera nazione. Però c'è anche qualcosa di più. Che rende differenti gli intellettuali che sono accorsi nelle file del Pci e quelli che invece si sono rifugiati nelle braccia degli altri partiti. Ci sono quelli che sono approdati « all'amnesia dei peccati oppure a un discreto zelo di neofiti dell'antifascismo ».[77] Proprio

[71] A. Agosti, *Togliatti*, cit., p. 327.

[72] M. Mafai, *L'uomo che sognava la lotta armata*, cit., p. 24.

[73] P. Gentile, *I pentiti e gli ostinati*, in *Risorgimento Liberale*, 8 gennaio 1947.

[74] *Ibidem.*

[75] *Ibidem.*

[76] *Ibidem.*

[77] *Ibidem.*

così: i neofiti dell'antifascismo, quelli che si sforzano in tanti modi di esternare il loro zelo, sono confluiti nell'orbita togliattiana. Desiderosi molto più degli altri di tracciare una riga nera sui peccati proprio attraverso un eccesso di zelo. «Quando vediamo che il critico che denunzia, censura e irride è proprio colui che fino a ieri è stato fascista e magari gerarca, evidentemente nelle critiche non è da leggere il desiderio di migliorare il costume democratico, ma il desiderio contrario di riseppellire ogni democrazia cominciando con rovinarla agli occhi dell'opinione pubblica»,[78] osservava Gentile. Gli intellettuali comunisti hanno bisogno di esibire la ritrovata verginità. Una necessità che hanno del resto anche le grandi masse in marcia verso il partito con falce e martello, rilevava Rossi, ma che in precedenza avevano avuto la tessera del Pnf.[79] Tante ex camicie nere sono impegnate a mostrare di essere uomini «nuovi», capaci di specchiata dedizione al partito che li accoglie.

Animati dal desiderio di manifestare se non di ostentare la ritrovata purezza ideologica e politica, spiega *Risorgimento Liberale*, non esitano a spianare i mitra non per arbitrarie rese di conti, non per voluttà di vendetta nei confronti degli ex fascisti. Bensì per eccesso di zelo, per «tirare la corda» e deglutire gli alleati politici che li intralciano. È un fenomeno che prende avvio nel 1945 ed è destinato nei mesi successivi a essere sempre più consistente. Così, ecco in Toscana noti antifascisti locali[80] non graditi ai partigiani comunisti costretti con maniere non proprio urbane ad abbandonare posti pubblici. È sotto tiro il sindaco liberale e antifascista di Sinalunga. E quello di Asciano, in provincia di Siena, l'avvocato Saralli, ex capo partigiano. Entrambi vengono esortati a dimettersi, con una rivoltella puntata alla tempia,[81] da esponenti di partiti di sinistra. Rischiano di fare una brutta fine tanti altri

[78] P. Gentile, *La parola ai fascisti?*, in *Risorgimento Liberale*, 2 agosto 1946.
[79] E. Rossi a G. Salvemini, Firenze, 12 giugno 1945; in E. Rossi-G. Salvemini, *Dall'esilio alla Repubblica*, cit., p. 87.
[80] Non firmato, *Diversivo rosso*, in *Risorgimento Liberale*, 15 marzo 1945.
[81] Non firmato, *Risorgimento Liberale*, 13 marzo 1945.

liberali che si candidano a incarichi e poltrone. Il conte Lucangelo Bracci ha offerto ospitalità e rifugio durante l'occupazione tedesca ad antifascisti ed ebrei braccati dai nazisti (molti dei suoi ospiti e amici avranno con lui un debito di riconoscenza per il ruolo svolto in quei mesi e ne daranno testimonianza, da Moravia ad Albertini, Zanotti Bianco, Ferrara, alla scrittrice Iris Origo a Piero Calamandrei)[82] ed è conosciuto per le sue idee. Divenuto primo cittadino di Montepulciano, viene obbligato alle dimissioni dai militanti del Pci. Anche un altro blasonato, il conte Giangastone Piccolomini Bandini, che ha sempre manifestato la sua ostilità al fascismo, è invitato con forti pressioni, come Bracci, a lasciare la carica ricoperta a San Giovanni d'Asso, in Val d'Orcia. Il loro posto viene occupato da nuovi sindaci di fede comunista. Al centro di queste sopraffazioni della primavera del 1945 non ci sono solo gli aristocratici antifascisti. Per insufficienza di prove verranno assolti William Cornia, comandante partigiano, Maggio Calidari, ispettore della polizia partigiana, e due agenti, Pio Barbieri e Guido Toni. Sono accusati di aver eliminato il 28 marzo la giovane staffetta cattolica Saturno Gagliardelli, appartenente alle Brigate Italia.[83] Nella zona di Monchio, comune emiliano, sparisce misteriosamente il seminarista Rolando Rivi, ucciso l'11 aprile.

Sono nel mirino i democristiani, persino quelli che si sono conquistati meriti politici essendo stati tra i più attivi e presenti nelle file della Resistenza. A Bomporto, il 10 maggio 1945, il medico condotto Carlo Testa, cattolico e diccì, è alla guida della sua Topolino con a fianco don Giuseppe Boselli[84] e un maresciallo dei carabinieri. Raffiche di mitra colpiscono la macchina. Testa muore sul colpo e i due accompagnatori restano feriti. Due sospettati vengono arrestati e poi rilasciati per mancanza di prove.

Ex partigiano democristiano, sempre delle Brigate Italia, An-

[82] L. Bracci Testasecca, *Lucangelo Bracci Testasecca, nel suo diario di guerra e nel ricordo degli amici*, Montepulciano, Editrice Le Balze, 2002.

[83] Non firmato, in *Gazzetta di Modena*, 3 gennaio 1950. Cit. in G. Fantozzi, *Vittime dell'odio*, cit., p. 155.

[84] Non firmato, in *Corriere d'informazione*, 7 agosto 1945.

tonio Rizzi è stato nominato dalla Dc nella Commissione provinciale per l'alimentazione (Sepral). Anche Ettore, suo fratello, è militante dello scudo crociato. Il 2 giugno Antonio viene fatto salire su un'Aprilia nera a Nonantola (Modena). In aperta campagna è messa in atto l'esecuzione. Raul Dal Vacchio, autista della macchina, viene assolto per insufficienza di prove.[85] L'uccisione suscita enorme impressione in tutta la provincia. Il Pci tappezza le pareti con grandi scritte: «Basta con i delitti». La Dc a sua volta attacca con contromanifesti: «Basta con i delitti? Chi è l'autore di questi delitti?»

Risorgimento Liberale stende l'elenco delle sedi della Dc e del Pli oggetto di attentati dinamitardi dal Piemonte[86] (Biella e Torino) al Friuli (Gemona). È iniziata l'epoca in cui si cominciano a deglutire gli ex alleati, caratterizzata da particolari «gargarismi togliattiani», secondo la definizione di Salvemini. Per il momento sono occasionali colpi di tosse, non ancora una vera e propria infezione nel corpo della «nuova» Italia aggredito dal virus di una lotta intestina.

[85] G. Fantozzi, *Vittime dell'odio*, cit., p. 165.
[86] Non firmato, in *Risorgimento Liberale*, 29 novembre 1945.

Capitolo III

DIECI, CENTO, MILLE ILLEGALISMI

Il Migliore giacobino

«Signor Direttore, ho visto che ci si è occupati anche nel Suo giornale di parole da me dette in un gruppo di Consultori in una delle ultime sedute... Dell'esattezza storica del riferimento che feci al fatto che in Francia si andò alla Costituente con i cortei che ostentavano sulle picche le teste di vittime di sommarie esecuzioni popolari, non credo si possa dubitare, perché questi fatti avvennero durante tutta la Rivoluzione, e io pensavo precisamente ai cortei per le strade».[1] All'inizio del 1946 Togliatti sceglieva di intervenire, con tono molto amichevole, sulle pagine di *Risorgimento Liberale*. Esaltava convinto la solidarietà delle forze antifasciste ed era pronto a rassicurare gli alleati di governo. Voleva fugare ogni dubbio sulle sotterranee intenzioni che erano spesso attribuite al suo partito, confortare su quel che accadeva nelle segrete stanze del Pci dove, a detta dei suoi avversari, si allenavano agit prop e si conservavano armi e residuati bellici. E lo faceva proprio sulle colonne del quotidiano di Pannunzio, considerato espressione di forze politiche con cui dialogare, garantendo che la prospettiva rivoluzionaria era inesistente sull'orizzonte comunista. Asseriva di aver pronunciato una frase sul buon uso della ghigliottina all'epoca della Costituente francese senza «nemmeno la più lontana intenzione di accennare alla possibilità

[1] P. Togliatti nella rubrica «Lettere scarlatte», in *Risorgimento Liberale*, 26 febbraio 1946.

che fatti simili possano avvenire nel nostro paese».[2] Appariva sinceramente scandalizzato all'idea che qualcuno potesse ritenerlo capace di coltivare un simile pensiero. Coglieva l'occasione per sottolineare che, al contrario, non ci si può «lamentare né vergognarsi di come si stava attraversando questo durissimo inverno», mentre «è da altri paesi che ci giungono notizie di disordini e manifestazioni violente nelle strade... Ma non mettiamoci, per carità, in stato d'accusa davanti al mondo per episodi che proprio non lo meritano».[3]

La precisazione di Togliatti era necessaria: la provocazione costituita dall'apprezzamento sulla Francia rivoluzionaria che andò alla Costituente esibendo teste su picche e alabarde non aveva mancato di suscitare imbarazzo. Tanto più che veniva espressa proprio dal ministro di Grazia e Giustizia, incarico che Togliatti conservava nel nuovo governo presieduto da Alcide De Gasperi, insediatosi il 10 dicembre 1945.

Con ogni probabilità il Guardasigilli, in quell'inizio del 1946, era ben consapevole che la sua battuta aveva suscitato allarmi e una considerevole eco proprio perché evocava immagini giacobine assai vicine alla realtà del momento. Non erano infatti passati nemmeno dodici mesi dagli orrori della Locride, in seguito alla «rivolta» di Caulonia (5-9 marzo 1945) e alla proclamazione della «Repubblica rossa». Nella cittadina sul versante ionico-calabrese i «rivoltosi» avevano appuntato nastrini giacobini sul petto e fatto letteralmente cadere qualche testa in una situazione – fin dal periodo immediatamente successivo alla prima guerra mondiale – incandescente, caratterizzata da una serie di sollevazioni contadine per lo sfruttamento e per le impervie condizioni di vita.[4] Come poi emergerà dal resoconto del processo per i fatti di Caulonia, riportato sia dall'*Unità* che da *Risorgimento Liberale*, né il Pci né il suo leader né la Federazione

[2] *Ibidem*.
[3] *Ibidem*.
[4] P. Togliatti, *Da Salerno a Caulonia*, in *l'Unità*, 20 marzo 1945 e G. Molinelli, *ibidem*, 4, 6 e 15 aprile, 1945.

comunista di Reggio Calabria, avvertiti di quanto stava per accadere, erano intervenuti per contenere l'esplosione della successiva violenza. Lo riveleranno alcune lettere depositate al processo che si svolgerà due anni dopo che Cavallaro si era autonominato presidente della rossa Repubblica e aveva tenuto a battesimo un feroce tribunale del popolo. Tra queste vi sarà una lettera di Togliatti del 18 dicembre 1944, scritta per rispondere a Cavallaro, primo cittadino di Caulonia dal gennaio di quell'anno. Cavallaro denunciava gli «attacchi» di cui era oggetto mentre già si profilavano le prime avvisaglie di feroci scontri. «Carissimo», scrive Togliatti, «vedo la tua lettera e di nuovo farò intervenire nella questione il Ministro dell'Agricoltura [Fausto Gullo, comunista, ndr.]. Intanto ti posso dire, ad occhio e croce, che la tattica di dimettersi di fronte a ingiustificati e subdoli attacchi non è mai buona. Ad ogni modo, come ti ha già scritto il nostro Ufficio di Segreteria, devi decidere la cosa in accordo coi dirigenti la Federazione di Reggio Calabria». Il leader, che esortava a non abbandonare la poltrona e a resistere «agli attacchi», continuava: «importante è che tu rimanga al tuo posto tra le masse che ti conoscono e ti seguono. Cordialmente Togliatti». Una ventina di giorni dopo, Cavallaro rispondeva dichiarando di non potersi «accodare alla legge e alla giustizia del padrone bestiale, dell'agrario ingordo, dello sgherro abietto e incosciente».[5] Il quotidiano di Pannunzio, nel ricostruire nel 1947 gli eventi che si erano verificati a Caulonia, evocava anche il clima di pesante repressione poliziesca che, sempre in quello stesso periodo, si era abbattuto in Sicilia, Puglia, Calabria. Come, per esempio, era accaduto a Palermo quando il 19 ottobre del 1944 soldati del 139° Reggimento di fanteria della Divisione Sabauda avevano aperto il fuoco. Trenta morti e centocinquanta feriti tra i dimostranti.[6] *Risorgimento Liberale*, fin dal 1944, aveva preso posi-

[5] Non firmato, *Il carteggio inedito Togliatti-Cavallaro*, in *Risorgimento Liberale*, 10 agosto 1947.

[6] S. Di Matteo, *Cronache di un quinquennio: anni roventi. La Sicilia dal 1943 al 1947*, Palermo, G. Danaro stampa, 1967, p. 296 e segg.

zione contro questi eccidi di contadini e braccianti. Ma non mancherà di sottolineare, in un leit motiv più volte ripetuto nel tempo, che la copertura da parte del Pci di eventi di micidiale portata come quelli che si erano verificati a Caulonia, apriva la strada a nuove forme di fascismo e a pericolosi colpi di mano. *L'Unità*[7] invece non riterrà necessaria alcuna condanna dello scempio di Caulonia, giustificato come il giusto sequestro di armi da parte di giovani comunisti a vecchi fascisti. Individuando nell'accaduto l'ultimo episodio di una lunga lotta dei contadini calabresi per liberarsi dall'oppressione degli «gnuri», l'inevitabile risultato di una «rivolta contadina» in quella che era stata la sede del primo fascio italiano dopo Milano. Insomma la rivalsa di un paese antifascista nei confronti degli oppressori con il gagliardetto che per vent'anni avevano esercitato il loro strapotere. Ma di quali fascisti si parlava? Non era forse vero che anche il sindaco-presidente Cavallaro aveva, proprio lui, militato tra le camicie nere? Ex insegnante, ex disertore della prima guerra mondiale, il primo cittadino comunista si era meritato il confino per reati comuni. Cavallaro si era dichiarato «sempre fedele al fascismo e ardente ammiratore di Mussolini».[8] A dimostrazione della sua devozione, aveva omaggiato il duce di raccolte di liriche in cui ne cantava la grandezza. In *Voci dell'anima* esaltava l'operato, l'ardimento, le capacità di leader «ineguagliabile» di Mussolini.[9] Anche suo figlio Libero aveva nutrito identiche convinzioni politiche. Volontario in guerra, si era fregiato con convinzione dei gagliardetti e aveva donato al suo duce opere artistiche a lui dedicate personalmente ed esposte a Roma a più riprese. Insomma proprio il feroce Cavallaro si rivelerà una delle prime ex camicie nere ad aver percepito lo spirare del vento e ad aver colto al volo l'opportunità di cambiare al più presto bandiera:

[7] M. Ferrara, *Tutto il codice penale mobilitato contro i contadini calabresi*, in *l'Unità*, 13 luglio 1947.

[8] G.D. Zuccalà, *La repubblica di Caulonia*, in *L'ora d'Italia*, 11 luglio 1947.

[9] P. Cavallaro, *Voci dell'Anima. Versi*, Arezzo, Italiana Contemporanea, 1929. Non firmato, *Cavallaro poeta*, in *Risorgimento Liberale*, 11 luglio 1947.

anche sotto le nuove insegne l'ex fascista si manifesterà un efferato persecutore. Ma il suo passato verrà tenuto segreto e, quando si verrà a conoscere, ogni addebito sarà negato.

A Caulonia gruppi di «partigiani» del Sud, capeggiati da Ercole, l'altro figlio di Cavallaro, spadroneggiavano e infliggevano violenze. Ercole, forte del suo manipolo, aveva assaltato la cascina dell'ex console della milizia in camicia nera, Nestore Prota. Il bottino non è un granché. Ma il gruppo bastona a sangue Prota. E, non pago, ferisce un ragazzo che si trova lì occasionalmente, Pasqualino Roda. A questa «azione» ne seguiranno altre, ancora e sempre a opera degli stessi «partigiani». Con l'agricoltore Antonio Ocello, accusato di aver costituito un centro di raduno di ex fascisti reduci dal Nord, il gruppo va giù ancora più duro. Gli viene inflitto il gioco della pistola, una specie di roulette russa con la canna tra i denti, mentre gli accoliti di Cavallaro junior gli sputano a turno in bocca. Al momento di abbandonare la casa, la depredano e la spogliano di tutto. Don Giuseppe Rotella, il parroco, è ascritto nel novero degli ex fascisti. Dal pulpito ha preso posizione contro le violenze. Lo aspettano in quattro o cinque con mazze ferrate, gli infliggono una lezione e lo lasciano semimoribondo.[10]

Dopo le numerose denunce che gli piovono addosso, Ercole è arrestato. Ma il 5 marzo del 1945 Pasquale Cavallaro, detto il professore, per esercitare una forte pressione e costringere le autorità a liberare il figlio, con i suoi fedelissimi occupa la sede del telegrafo, l'ufficio postale e assedia la caserma dei carabinieri. Sul campanile è issata la bandiera con falce e martello ed è proclamata la «Repubblica di Caulonia». Un telegramma al Pci comunica la notizia. Si inviano intanto intermediari a Locri per trattare la liberazione di Ercole. Le squadracce «partigiane» infieriscono su quelli che sono considerati gli avversari, ovvero i possidenti, gli agrari e tutti coloro che non sono schierati dalla loro parte. Il notaio del paese è torturato e costretto a scudisciate

[10] Non firmato, *Il carteggio inedito Togliatti-Cavallaro*, in *Risorgimento Liberale*, cit.

a portare scalzo e sanguinante carichi di sassi. Analoghi brutali trattamenti li ricevono l'operaio Vincenzo Niutta, il calzolaio Raffaele Lucano, il giornalaio Gabriele Lavorata. Per un noto antifascista che non condivide i metodi dei ribelli, come l'ingegner Ilario Franco, ci sono le nerbate e le piaghe disinfettate con aceto e sale. Viene anche eretta una forca che fortunatamente non sarà utilizzata. Non mancano stupri e violenze sotto gli occhi dei familiari. Anna Curtale, Rosa Petrone, Maria Murdocco e Maria Mazza: così si chiamano le donne aggredite. Nelle case degli abbienti sono effettuate «perquisizioni» per prelevare soldi e beni vari e vengono inflitte pene corporali. Il tribunale del popolo è presieduto da Libero Cavallaro.

Mentre da Reggio cominciano ad arrivare forze di polizia, una pattuglia di «caulonisti», così si fanno chiamare quelli che hanno la coccarda rivoluzionaria sul petto, si introduce nella casa del parroco don Gennaro Amato nella frazione Crochi.[11] Dopo averlo rapinato lo uccidono senza motivo con una scarica di mitra (nel 2002 l'arcivescovo di Locri, monsignor Giancarlo Maria Bregantini, e il suo vicario, Vincenzo Nadile, deporranno una lapide sul luogo del delitto).

In occasione del processo per i fatti di Caulonia, il Pci non avrà alcuna parola di biasimo né di rammarico per le terribili vicende. *L'Unità*[12] parlerà di «fucili e pistoloni sequestrati ai proprietari», sostenendo però l'estrema onestà dei rivoltosi nei confronti dei possidenti e che «nemmeno un litro del loro olio, nemmeno un chicco del loro grano fu toccato. Ai 'signori' toccò solo qualche ceffone», si precisa. Si accusa la stampa nazionale, che si è espressa in termini di «follia omicida» e di «rivoluzione». L'uccisione di don Antonio è presentata ai lettori come la conseguenza di una lite per gelosia. Definendolo «prete boccaccesco», *l'Unità* farà balenare il retroscena di una sua relazione con la sorella dell'assassino. L'omicidio è frutto «del rancore di un contadino che ce

[11] *Ibidem.*

[12] M. Ferrara, *Tutto il codice penale mobilitato contro i contadini calabresi*, in *l'Unità*, cit.

l'aveva con il morto per ragioni di gelosia». Dove sta «la tragedia della Repubblica di Caulonia?» si interroga retoricamente Maurizio Ferrara sul giornale comunista. «Nei pugni agitati per tre giorni sotto il naso di ex fascisti locali? Nelle frasi infuocate e ingenue di Cavallaro?» Oppure «nella violenza carnale subita da una vecchia ciabatta paesana, nota ai più per la sua generosità?»[13]

Di fronte a prese di posizione come questa che cercavano di sminuire la gravità dei fatti, *Risorgimento Liberale* incalzava ed esortava a non nascondere gli scheletri nell'armadio, a esprimersi con chiarezza su quel tumultuoso ribollire che, come dicevano i comunisti, agitava la «periferia». Proprio Pannunzio, fin dal 1944, aveva osservato che il Pci, di fronte al sangue versato, si giustificava parlando «di adeguamento ancora non perfetto alle esigenze di governo». Lamentava lo «scarso controllo del centro sulla periferia».[14] E rendeva pubblico l'impegno di tenere a freno l'escalation omicida che a volte si accompagnava a tumulti di piazza. Nonostante questi riconoscimenti, però, «dagli uomini responsabili di sinistra non è mai arrivata una parola di chiara, inequivocabile condanna».[15] Nessuna reprimenda, dunque, si era manifestata nei confronti delle vicende di Caulonia. O più in generale della fiammata[16] che a partire dalla fine della guerra avvolge Puglia e Calabria, con la popolazione pronta a incendiare gli edifici comunali e le residenze dei proprietari terrieri, ad Andria, Minervino, Bisceglie, Corato, Canosa e Catanzaro. Il confronto-scontro tra il giornale di Pannunzio e il segretario del Pci nonché Guardasigilli in pochissimo tempo diventerà al calor bianco. E di lì a poco per Togliatti, in polemica con Vittorio Gorresio, *Risorgimento Liberale* diventerà un acerrimo nemico, definito «una testata di ribaldi».[17]

[13] *Ibidem.*

[14] M. Pannunzio, *La storia di oggi*, in *Risorgimento Liberale*, luglio 1944.

[15] *Ibidem.*

[16] G. Crainz, *L'ombra della guerra. Il 1945, l'Italia*, Roma, Donzelli, 2007.

[17] V. Gorresio in «Lettere scarlatte», in *Risorgimento Liberale*, 17 marzo 1946.

L'Emilia fa scuola

All'inizio del 1946 Togliatti si volgeva con approccio molto pacato e con fare amichevole nella lettera pubblicata da *Risorgimento Liberale* al giornale ospitante. Il leader comunista riconosceva che non mancavano le difficoltà da superare. Ma tentava di spostare l'ottica. In tutta Europa «l'aumento della delinquenza e del brigantaggio ci sono... nella stessa misura che da noi».[18] Additava dunque come reo di tante ferite inferte all'ordine pubblico il fenomeno in crescita del «brigantaggio». A cosa si riferiva?

«Chi percorre la via Emilia da Rimini a Bologna»,[19] racconta un cronista di *Risorgimento Liberale*, «o le campagne circostanti, rimane colpito dalla desolazione che esse rappresentano al calar del sole». Sulle strade maestre o su quelle secondarie si scorgono raramente contadini procedere in bicicletta o a gruppi. Le case coloniche sono chiuse e dalle porte e dalle imposte sbarrate non trapela nemmeno un filo di luce. Nei paesi e nelle città, solo sotto i portici del centro si nota qualche movimento, mentre le vie periferiche sono deserte, percorse da pattuglie di carabinieri che fermano autocarri, ciclisti, pedoni, ne esaminano i documenti e perquisiscono macchine e persone per accertarsi che non portino armi. «In questa zona si alternano lotta di classe, lotta politica e banditismo», osserva il giornalista. «Ma si ha l'impressione che il mito della violenza stia per diventare il tema dominante della vita locale. E come un tempo si mostravano all'ospite un quadro o una bella ceramica qui si mostra una rivoltella o un mitra. Vi è la corsa all'armamento e il traffico sotterraneo di armi è intensissimo».[20]

In un paese della «bassa» gruppi di mamme e scolari sono scesi in piazza. Protestano contro alcune inadempienze del sindaco comunista. Poi la manifestazione imbocca una strada diversa:

[18] P. Togliatti in «Lettere scarlatte», in *Risorgimento Liberale*, cit.
[19] C. Brunetti, *Il borghese emiliano vive tra queste pianure*, in *Risorgimento Liberale*, 16 gennaio 1946.
[20] *Ibidem.*

dall'assembramento si leva un grido, «Trieste italiana», accompagnato da frasi ostili nei confronti del maresciallo Tito. Il giorno dopo sui manifestanti che si sono di nuovo riuniti si abbatte la furia di «autocarri con squadre di operai che armati di mazze disperdono i dimostranti e ne mandano alcuni agli ospedali... Ed è proprio qui che le campagne e le città sono impraticabili». L'obiettivo dell'incursione? «Si ha l'impressione che il terrore sia diffuso ad arte per alimentare una situazione di disagio.»[21]

Di quale disagio si parla? Si vuole intimorire e dissuadere chi voglia iscriversi a partiti diversi da quello socialista o comunista. «Giorni or sono», racconta ancora lo stesso cronista,[22] «un rappresentante della Democrazia cristiana, parlando alla radio, rimproverava ai cittadini e ai campagnoli la prova di viltà che essi danno ogni giorno. Molti di voi, disse, non hanno il coraggio di iscriversi a un partito diverso da quello socialista per tema di rappresaglie, ma in questo modo gli avversari diventeranno sempre più forti. Anche gli aderenti dell'Uomo qualunque, tenacemente avversato dalle sinistre, hanno paura»,[23] spiega l'articolista. Come si manifesta questo terrore? «Il movimento, che conta numerosi iscritti, non ha mai comunicato ufficialmente la sua sede: gli iscritti non si scoprono, e sui manifestini che ogni tanto vengono affissi non compare nemmeno l'indirizzo della tipografia. E allorché nelle campagne e nelle città l'agitazione delle sinistre si fa più intensa e violenta, come capitò durante la recente crisi governativa, i partiti non di sinistra, anche se aderenti al Cln, ricevono numerose lettere di dimissioni».[24] Il cronista esagera ed enfatizza gli eventi efferati? O forse si sta cercando di porre ostacoli alle nuove vocazioni alla politica?

Ilario Malatrasi è il trentacinquenne dentista di Spilamberto. Nonostante la sua specializzazione, è una specie di sostituto del medico condotto, un punto di riferimento del paese. Ha avuto

[21] *Ibidem.*
[22] *Ibidem.*
[23] *Ibidem.*
[24] *Ibidem.*

incontri con esponenti dell'Uomo qualunque e a primavera del 1946 è pronto a dar vita alla prima sezione qualunquista. Questa decisione segna la sua sorte. Nel tardo pomeriggio del 26 maggio[25] è in procinto di mettersi a tavola. Un uomo chiede di lui. Malatrasi pensa a un paziente, ma si accorge subito che di ben altro si tratta. Vede spuntare dalla giacca del finto «malato» una rivoltella. Il dentista tenta di disarmarlo senza riuscirci. Al termine della colluttazione è colpito a morte. Il motivo? Il mandante dell'assassinio al processo rivelerà i dettagli dell'esecuzione e anche le ragioni. Il professionista è stato fatto fuori perché «stava per organizzare una sezione dell'Uomo qualunque in Emilia».[26] Ma non sono solo i qualunquisti che meritano il colpo alla nuca.

«In questi comuni ... esistono solo le sezioni dei partiti comunista o socialista; gli altri partiti non sono riusciti a costituire sezioni», ribadisce il cronista di *Risorgimento Liberale.* «Nelle recenti elezioni per le cariche sindacali, si è avuta una nettissima prevalenza (dal 75 all'85 per cento) dei comunisti ... con qualche esigua frazione, e per talune categorie soltanto, ai democratici cristiani»[27]. Comunque, con le proprie inchieste, il giornale di Pannunzio si muoverà come un segugio. Cercando ogni volta di far chiarezza sull'equivoco alimentato dal Pci che gli omicidi fossero originati tutti dalla necessità di operare rese di conti con ex fascisti. Ed ecco *Risorgimento Liberale* pronto a seguire e a riferire su una molteplicità di singolari e oscuri episodi di cronaca nera che saranno al centro di tante discussioni nel dopoguerra. Come quello riguardante don Giuseppe Venturelli, parroco di

[25] Non firmato, in *L'Unità democratica*, 27 maggio 1946; cfr. la ricostruzione del '49 in occasione del processo: Non firmato, in *Gazzetta di Modena*, 7 luglio 1949; ora in G. Fantozzi, *Vittime dell'odio*, cit., p. 161.

[26] Non firmato, in *Gazzetta di Modena*, 7 luglio 1949. Il mandante sarà individuato in Paolino Ansaloni condannato a 14 anni (di cui 10 condonati) e gli esecutori, Aureliano Gabrielli, Secondo Tinti e Francesco Borgi saranno condannati a 21 anni di carcere (di cui 14 condonati).

[27] C. Brunetti, *Il borghese emiliano vive tra queste pianure*, cit.

Fossoli, vicino a Carpi. Il religioso verso sera viene invitato « da un individuo ad accorrere presso un moribondo ». Un'automobile, gli riferiscono, ha travolto un passante che giace agonizzante e chiede l'estrema unzione. Ma circa una mezz'ora dopo alcuni agricoltori della zona rinvengono « il corpo [del sacerdote] freddato da alcuni colpi di rivoltella ». Qualche giorno prima il parroco aveva ricevuto una lettera minatoria nella quale era invitato a « cessare la distribuzione di pubblicazioni religiose al campo di concentramento dei fascisti di Fossoli ».[28]

Il giornale di Pannunzio segue l'inquietante vicenda che coinvolge l'avvocato Edoardo Tricarico, trapassato da un colpo di rivoltella mentre sta uscendo dal suo studio. Il legale aveva assunto la difesa di uno dei ventidue fascisti imputati di aver contribuito alla cattura di due prigionieri inglesi e di averli consegnati alle SS.[29] Di nuovo *Risorgimento Liberale* è all'erta e denuncia l'assassinio di don Umberto Pessina, priore di S. Martino Piccolo, una frazione di Correggio, avvenuto il 18 giugno 1946. Questa uccisione, in particolare, sarà al centro di una serie di bugie, omissioni e rivelazioni parziali per più di mezzo secolo. Dopo la sua morte viene fatta circolare, in un primo momento, la voce che don Pessina sia stato punito – come nel caso di don Gennaro Amato di Caulonia – da un marito geloso pronto a trucidare il prete per una sua relazione clandestina. La versione che dà *Risorgimento Liberale* dell'omicidio è diversa e troverà successivi riscontri: il parroco aveva espresso dal pulpito opinioni politiche non gradite alla locale Camera del lavoro.[30] Rientrato in casa alle 22 – è la testimonianza della domestica Caterina Casolari[31] – fu chiamato da alcuni chierichetti per andare a vedere da certi vicini

[28] Non firmato, *Il parroco di Fossoli ucciso per motivi politici*, in *Risorgimento Liberale*, 17 gennaio 1946.

[29] Non firmato, *Un avvocato assassinato per aver assunto la difesa di un fascista repubblicano*, in *Risorgimento Liberale*, 17 gennaio 1946.

[30] F. Azzali, *Come fu ucciso Don Pessina*, in *Risorgimento Liberale*, 21 agosto 1946.

[31] *Ibidem.*

degli arredi sacri. «Il priore uscì solo: non fece in tempo a svoltare l'angolo che udimmo uno scoppio secco e violento... Corsi alla porta, ero sul punto di aprire quando udii un secondo sparo e il povero priore subito dopo entrò in casa curvo.» In un primo momento la donna non si accorge di nulla, poi scorge il sangue del sacerdote che cade goccia a goccia sul pavimento, mentre il sacerdote si accascia in terra.

Sarà accusato di questo omicidio il sindaco comunista di Correggio, Germano Nicolini, classe 1919, cattolico, partigiano, noto con il nome di «el Dievel», comandante del 3° Battaglione Sap della 77ª Brigata Manfredi. Nel marzo 1947, con lui saranno incriminati Antonio Prodi, chiamato «Negus», ed Elio Ferretti, detto «Fanfulla». Tre innocenti finiranno così in carcere (dove trascorsero dieci dei ventidue anni ai quali erano stati condannati), nonostante l'ammissione di responsabilità da parte di due degli assassini – Cesarino Catellani ed Ero Righi –, che avevano realmente fatto parte della ronda in armi davanti alla canonica. Arrigo Nizzoli, responsabile della Federazione comunista di Reggio, era al corrente di chi fosse la mano che aveva premuto il grilletto, ma si guardò bene dal denunciarlo. Nel 1990 l'onorevole Otello Montanari invitò a fare luce sui delitti del dopoguerra e il procuratore Elio Bevilacqua riaprì il caso. Al termine di un complesso iter giudiziario, William Gaiti, il terzo del gruppetto dei responsabili, confessò di avere sparato a don Pessina.[32] Assolto quarantasette anni dopo il delitto, Nicolini ha poi ottenuto la medaglia d'argento al valore militare.[33] Nel novembre 2000 il ministro Gianni Mattioli durante un incontro pubblico ha chiesto

[32] F. Sessi, *Nome di battaglia. Diavolo, L'omicidio don Pessina e la persecuzione giudiziaria contro il partigiano Germano Nicolini*, Venezia, Marsilio, 2000.

[33] Nel 1993 la Corte d'assise di Perugia prosciolse Gaiti, Righi e Catellani in virtù dell'amnistia del 1946 sui delitti del dopoguerra; cfr. A. Baglivo, *«Gli dissi: papà devi confessare». Prima udienza per l'omicidio del parroco di Correggio avvenuto nel 1946. Fu il figlio, 2 anni fa, a convincere Gaiti William a parlare*, in *Corriere della Sera*, 5 novembre, 1993; nel 1994 la Corte d'appello assolse definitivamente Nicolini, Ferretti e Prodi.

scusa a Nicolini: e lo ha fatto a nome del padre Pietro che, nel 1953, in qualità di pubblico ministero, chiese e ottenne la condanna di Nicolini.

Il giornale di Pannunzio non si lasciava sfuggire nemmeno la denuncia dell'assassinio del giovane Emilio Missere, segretario della Dc di Medolla, nei pressi di Modena, componente del Cln comunale. «Il suo compito», ricorda il fratello di Emilio, Gianluigi Missere,[34] «così come di altri cattolici democratici era di controllare l'attività illegale di gruppi di partigiani che agivano al di fuori delle regole. Quando arrestavano qualche fascista, Emilio si batteva perché fosse consegnato ai carabinieri e portato in carcere a Modena. Ma questi non ci sentivano. Andavano a prendere le persone a casa di notte e i malcapitati sparivano per sempre». Il 13 giugno 1946 due partigiani, di cui uno sarà identificato come Alfio Calzolari, si presentano con un ordine scritto e firmato dal vicepresidente del Cln locale, Ennio Bertoli. Figlio di Ermanno, giudice del tribunale di Modena, Emilio aveva a disposizione per i suoi spostamenti la Topolino di famiglia. I due uomini armati gli chiedono di condurli a Modena. Un testimone ricorda che uno dei due si era messo al volante al posto del proprietario, con protervia e feroce allegria, sostenendo che «è tanto tempo che non guida». Da quel momento il segretario democristiano si volatilizza e scompare nel nulla. Decisiva, per la condanna dei suoi assassini, si rivelò la testimonianza di Canzio Costantini, anche lui partigiano, che, da uno degli esecutori della sentenza a morte nei confronti di Emilio, Jaures Cavalieri, venne a conoscenza dello svolgimento dei fatti. Missere era stato finito con un colpo di rivoltella in riva al Secchia. Un altro fattore chiave fu il ritrovamento degli abiti di Missere da parte di due donne che stavano spigolando il grano (secondo un'altra testimonianza, in realtà, cercavano tracce dei loro familiari scomparsi in una fossa usata dai partigiani come nascondiglio). Al processo le donne

[34] P. Boldrini, *Ucciso dai partigiani non ha una tomba*, in *La gazzetta di Mantova*, 14 maggio 2007.

riconobbero un pezzo di stoffa del vestito che Emilio indossava quel giorno.

Missere si era messo in urto con i responsabili comunisti locali del Cln.[35] Stava conducendo indagini sulla soppressione di cinque fascisti e sui conti che non tornavano all'interno del Cln. Ma non basta. Anche Calzolari verrà messo a tacere per sempre, nel timore che si lasciasse sfuggire qualche rivelazione sull'assassinio: abbattuto con un colpo di rivoltella, fu abbandonato sulle rive del fiume Secchia, proprio nello stesso luogo dove era stato ammazzato il Missere. Per questo omicidio Bertoli, detto Ermes, ritenuto il mandante, e Cavalieri, soprannominato Pipi, saranno condannati a trent'anni di carcere; Marino Malvezzi a ventidue anni, Olindo Dotti e Moris Cavalieri a quattordici (gli ultimi due solo per l'omicidio di Alfio Calzolari).

Descrivendo l'agguato contro il liberale Ferdinando Ferioli,[36] *Risorgimento Liberale* individuava un movente politico simile a quello che aveva armato gli assassini di don Pessina. L'avvocato abita nella villa di San Michele di Sassuolo con la madre Margherita. Suo padre, sindaco liberale di Sassuolo, era stato fatto prigioniero, sottoposto a sevizie e assassinato dalle Brigate nere. Adesso la storia si ripete, ma nei confronti del figlio. Alle ore 21 del 24 agosto 1946 tre uomini sono al cancello dell'abitazione di famiglia. Margherita, che morirà d'infarto poco tempo dopo l'esecuzione del figlio, chiama Ferdinando che si trova dai contadini che abitano di fronte. I tre killer, che non sono mascherati, entrano e ordinano all'avvocato di consegnare loro le armi che ha in casa. Accompagnato da uno dei suoi assassini, con una pistola puntata alle spalle, il professionista consegna la rivoltella. E viene freddato con la Mauser di sua proprietà. Il processo che si tenne nel 1948 condannò a venti anni di reclusione Renzo Galli, Alberto Ternelli e Felice Bertoli, espatriato in Jugoslavia. Bertoli e Ternelli

[35] Non firmato, in *Risorgimento Liberale*, 16 giugno 1946; cfr. G. Fantozzi, *Vittime dell'odio*, cit., p. 193.

[36] F. Azzali, *Ferioli assassinato come don Pessina e come Mirotti*, in *Risorgimento Liberale*, 1° settembre 1946.

– quest'ultimo comunista di Castellarano, dove spadroneggiava il sindaco, Domenico Braglia, detto il «piccolo padre», un ras autoritario e violento[37] – saranno poi anche accusati dell'omicidio del primo cittadino di Casalgrande, Umberto Farri, socialista ostile a un rapporto troppo stretto con il Pci. Tecniche di esecuzione analoghe vengono ancora rilevate da *Risorgimento Liberale* nell'agguato contro il capitano dell'esercito Ferdinando Mirotti, tornato a casa in licenza dal Trentino. Personaggio non restio a rendere pubbliche le proprie posizioni politiche ostili a falce e martello, viene fatto fuori il 20 agosto a Campagnola.

Un noto antifascista di Novi, Cornelio Ferrari, rientra a casa in bicicletta il 9 ottobre dopo aver fatto visita ai suoi poderi. Il primo colpo gli trapassa la spalla. Quando è a terra è finito a coltellate al torace e al cuore. Aveva espresso a voce alta i suoi dubbi sull'Urss e la politica comunista. Nel dicembre del 1950 Liberino Pavarotti e Tullio Malavasi, ex comandante partigiano e segretario dell'Anpi di Novi, vengono condannati a quattordici anni di reclusione per l'omicidio. Sono tutti delitti che pescano nel gran mare della famiglia degli antifascisti.[38]

Ma a chi vengono ascritti invece questi fatti di sangue sia dal Pci che dall'Anpi, l'associazione che, nata nell'ottobre 1944, aveva raggruppato tutte le organizzazioni partigiane in un organismo unitario e che, nel 1946 e nel 1947, organizzerà le celebrazioni del 25 aprile?

L'Unità nei titoli e negli articoli strillava ostinatamente di banditismo efferato combinato con la reazione degli industriali e dei «feroci agrari» che rovinano il clima di «ordine e progresso dell'Emilia».[39] Mario Montagnana[40] interveniva ripetutamente sulle vicende dell'Emilia immersa nella temperie del brigantaggio. Luigi Longo, ex combattente in Spagna, vicecomandante del Corpo volontari della libertà (l'organismo unitario dipendente

[37] Cfr. capitolo 4, p. pp. 123-124, n. 9.
[38] Cfr. G. Fantozzi, *Vittime dell'odio*, cit., p. 154
[39] Non firmato, *Civiltà, ordine e progresso*, in *l'Unità*, 4 febbraio 1946.
[40] M. Montagnana, in *l'Unità*, 22 ottobre 1946.

dal Comitato di liberazione nazionale Alta Italia, che era a capo delle operazioni di tutte le forze partigiane nell'Italia centro-settentrionale), si scatenava su *Vie nuove*.[41] Portava acqua alla tesi dei «nuovi squadrismi alimentati dagli agrari ... che in Emilia perseguitano i democratici, i repubblicani, vessandoli e perquisendo partigiani e patrioti ... quanti hanno combattuto per la liberazione, lasciando indisturbate tutte le canaglie fasciste e neofasciste che provocano e che si armano protetti dalle forze di polizia». Assicurava che «circa i fatti che si verificano in Emilia, il partito ha svolto un'accurata inchiesta ed è risultato che la responsabilità dei luttuosi avvenimenti non va addebitata a elementi comunisti bensì a elementi individuabili nell'opposto schieramento politico».[42]

Una indagine della direzione del Partito comunista s'intitolava «Una risposta concreta alle menzogne 'gialle'»[43] e isolava tre gruppi di responsabili degli eccidi in quella regione, tutti e tre con una forte presenza di briganti e malavitosi. «1) Il gruppo che si chiama 'Fiaccola', con a capo Giovanni Gibellini detto Manù, specializzato in rapine e furti di formaggi. Questa è l'associazione che più rientra nella criminalità comune. 2) Il gruppo denominato Unione Repubbliche Rosse d'Europa di cui è leader Gaetano Isca Cordova, collaborazionista e spia nazista, di carattere antidemocratico e fascista. 3) Il gruppo di cui fanno parte Olivieri Millo [altre fonti riportano Oliviero detto Millo, n.d.r.], noto ex ufficiale della Milizia, e un maggiore dei carabinieri. Questa banda è indicata come la più apertamente fascista e comprende anche Guido Baldazzini, ventun'anni, ex partigiano,

[41] L. Longo, in *Vie nuove*, n. 4, ottobre 1946.

[42] Non firmato, *Comunisti e governo, Scoccimarro e De Gasperi*, in *Giornale dell'Emilia*, 16 ottobre 1946.

[43] G. Fantozzi, *Vittime dell'odio*, cit., p. 135. Documento 1: «Una risposta concreta alle menzogne 'gialle'. La verità sui fatti dell'Emilia nell'inchiesta compiuta dal nostro partito. Dirigenti politici e finanziatori delle bande terroristiche sono: elementi fascisti e monarchici, alcuni alti industriali della produzione automobilistica e metallurgica, alcuni grandi agrari con le complicità di certe autorità locali. Roma 28 ottobre 1946».

indicato come autore di numerosi delitti.»[44] Quest'ultima formazione era composta da ex partigiani e gappisti che spadroneggiavano nella zona. L'ex prefetto di Modena poi, Disma Zanetti, sarebbe stato l'organizzatore di un'aggregazione anticomunista che si cimentava in delitti e provocazioni in combutta con «alcuni gerarchi di Salò ed emissari di potenze straniere», oltre che con i proprietari terrieri e gli industriali della provincia di Modena, per attribuirne la responsabilità ai comunisti. A rifornire la «banda Zanetti» di quattrini e di armi sarebbero stati gli agrari e gli industriali emiliani.[45] In questa lobby del crimine, secondo la relazione del Pci, vi era anche il «commendator Enzo Ferrari, proprietario della famosa 'scuderia' automobilistica».[46]

Il *Giornale dell'Emilia* pubblicava i risultati di questa inchiesta e faceva uscire anche, come replica polemica, un elenco con i nomi degli agrari e degli industriali uccisi. I quali, secondo l'interpretazione comunista, sarebbero stati eliminati dalle squadracce da loro stessi finanziate.[47] Anche *Risorgimento Liberale*, muo-

[44] P. Tarso, *Ma le polemiche continuano*, in *Giornale dell'Emilia*, 27 ottobre 1946.

[45] *Ibidem*. Cfr. F. Grassi Orsini, *Guerra di classe e violenza politica in Italia*, cit., p. 83, dove si riferisce che nel Fondo Mosca, presso la Fondazione Gramsci, viene conservata la lunga relazione *Come lavora la reazione e provocazione neofascista in provincia di Modena*, in cui si afferma che obiettivo della reazione era in primo luogo «di guidare ed organizzare imprese criminose al fine di screditare il movimento partigiano». Cfr. anche M.L. Sergio, *De Gasperi e la questione socialista*, Soveria Mannelli, Rubbettino editore, 2004, pp. 86-87.

[46] Non firmato, *Il progresso d'Italia*, in *Giornale dell'Emilia*, 13 settembre 1946.

[47] P. Tarso, *Ma le polemiche continuano*, in *Giornale dell'Emilia*, cit. Già dal gennaio dello stesso 1946 *Risorgimento Liberale* vedeva negli omicidi una forma di pressione nei confronti della neonata democrazia. Non firmato, *Ordine*, in *Risorgimento Liberale*, 11 gennaio 1946. «Prendete uno per uno molteplici episodi di criminalità collettiva che i giornali riportano, dalle uccisioni di proprietari terrieri in Romagna fino agli attacchi che oggi insanguinano la Sicilia contro le forze armate dello Stato, guardate questi episodi nel loro sfondo e per così dire nel loro rovescio, e troverete una quantità di fenomeni che esprimono la crisi suddetta, della sfiducia o del disprezzo verso la pubblica autorità.»

vendosi sulla stessa linea, rilevava l'assurdità della tesi, peraltro non dimostrata, che gli industriali fossero stati eliminati da gruppi terroristici da essi stessi foraggiati e sovvenzionati. Per tutta risposta il congresso provinciale del Pci descriveva la stampa che denunciava i fatti dell'Emilia come pervasa da « reazionarismo ». Verso la fine di ottobre, sul *Popolo*, Igino Giordani ricordava che in Emilia, solo negli ultimi due giorni, erano morte quattro persone, era stato proclamato il coprifuoco e i carabinieri nella loro attività venivano continuamente osteggiati dai comunisti locali.[48]

Anche dopo che il Guardasigilli si era recato in Emilia per mettere un freno alla sequela degli assassinii, il giornale di Pannunzio continuava a seguire la macabra pista e ad aggiungere nomi di vittime. Il viaggio di Togliatti era stato preceduto, l'11 settembre 1946, da un'allarmata riunione della segreteria del Pci che aveva messo sul tavolo la spinosa e irrisolta questione. Con i luogotenenti Mauro Scoccimarro, Umberto Massola, Pietro Secchia e Edoardo D'Onofrio, il leader, attento e preoccupato, aveva ascoltato le relazioni sui fatti di Modena. Approdato nelle terre della resa dei conti, il 23 settembre, era pronto a mettere un freno ai maggiori responsabili delle federazioni emiliane. Ai partigiani che avevano ancora le armi in casa ricordò che il partito aveva imboccato da tempo la strada della legalità. Mentre le bande autonome e le organizzazioni partigiane che avevano fatto capo ai liberali non avevano scorte di mitra, fucili o altro, al contrario quelle che facevano capo al Pci e in parte alla Dc « sebbene in maniera più limitata del Pci, avevano conservato un proprio apparato militare ».[49]

Martedì 24 settembre 1946, al Teatro municipale ornato con bandiere rosse, Togliatti attaccò con foga sul tema « Ceti medi ed Emilia rossa ». In un silenzio tombale affermò che i delitti erano una macchia da cancellare. Però si guardò bene dal riconoscere che il suo partito non li aveva mai condannati, ma anzi li aveva

[48] I. Giordani, in *Il Popolo*, 24 ottobre 1946.
[49] F. Grassi Orsini, *Guerra di classe e violenza politica in Italia*, cit., p. 77.

sempre accuratamente occultati. Sosteneva che erano stati commessi da «elementi squilibrati e sbandati non legati a nessun partito politico». Pochissimo tempo dopo, alla Conferenza di organizzazione del Pci reggiano, dichiarava: «Il partito non doveva soltanto pronunciarsi contrario ai fatti quando essi erano già avvenuti, ma doveva saperli prevedere».[50] Deplorava «i fatti di sangue che fanno cadere sul nostro partito una serie di responsabilità». In un'altalena di giudizi, il 28 ottobre veniva pubblicato un documento dell'ufficio stampa del Pci per sollevare il partito e l'Anpi da ogni coinvolgimento e per accreditare la tesi del «complotto reazionario». Gli assassini di «agrari, professionisti e commercianti onesti» erano avvenuti a «scopo di furto e di rapina». Vi poteva essere anche un altro movente: esercitare una pressione ricattatoria nei confronti di alti esponenti degli agrari e degli industriali. Sarebbero stati minacciati, sarebbe stata messa a rischio la loro incolumità per spingerli a finanziare «organizzazioni neofasciste clandestine».[51]

Il quotidiano diretto da Pannunzio, nonostante le smentite, il 27 settembre procedeva a una macabra contabilità: in Emilia «gli uccisi sono stati 1800, tra cui 12 parroci».[52] Successivamente rilevava che «i cinque battaglioni di carabinieri»[53] inviati dal governo per riportare la tanto invocata legalità erano stati percepiti da militanti e dirigenti comunisti non come un intervento militare per arrestare i sanguinosi colpi di coda di un apparato incontrollabile, bensì per schiacciare il partito. Fatta tabula rasa delle sezioni di partiti e di militanti che contendevano spazi ed elettori ai comunisti, il Migliore nel 1947 attribuiva il gran nume-

[50] *Ibidem*, p. 83 e R. Gualtieri, *Togliatti e la politica estera italiana. Dalla Resistenza al trattato di pace, 1943-1947*, Roma, Editori Riuniti, 1995, p. 89.

[51] G. Fantozzi, *Vittime dell'odio*, cit., p. 183.

[52] Non firmato, *1800 assassinii hanno insanguinato l'Emilia*, in *Risorgimento Liberale*, 27 settembre 1946; cfr. R. Beretta, *Storia dei preti uccisi dai partigiani*, Milano, Piemme, 2005.

[53] Non firmato, *Dagli slavi del Viminale agli assassinii in Emilia*, in *Risorgimento Liberale*, 24 ottobre 1946.

ro dei deputati ottenuti dal suo partito non al fatto che agli avversari del Pci, attraverso intimidazioni e ripetute prove di forza, fosse stato lasciato uno scarsissimo margine di manovra e pochissimi spazi di visibilità per la propaganda elettorale, ma «all'alto tenore di vita regnante in questa regione».[54]

I «fatti dell'Emilia» a partire da questo momento rimarranno come una pietra miliare nella storia del conflitto tra il Pci e i suoi avversari: la loro menzione, il loro ricordo, ogni volta sarà sempre considerato una mossa proditoria per infangare il buon nome del partito. Dopo il viaggio togliattiano che avrebbe dovuto far chiarezza in quelle zone, nel 1947, il direttore dell'*Unità*, Pietro Ingrao, s'indignava e tuonava contro i giornali menzogneri che «sollevano i fatti dell'Emilia».[55] L'irritazione e lo sdegno contro chiunque avesse l'ardire di sollevare il velo su questi «fatti» durerà per decenni. La vicenda emiliana, nonostante fosse ben nota, diventerà, a partire da questo momento, un argomento tabù, un fuoco che rischiava di bruciare come traditore e bugiardo chiunque la evocasse.

Andria: da carnevale a tragedia

Le premesse di quanto stava per accadere si erano manifestate fin dall'inizio del 1946. Da gennaio-febbraio di quell'anno la tensione che opponeva agrari a operai e disoccupati era in crescita. Andria, un grande centro agricolo di settantunmila abitanti, era la cittadina più popolosa della Puglia dopo Bari e, come tutta la penisola postbellica, aveva accolto un gran numero di reduci e di congedati senza lavoro. Il 25 febbraio furono prelevati i primi trentasette proprietari terrieri. A partire da questo momento i sequestri divennero la pratica più diffusa. Si eseguivano con varie modalità: sia con azioni di forza facendo irruzione nelle case dei possidenti

[54] Non firmato, in *Risorgimento Liberale*, 6 febbraio 1947; cfr. G. Fantozzi, *Vittime dell'odio*, cit., p. 183.

[55] P. Ingrao, *Schiaffo sulla guancia*, in *l'Unità*, 22 marzo 1947.

sia, senza nessun timore di essere ostacolati, liberamente, in strada. A catturare le prede erano gruppi di contadini e operai armati, che conducevano i «prigionieri» nelle sedi delle organizzazioni dei lavoratori. Lì dentro i possidenti erano costretti con metodi spicci ad assumere disoccupati. I soprusi in un primo momento furono tollerati anche se, progressivamente, cominciarono a fioccare le proteste degli agricoltori che sotto minaccia erano obbligati a procedere alle assunzioni. Si chiedeva giustizia con voce sempre più forte e più insistente. Ma le richieste cadevano nel vuoto. Visto l'andazzo positivo dei «sequestri», era in grande aumento anche il numero dei sedicenti disoccupati. Chi era in possesso sia pur di un solo minuscolo appezzamento di terra doveva assumere dipendenti oppure versare tributi per lavori mai compiuti.

Il pomeriggio del 5 marzo ad Andria si festeggiava il carnevale. Le strade erano piene di maschere che passeggiavano sul corso. Ma nella sede del Commissariato di pubblica sicurezza non si pensava a feste e coriandoli: alle 16 si era riunita la Commissione paritetica per risolvere le questioni inerenti alla disoccupazione che si stava aggravando. Gruppi di operai, arrivati alla spicciolata, approfittavano dell'affollamento delle vie e delle piazze e si presentavano alla porta delle abitazioni di alcuni agricoltori per mettere in atto la loro pratica largamente sperimentata. Però gli agricoltori erano ormai decisi a non accettare passivamente le imposizioni. Un proprietario terriero che negava il proprio assenso alle assunzioni indiscriminate, il quarantenne Nicola Spagnoletti Zeuli, veniva preso a bastonate. Franco Ceci, Angelo Chiappa e Franco Tannoia, altri agricoltori che si opponevano al «sequestro», sotto la minaccia delle roncole e delle P37, erano costretti ad «accompagnare» gli operai sequestratori nella sede del Comitato reduci, dove vennero trattenuti. Il commissario di Ps, Angelo Rossi, per interrompere la sequela delle estorsioni, procedeva a quattro arresti e costringeva a rilasciare gli ostaggi. Ma nemmeno questo intimoriva i drappelli minacciosi che battevano le strade della cittadina. Appena fuori dalla sede del Comitato, i sei agenti di Pubblica sicurezza di scorta erano circondati, percossi e disarmati. Anche Spagnoletti Zeuli veniva nuovamente aggredito. Chiuso nei locali del Partito socialista, riusciva a malapena a sottrarsi all'ira di una «folla» che non aveva l'aria di essersi radunata per caso: era tutta costituita da operai e contadini armati. Approfittando della confusione, anche gli altri tre, Ceci, Chiappa e Tannoia, riuscivano a liberarsi e a scappare. Nello stesso momento, poco distante, ma sempre nella medesima piazza Vittorio Emanuele, altri otto poliziotti venivano circondati, privati delle armi e ridotti a mal partito dopo un feroce corpo a corpo.

Da questo momento la violenza diveniva incontrollabile e la protesta dilagava a macchia d'olio. In un primo tempo gli agricoltori furono convinti ad assumere altre duecento persone, centocinquanta reduci e cinquanta contadini. Polizia e rappresentanti dell'Associazione agricoltori, come Francesco Marchio e Francesco D'Errico, stilavano la lista dei possidenti da obbligare alle assunzioni. Ma a tarda sera Andria diventava territorio di razzie. Bande di venti-cinquanta persone spadroneggiavano per la cittadina eseguendo fermi e perquisizioni, imponendo la chiusura dei pubblici esercizi, intimidendo la cittadinanza con spari ed esplosioni di bombe a mano.[56]

Alle prime ore della mattina del 6 marzo una colonna di automezzi e carri armati, con trentatré carabinieri e dieci agenti di Ps, si muove da Barletta alla volta di Andria. Giunta in prossimità della città si arresta per consentire alla formazione di assumere lo schieramento necessario a fronteggiare la situazione. Ma ecco arrivare drappelli sparsi di manifestanti che impugnano accette e randelli e cercano di convincere il capitano a non entrare con la colonna in città per non eccitare maggiormente gli animi. L'ufficiale a capo del convoglio si rifiuta di aderire alla richiesta. Intanto i gruppi di rivoltosi diventano sempre più numerosi e continuano ad affluire sul posto. Insistono per far tornare indietro i militari. A un segnale convenuto i soldati sono simultaneamente attaccati.

[56] F. Pirro, *La fame violenta. Il linciaggio delle sorelle Porro*, Bari, Palomar di Alternative, 2005, p. 151 e sgg.

Gli aggressori hanno la meglio e disarmano una cinquantina tra ufficiali e soldati.[57] Tra questi c'è anche chi si oppone, come l'appuntato dei carabinieri Pietro Turso, che non vuole consegnare il fucile. Un colpo di pistola gli trapassa lo stomaco, mentre vengono feriti altri cinque carabinieri (Matteo Cigno, Francesco Modaferri, Ignazio Omodeo, Gaetano Natale e Giovanni Negri). Entrano in azione i carri armati, i ribelli si disperdono per le campagne e combattono con le armi che hanno sottratto alle forze di polizia.

Verso le 15 il capitano che guida la colonna decide di tornare a Barletta portando con sé tutti quelli che sono stati fermati. È una ritirata che avviene mentre gli «insorti» continuano a sparare. Nel frattempo tredici carabinieri e quattro agenti di Ps che si trovavano asserragliati in una casetta colonica rimangono tagliati fuori e isolati. Combattono fino all'esaurimento delle munizioni. Catturati e fatti prigionieri sono condotti ad Andria fra scherni, insulti e violenze. Stanno per essere messi al muro e fucilati ma l'intervento all'ultimo momento di alcuni reduci li sottrae alla morte. Al vescovo di Andria è consentito far loro visita dopo che sono stati rinchiusi nel sotterraneo della sede dell'Associazione combattenti. Intanto, in città, caserme e edifici pubblici sono assediati dai rivoltosi e tenuti sotto il fuoco delle loro armi.[58] A notte inoltrata arriveranno altre due colonne di rinforzi, scatenando una vera e propria battaglia, casa per casa, giardino per giardino. I carabinieri prigionieri saranno liberati: alcuni di loro sono stati bastonati a sangue, braccia e denti spezzati. Negli scontri, intanto, muoiono due carabinieri e ne restano feriti altri quattro, mentre numerose sono le vittime tra i civili, anche tra chi non partecipava direttamente agli scontri.

Nella mattinata del 7 la forza pubblica stava cercando di riportare ordine e calma in città: pattuglie di carabinieri, scortate da

[57] Non firmato, *Fatti di cronaca delle ultime ventiquattr'ore*, in *Risorgimento Liberale*, 7 marzo 1946.

[58] Non firmato, *Ad Andria non c'è pace. 11 carabinieri e molti militari presi in ostaggio*, in *Risorgimento Liberale*, 8 marzo 1946.

carri armati, eseguivano perquisizioni e arresti. Solo qualche sparo rompeva il silenzio.

Nel pomeriggio giungeva ad Andria Giuseppe Di Vittorio. Il futuro segretario generale della Confederazione generale del lavoro aveva un preciso obiettivo, stabilire un contatto con la popolazione, e per questo voleva a tutti i costi tenere un comizio. Ma l'atmosfera era carica di tensioni e i comandanti dei reparti della forza pubblica e le autorità locali si opponevano. Di Vittorio insisteva.

Convocate dalle campagne vicine, arrivavano con vari mezzi di trasporto circa cinquemila persone e si stipavano sulla piazza del Municipio. Intanto – mentre Di Vittorio si attardava ancora in caserma – uno o due colpi di arma da fuoco echeggiavano nel luogo del raduno. Il fuggi fuggi era indescrivibile. Ma non tutti scappavano. Rimanevano circa una cinquantina di individui armati le cui file progressivamente s'ingrossavano, raggiunti da contadini e operai corsi a impadronirsi di mazze e bastoni. Si spargeva la voce che i colpi erano partiti da palazzo Porro, dal lato opposto della piazza, dirimpetto al Municipio. Gli uomini rimasti in piazza sparavano contro le finestre del palazzo. Forzandone il portone, perquisivano l'abitazione da cima a fondo. Saccheggiavano e devastavano i due appartamenti del primo e del secondo piano e vi appiccavano il fuoco, mentre gruppi armati s'aggiravano intorno al fabbricato passando per via Ferruccio e vicolo San Mauro. Nella portineria del palazzo, con i custodi Francesco De Nigris e Lucia Troia, una domestica e l'anziano padre, si erano riunite le quattro sorelle Porro, Luisa di 66 anni, Vincenzina di 58, Stefania di 55 e Carolina di 54. Si erano rifugiate lì insieme con i loro inquilini, la famiglia di Francesco Ciriello. Quando avvertono gli spari e il trambusto le Porro e i Ciriello cercano scampo uscendo da una porta secondaria sul vicolo San Mauro. Le sorelle vengono raggiunte e riconosciute da gruppi di «ribelli» che le stringono in un cerchio. Vincenzina è picchiata selvaggiamente e trascinata per i capelli alla sezione del Partito comunista in via Bovio. Qui ci sono anche molte donne. La schiaffeggiano fino a renderla irriconoscibile. Riesce a scappare ed è rintracciata dalla

Croce verde. Stefania, strappata e separata a forza dalla sorella Carolina nel vicolo San Mauro, spintonata e presa a pugni e a calci, viene trascinata per via XX settembre e via Bovio fino a piazza Castello, dove viene abbandonata. Un uomo impietosito la protegge facendola entrare in una casa e poi l'accompagna alla Croce verde, dove ritrova la sorella Vincenzina. Francesco Ciriello viene catturato nel vicolo San Mauro. Una torma di gente inferocita lo accusa di avere sparato sulla folla. Trascinato attraverso l'ingresso principale di casa Porro fin sulla piazza del Municipio, è colpito ripetutamente alla testa con l'impugnatura di una grossa pistola. Otto coltellate lo raggiungono al dorso e all'anca. È a terra tramortito e gli aggressori impediscono a chiunque di portargli soccorso. Anche a don Michele Doria, che dal balcone ha assistito alla scena selvaggia e vorrebbe soccorrere il malcapitato.

Una sorte ancora peggiore spetta a Luisa e Carolina Porro. Afferrate dalla folla sono trasportate a calci e spintoni attraverso l'androne del loro palazzo, da dove gente indemoniata le sospinge verso via Bovio, fra urla bestiali. Appena fuori dal portone, una baionetta trapassa lo stomaco di Carolina, mentre con il calcio di una rivoltella è ripetutamente colpita alla nuca. Spintonata davanti all'armeria Giannotti «con i piedi calzati sporchi di fango», le schiacciano la testa.[59] Luisa intanto viene picchiata da un uomo che, infierendo su di lei, con un calcio le provoca altre ferite, mandandola a sbattere contro lo spigolo della porta della vicina armeria. Non appagata, una donna colpisce ripetutamente con un coltello le due sorelle, chiamandole «puttane». All'alba del giorno dopo i due cadaveri, legati alla coda di un cavallo, vengono trascinati per le vie della città. Alle 11 di quella stessa giornata si terrà il comizio in cui Di Vittorio promette lavoro, raccomanda l'ordine e il rispetto delle forze di polizia. Ma le violenze sono ormai incontrollabili. Agricoltori della zona e membri delle loro famiglie sono uccisi a «colpi di moschetto». All'arrivo dei carri

[59] *Ibidem.*

armati vengono fatti prigionieri undici militari e il corpo di un carabiniere è ritrovato vicino alla linea ferroviaria.[60]

Poco tempo dopo la carneficina, si svolgeranno le elezioni amministrative. Il governo De Gasperi chiamava gli italiani alle urne in due momenti diversi. La prima fase elettorale si svolgeva tra il 10 marzo e il 7 aprile 1946 e in Puglia coinvolgeva il 40 per cento dei comuni, tra i quali un solo capoluogo, Brindisi. La successiva tornata elettorale si svolgeva tra il 6 ottobre e il 24 novembre dello stesso anno. A Brindisi i socialisti diventano il primo partito, capeggiati dal sindaco neoeletto, Francesco Lazzaro. Ad Andria il Pci ottiene il 51,8 per cento.

Pannunzio, il cui giornale aveva seguito i sanguinosi eventi di Andria, denunciava: «Non è il comunismo che temiamo per l'Italia».[61] Ciò che si teme sono piuttosto «gli errori dei comunisti, le loro esaltazioni, il furore degli inconsiderati, la miopia dei dirigenti che può far sì che i veri conservatori, gli ottusi, i reazionari non iscritti a nessun partito, troveranno il pretesto per contrattaccare».[62] Il giornalista rilevava che nello schieramento antifascista si applicava una forma di «intimidazione per convincere i tentennanti»,[63] come a Caulonia e ad Andria.

I cruenti fatti di Andria vengono riportati sulle colonne di *Risorgimento Liberale* non solo per dovere di cronaca ma come un ammonimento sul ripetersi del passato. Il giornale inquadrava la terribile e poverissima situazione del bracciantato del Sud,[64] le campagne affamate, i disoccupati, gli assalti alle caserme, i furti di grano nelle masserie, le rapine senza controllo. Rilevava che la disoccupazione veniva fronteggiata con l'esercito, che spianava le armi a Santeramo, Altamura e Andria. Mentre ai proprietari ter-

[60] Non firmato, *I linciaggi di Andria*, in *Risorgimento Liberale*, 10 marzo 1946.

[61] M. Pannunzio, *Via dal Governo i comunisti*, in *Risorgimento Liberale*, cit.

[62] *Ibidem.*

[63] *Ibidem.*

[64] Non firmato, *Fatti di cronaca delle ultime ventiquattr'ore*, in *Risorgimento Liberale*, cit.

rieri veniva imposto l'ingaggio di un certo numero di braccianti in proporzione all'estensione dell'azienda. Ma sottolineava che l'assenza o la carenza di controllo dell'ordine pubblico poteva avere come sbocco un revival delle camicie nere. E criticava *l'Unità*, che definiva l'escalation delle rivolte come spontanee rivendicazioni contadine che si intrecciavano con episodi di delinquenza comune o come reazione alle ingiustizie e alle sopraffazioni dei proprietari terrieri. Il processo per le vicende di Adria si terrà due anni dopo quel terribile film dell'orrore, davanti alla Corte d'assise di Trani, a partire dall'8 giugno 1948, e vi saranno centotrenta imputati: la sentenza comminerà sei ergastoli e ottocentoventisei anni di reclusione (nel 1949, in Cassazione, le pene non cambieranno).

Caccia grossa ai diccì

Il primo anno senza guerra, come si è visto, non è affatto un anno pacificato. Anzi, è costellato di violenze. I botti cominciano fin dal capodanno 1946. Divampano nella penisola e vengono denunciati dal giornale di Pannunzio tanti piccoli fuochi, ovvero gli illegalismi.[65] È il 5 gennaio e il portiere dello stabile di piazza Monteci-

[65] Le responsabilità del Pci verranno parzialmente riconosciute vent'anni dopo. Cfr. G. Amendola, *De Gasperi e la lotta politica nel trentennio repubblicano*, in *Rinascita*, a. XXXIV, n. 35, 2 settembre 1977, p. 9: «La linea del centro del partito veniva accettata, ma con grandi riserve, con quella 'doppiezza'... che non era atteggiamento di Togliatti o di pochi dirigenti, ma posizione largamente diffusa nella base e nei quadri del partito. Sì, bisognava utilizzare le possibilità legali, conquistare comuni e seggi in Parlamento, ma per occupare posizioni che sarebbero servite quando l'ora X sarebbe finalmente scoccata... La conservazione di depositi di armi, gli atti di violenza effettuati come strascichi della guerra partigiana, i diffusi atteggiamenti di intimidazione (Verrà il momento! Vi faremo pagare!) non furono tutte invenzioni della propaganda democristiana... La direzione del Pci, sotto la guida di Togliatti, fece molto per correggere i comportamenti settari di una parte del partito. Bisogna ancora accertare fino a quale punto la linea di Togliatti fosse condivisa realmente da tutti i membri della Direzione... In verità tutto il Pci non era ancora convinto dell'utilità e della possibilità di condurre un'azione coerente per la trasforma-

torio 121 si accorge di un pacco sospetto. Sull'involucro non c'è alcun segno particolare, ma quella carta grigiastra che dovrebbe avvolgere un regalo per il nuovo anno non fa presagire niente di buono. In quell'edificio[66] ha sede il Partito democratico italiano (Pdi) di Roberto Lucifero e Vincenzo Selvaggi, aggregazione politica di orientamento monarchico che parteciperà alle elezioni per l'Assemblea costituente del 2 giugno, nell'ambito della coalizione Blocco nazionale della libertà. Scioltosi nel settembre 1946, il Pdi con i suoi esponenti confluirà nel Partito liberale italiano. Il chilogrammo di tritolo compresso contenuto nel pacco non esplode. La miccia ha fatto cilecca. Il giornale del Pli si interroga sulle ragioni di questa «gente insana che vuole trascinare il paese in una nuova guerra civile».[67] La bomba non ha ucciso nessuno, ma appare un'avvisaglia di tutto quello che è pronto a esplodere. La prefettura di Catanzaro è occupata da reduci e disoccupati. Volano dalle finestre tavoli, sedie, suppellettili. E lo stesso si verifica in vari centri della Calabria (Spezzano Albanese e altri). Le caserme sono prese d'assalto: a Palermo sono più di quattro gli edifici militari attaccati con esplosivi, mitra e moschetti. Le potenti granate scatenano incendi, come a Salaparuta in provincia di Trapani.[68] «Le armi sbarcano in Calabria»[69] trasportate da motopescherecci che le recuperano da navi al largo. I disoccupati il 9 gennaio invadono uno stabilimento d'armi a Lucca.[70] Le abitazioni di dirigenti diccì e gli stessi esponenti democristiani vengono fatti bersaglio di candelotti esplosivi e di colpi di mitra a Sergnano, in provincia di Cremona, a Varese, a Mantova, a Ma-

zione della società nel quadro di una Costituzione di cui si andavano fissando i caratteri».

[66] Non firmato, *Una bomba al tritolo nella sede del P.D.I*, in *Risorgimento Liberale*, 6 gennaio 1946.

[67] *Ibidem.*

[68] *Ibidem.*

[69] Non firmato, *Traffico d'armi in Calabria*, in *Risorgimento Liberale*, 9 gennaio 1946.

[70] Non firmato, *200 disoccupati invadono uno stabilimento d'armi a Lucca*, in *Risorgimento Liberale*, 10 gennaio 1946.

reno di Piave in provincia di Treviso.[71] Le notizie sugli assalti e gli attentati agli scudocrociati riportate dal quotidiano di Pannunzio assomigliano a un bollettino di guerra. La vicinanza e la contemporaneità degli eventi – che si ripeterà anche in altre occasioni – fa pensare a una mente coordinatrice. Tirassegno anche a Centobuchi, in provincia di Ascoli Piceno, dove tre ordigni esplosivi e colpi di fucile colpiscono la casa di un agricoltore democristiano.[72] A Dosolo (Mantova) una granata finisce nel cortile di un altro esponente diccì, Antonio Bronzato.[73] A Livorno ci sono raffiche di mitra contro la sede dello scudo crociato[74] e militanti presi a randellate.[75] Incidenti vari con «iscritti al Pci» che cercano di impedire l'apertura di sedi Dc o che le devastano e picchiano esponenti bianchi si contano a Siena, Sorano (in provincia di Grosseto), Massa Carrara. L'abitazione del responsabile dei democristiani di Francavilla, presso Bari, salta in aria. I dinamitardi sono tre militanti sotto il simbolo della falce e martello.[76] Vi è coinvolto anche il segretario della locale Camera del lavoro, un insegnante elementare. Colpo alla nuca, invece, il 4 giugno, per l'imprenditore Giuseppe Verderi, consigliere comunale di Sant'Ilario, in provincia di Reggio Emilia.[77]

Gli assalti intimidatori non risparmiano i sacerdoti, come a Roccapiera (Vercelli)[78] oppure a Hone-Bard dove il parroco della

[71] Acs, Min. Int., Dg., b. 151, telegramma della Divisione di Ps al Min. Int. 14 giugno 1946, ora in F. Grassi Orsini, *Guerra di classe e violenza politica in Italia*, cit., p. 88, e Non firmato, *Risorgimento Liberale*, 21 febbraio 1946.

[72] Acs, Min. Int., Dg., b. 151, telegramma della prefettura di Ascoli Piceno, maggio 1946; ora in F. Grassi Orsini, *Guerra di classe e violenza politica in Italia*, cit.

[73] Acs, Min. Int., Dg., b. 158, telegramma della Divisione di Ps al Min. Int., 15 settembre 1946; ora in *Ibidem*.

[74] Acs, Min. Int., Dg., b. 158, 12 dicembre 1946; ora in *Ibidem*.

[75] Acs, Min. Int., Dg., b. 158, 15 settembre 1946; ora in *Ibidem*, p. 88.

[76] Non firmato, *Comunisti arrestati per atti terroristici*, in *Risorgimento Liberale*, 13 marzo 1946.

[77] Non firmato, in *Risorgimento Liberale*, 13 giugno 1946.

[78] Acs, Min. Int., Dg., b. 166, telegramma della prefettura di Treviso al Min. Int., 1° novembre 1946; ora in F. Grassi Orsini, *Guerra di classe*, cit., p. 88.

piccola località della Val d'Aosta, noto anticomunista, don Luigi Bordet,[79] viene lasciato in un lago di sangue. A Varese un « acceso propagandista democristiano », Enrico Mainetti, viene fatto segno di colpi di mitra che mancano il bersaglio.[80] Innumerevoli le azioni di forza che impediscono ai democristiani di parlare pubblicamente. Capita ad esempio al trentunenne futuro presidente del Consiglio Mariano Rumor, a Mantova: viene sollevato e portato via di peso da uomini armati mentre avrebbe dovuto intrattenere circa trecento aderenti all'Associazione cattolica dei lavoratori italiani.[81] Oppure succede all'onorevole Umberto Tupini, membro dell'Assemblea costituente, più volte ministro e senatore, in occasione di una pubblica manifestazione. L'intolleranza, spiega il quotidiano di Pannunzio, conquista i suoi spazi a Poggibonsi, San Quirico d'Orcia,[82] Cetona, tre paesi in provincia di Siena e Coccolato (Asti). Qui agli scudocrociati viene messo il bavaglio e impedito di prendere la parola in assemblee pubbliche. A Montemesola, nei pressi di Taranto, durante un comizio si accende « una violenta zuffa ».[83] A rimetterci sono tre fedelissimi del partito di De Gasperi, affrontati con armi da taglio e con bastoni. Reagiscono e feriscono uno degli aggressori, che risulta iscritto al Pci.

L'omicidio sta diventando pratica diffusa. Luigi Zavattaro, esponente della sezione della Dc di Acerra, è un noto antifascista. Viene abbattuto da una mitragliata.[84] Ma cosa sta succedendo? È veramente una « periferia » incontrollata che sussulta e si ribella

[79] Acs, Min. Int., Dg., b. 151, telegramma della questura di Aosta al Min. Int., 16 marzo 1946; ora in *Ibidem*.

[80] Acs, Min. Int., Dg., b. 166, telegramma della prefettura di Varese al Min. Int., 16 giugno 1946; ora in *Ibidem*, p. 87 e sgg.

[81] Acs, Min. Int., Dg., b. 167, telegramma della prefettura di Vicenza al Min. Int., 18 marzo 1946; ora in F. Grassi Orsini, *Guerra di classe e violenza politica in Italia*, cit., p. 88 e sgg.

[82] Non firmato, in *Risorgimento Liberale*, 15 settembre 1946.

[83] Non firmato, *Tre democristiani feriti durante un comizio nei pressi di Taranto*, in *Risorgimento Liberale*, 7 marzo 1946.

[84] Non firmato, in *Risorgimento Liberale*, 9 febbraio 1946.

sfuggendo di mano al partito ignaro? Oppure è un turbine pronto a spazzare via le nuove forze in procinto di attecchire e al quale non si sa reagire?[85] Il tentativo di intimorire le aggregazioni politiche che spuntano in tutta la penisola con l'ambizione di radicarsi sul territorio colpisce indistintamente sia al Nord che al Sud.

A Badolato,[86] in provincia di Catanzaro, i morti sono due e nove i feriti, tra cui esponenti dell'Uomo qualunque e del Partito democratico del lavoro, al governo in una coalizione con i comunisti. *La voce del popolo, organo della Federazione comunista di Catanzaro*, indica gravi responsabilità dei demoqualunquisti. I demoqualunquisiti, scrive il giornale, hanno operato al servizio degli agrari locali, mentre gli abitanti di Badolato anelano alla liberazione dalla schiavitù dei padroni. «Elementi demoqualunquisti al servizio degli agrari locali, hanno inscenato ieri sera verso le ore 20.30 una manovra provocatoria che ha avuto tragiche conseguenze. Una bomba a mano è stata lanciata nella via S. Nicola provocando la morte di due persone, e ferendone altre nove ... Badolato è una delle più laboriose cittadine agricole della nostra provincia, abitata prevalentemente da contadini», continua *La voce del popolo*, «che il giogo del grande proprietario agrario ha da secoli prostrato ed abbrutito. Subito dopo la Liberazione i contadini, organizzati da un piccolo gruppo di elementi attivi e popolari, che mai si sono inchinati di fronte agli arbitri e alle violenze fasciste, hanno anelato a forme nuove di vera giustizia e alla liberazione dalle soggezioni schiavistiche del padrone. D'allora una repressione antidemocratica si accanì con perseveranza contro la popolazione badolatese».[87]

È la repressione dei padroni che colpisce la gente di Badolato? La sera del 2 marzo 1946, in un'abitazione in corso Umberto, si sono riuniti militanti dell'Uomo qualunque e del Partito democratico del lavoro di Ivanoe Bonomi. Il Pdl di lì a poco tempo

[85] M. Pannunzio, *Via dal Governo i comunisti*, in *Risorgimento Liberale*, cit.
[86] Non firmato, *Sangue a Badolato*, in *Risorgimento Liberale*, 5 marzo 1946.
[87] Non firmato, *La voce del popolo*, organo della Federazione comunista di Catanzaro, anno IV, n. 53, 3 marzo 1946.

assisterà al proprio declino elettorale, dopo aver partecipato alle elezioni per la Costituente – sia con proprie liste, ottenendo lo 0,2 per cento dei voti e un seggio – sia nell'ambito della coalizione Unione democratica nazionale (l'apparato organizzativo demolaburista, insieme a una certa quota di parlamentari, verrà assorbito dal Psdi).

Si discute delle prossime elezioni amministrative e vi sono una sessantina di persone (una successiva versione,[88] sempre registrata da *Risorgimento Liberale*, porterà il numero a quaranta-cinquanta). Sono in gran parte neoiscritti tra i trenta e i trentacinque anni, che all'uscita dal luogo di riunione cantano e si accompagnano con le chitarre. Prendono di mira con cori e stornelli il Pci. Arrivati all'altezza di palazzo Tropeano scoppia il putiferio. A Badolato esistono due correnti politiche: una che fa capo alla famiglia Paparo, che ha come partito di riferimento il Partito democratico del lavoro, e l'altra invece che ha come punto di riferimento l'avvocato Tropeano, esponente del Pci. C'è una deflagrazione fortissima. I feriti gravi sono una decina, tutti del Partito democratico del lavoro. Alcune lesioni le riporta un militante del Pci, Giuseppe Schiavone. Dopo un lungo ed estenuante interrogatorio, Antonio Luciano, contadino di ventiquattro anni con gli occhi pieni di terrore, confessa di aver lanciato l'ordigno. È iscritto alla locale sezione del Pci. La polizia esclude che il giovane Luciano abbia eseguito degli ordini e agito secondo un piano preordinato.[89]

L'11 settembre 1946 lo scrittore Mario La Cava, che continuerà la sua attività giornalistica sul *Mondo*, denuncia l'« occupazione di terre a suon di tromba ».[90] A Crotone, Velio Spano, sottosegretario all'Agricoltura, esorta i contadini a far valere i propri

[88] Non firmato, *Inchiesta sui fatti di Badolato*, in *Risorgimento Liberale*, 6 marzo 1946.

[89] Non firmato, *Un comunista ha confessato*, in *Risorgimento Liberale*, 9 marzo 1946.

[90] M. La Cava, *Occupazione di terre a suon di tromba*, in *Risorgimento Liberale*, 11 settembre 1946.

diritti. Subito dopo arrivano non solo i saccheggi, ma anche le occupazioni di sedi diccì. Gli operai delle società Montecatini, Pertusola e Cidonio entrano in sciopero, devastano le case della zona e ne sequestrano i possidenti, tra cui l'esponente liberale Lucifero.[91]

A Pistoia le sedi dell'Uomo qualunque vengono messe a ferro e a fuoco.[92] A Verbania, dopo durissimi scontri, partigiani in camicia rossa controllano per alcuni giorni la città.[93] Gli illegalismi ora stanno facendo una rapida conversione, cambiano modalità, si allargano a macchia d'olio e, da singoli atti contro insegnanti, militanti di partiti, avvocati, professionisti e commercianti, mutano nei «delitti di folla»[94] che animeranno il 1947 e il primi mesi del 1948. *Risorgimento Liberale* denuncia il ruolo fondamentale del Pci nell'innesco di una nuova ondata di lotte, ripetutamente definite spontanee. Un ruolo che verrà riconosciuto e discusso all'interno dello stesso partito solo negli anni Settanta da Giorgio Amendola.[95]

[91] Non firmato, *I gravi fatti di Crotone e l'ampia manovra dei comunisti*, in *Risorgimento Liberale*, 20 ottobre 1946.

[92] Non firmato, *A Pistoia i rossi sono padroni*, in *Risorgimento Liberale*, 22 novembre 1946.

[93] Non firmato, *Partigiani in camicia rossa controllano la città di Verbania*, in *Risorgimento Liberale*, 28 novembre 1946.

[94] Questa definizione, utilizzata alla Costituente dal democristiano Giuseppe Codacci-Pisanelli, sarà assai di frequente ripresa dai giornali dell'epoca; cfr. F. Grassi Orsini, *Guerra di classe e violenza politica in Italia*, cit., p. 95.

[95] G. Amendola, *Il Pci all'opposizione. La lotta contro lo scelbismo*, in *Problemi di storia del Partito comunista italiano*, Roma, Editori Riuniti, p. 121.

Capitolo IV

QUANDO IL CANE È UN TOPO

Guai ai nemici del patto

Nel 1946 i fuochi dell'illegalità sono misteriosi, colpiscono apparentemente in maniera fortuita, come una girandola impazzita: coinvolgono liberali, esponenti del partito democratico del lavoro, democristiani e anche i socialisti. Ma sono bersagli veramente affidati al caso? A sottolineare che la lotta unitaria di socialisti e comunisti è stata fondamentale per la guerra di Liberazione, è *Risorgimento Liberale*.[1] Ma rileva anche che a guerra finita il Pci per sopravvivere ha bisogno di legami a filo doppio. Guai, dunque, a chi tenta di «sfasciare» il fronte unitario Pci-Psi. Togliatti riscaldava gli animi e buttava benzina sulle turbolenze interne al suo partito con fosche previsioni sull'eventualità di un abbandono da parte dei socialisti. Tragiche le conseguenze se i socialisti avessero girato pagina e avessero ceduto alle sirene di altri partiti antifascisti. «Fondamentale il patto d'unità di azione con i socialisti. Il Partito comunista non deve rimanere isolato», predicava il compagno Ercoli con determinazione, parlando ai quadri direttivi della Federazione comunista romana.[2] Si pronunciava «contro il riformismo, contro quelle correnti del Psi che rappresentano l'anticomunismo e l'antifusionismo». Nel partito di Nenni rilevava ambigue presenze che praticavano l'intelligenza con il nemico.

[1] L. Barzini jr., *Il contenuto delle foibe*, in *Risorgimento Liberale*, 21 marzo 1946.

[2] P. Tarso, *L'esodo di Togliatti*, in *Giornale dell'Emilia*, 24 luglio 1946.

« Fanno il gioco della borghesia reazionaria »,[3] osservava additando i nemici occulti da sconfiggere.

Le parole di Togliatti non cadevano inascoltate e suscitavano grande preoccupazione nel Psi per le inquietanti reazioni a catena che avrebbero potuto innescare. Soprattutto in Emilia. « La segreteria del partito ha fatto appello al senso di disciplina degli iscritti affinché non alimentino le campagne di stampa sulla vita interna con iniziative personali e di gruppi »,[4] cercava di gettare acqua sul fuoco l'*Avanti!* I cugini socialisti non erano ben visti dal partito del Migliore se appartenevano alla brigata dei personaggi ostili all'unità con il Pci. Rientravano nella storica categoria, coniata ai tempi della guerra di Spagna, che comprendeva tutti quelli che si mettevano di traverso sulla strada della lotta unitaria che teneva insieme Pci e Psi.

Le voci di dissenso in seno al Partito socialista non tendevano a diminuire. Per reazione, in questo periodo si diffonde un particolare fenomeno: quello dell'infiltrazione del Pci nel Psi. Così racconta Gianni Corbi: « Di tanto in tanto quando un giovane particolarmente capace mostrava il desiderio di iscriversi al Pci il consiglio che gli veniva dato dai dirigenti comunisti (in alcuni casi sono stato io stesso a darlo) era, invece, di indirizzarsi verso i socialisti ... quando le cose si svolgevano in questo modo, ci si trovava di fronte a un effettivo fenomeno di doppia tessera. Il risultato era quello di creare all'interno del Psi una infrastruttura che i dirigenti del Pci potevano manovrare secondo le esigenze. La mia impressione è che questo fenomeno si sia sviluppato specie dopo il 2 giugno: proprio per controbilanciare la composizione prevalentemente riformista del gruppo parlamentare socialista ».[5]

Contro *Critica sociale*, la rivista degli esponenti dell'ala auto-

[3] *Ibidem.*

[4] Non firmato, *Tendenze socialiste e crisetta in seno al partito*, in *Giornale dell'Emilia*, 26 agosto 1946.

[5] In A. Gambino, *Storia del dopoguerra dalla liberazione al potere Dc*, Roma-Bari, Laterza, 1975, p. 350.

nomista diretta da Ugo Guido Mondolfo e ispirata ai principi del riformismo turatiano, si scagliava l'organo dei fusionisti, *Compiti nuovi*.[6] L'alleanza con i fedelissimi di Nenni rappresentava un puntello per la sopravvivenza del principale partito della classe operaia. Le eliminazioni dei socialisti ostili a un apparentamento di ferro con il Pci in questo clima di spie, infiltrati e di estrema tensione finivano per apparire come morti annunciate.

Non tutti i socialisti antifusionisti tenevano in gran conto gli avvertimenti dei loro leader. Vedevano la « famiglia » ancora unita e, al contrario di quello che veniva raccomandato dall'*Avanti!*, non temevano di far polemiche e di parlare chiaramente. Uno dei primi a cadere è Umberto Bertani, socialista non troppo indulgente nei confronti dei compagni togliattiani.

A Quarantoli, vicino a Carpi, tutti lo conoscono per le sue idee per cui tanto battaglia e si accalora. A tarda sera, il 12 agosto del 1946, passeggia e discute con un amico quando viene ucciso da un paio di tiri ben assestati che provengono da dietro una siepe.[7] Non farà tesoro degli avvertimenti del suo partito nemmeno il sindaco di Casalgrande, Umberto Farri, vittima di un agguato sanguinario ricostruito dal quotidiano di Pannunzio.[8] Pioniere del socialismo in terra reggiana, aveva iniziato la sua attività politica nel 1902, fondando la sezione giovanile di Salvaterra, con un'impronta nettamente riformista. Entrava per la prima volta nel consiglio comunale del suo paese nel 1914 e dopo sei anni, il 7 ottobre del 1920, veniva eletto sindaco con un programma di municipalizzazione del servizio farmaceutico, realizzazione di scuole e di case popolari. Picchiato a sangue dai fascisti, il sociali-

[6] Sulla rivista *Compiti nuovi*, che auspicava la fusione con il Pci e su *Critica sociale* e *Iniziativa socialista*, che invece la osteggiava, cfr. M. Degl'Innocenti, *Storia del Psi*, III vol., Dal dopoguerra a oggi, Roma-Bari, Laterza, 1993, pp. 64-65.

[7] Non firmato, in *Gazzetta di Modena*, 14 agosto 1946. Gli autori del delitto Giuseppe Artioli, Raul Reguzzoni e Alide Tonini, vengono condannati a 14 anni (di cui 5 condonati). Cfr. G. Fantozzi, *Vittime dell'odio*, cit., p. 94 e p. 150.

[8] Non firmato, in *Risorgimento Liberale*, 29 agosto 1946.

sta prampoliniano, ritiratosi a vita privata durante la dittatura, perderà anche il lavoro nell'amministrazione del Canale di Reggio. Noto per il suo rigore e per la sua mitezza, dopo il 25 aprile 1945 viene chiamato di nuovo a reggere le sorti del comune. Alle elezioni amministrative del 1946 è rieletto da una coalizione di comunisti e di socialisti. È pronto ad appoggiare il Pci ma, legato a *Critica sociale*, non china certo la testa alle imposizioni della dirigenza comunista al suo partito e rifiuta un ruolo subalterno ai compagni con falce e martello.

Il 26 agosto 1946[9] alle 22.30 sta leggendo, in poltrona, sotto il portico di casa. Due sconosciuti irrompono nella villetta e il primo cittadino viene trapassato da tre colpi di arma da fuoco. I killer sono così sicuri del fatto loro che, dopo averlo colpito, tornano sui loro passi per accertarsi di averlo ferito a morte e fanno fuoco contro la sorella del socialista, ma senza centrare il bersaglio.[10] Da tempo Farri aveva confidato ad amici e parenti di temere « di essere vittima di qualche imboscata ». E le sue giuste premonizioni traevano origine proprio dalla sua posizione riformista e antifusionista.[11]

[9] *Ibidem*.

[10] Cfr. le ricostruzioni del processo agli assassini di Ferioli accusati di aver ucciso due giorni prima il sindaco Farri in Non firmato, *Gazzetta di Modena*, 25 febbraio 1948 e in *l'Unità*, 20 agosto 1948; cfr. G. Fantozzi, *Vittime dell'odio*, cit. p. 94.

[11] Cfr. *Umberto Farri, testimone e martire riformista*, testo della commemorazione dell'on. Mauro Del Bue, Casalgrande, 26 agosto 1991, s.l., s.n., 1991: « Le due istruttorie (quella relativa a Farri e quella relativa a Ferioli) vennero unificate. Il codice di procedura penale dell'epoca prevedeva, per il reato continuato, la competenza del giudice del luogo ove si era verifcato l'ultimo delitto. Essendo questo luogo Casalgrande, il procedimento (su Farri e su Ferioli) venne avviato dal Tribunale di Reggio, poi gli atti furono avocati dalla sezione istruttoria del Tribunale di Bologna. Da quel momento si perde ogni traccia... Non venne mai svolto un processo e gli indiziati furono prosciolti già in istruttoria per insufficienza di prove. Questo avvenne solo per il procedimento relativo a Farri. Sul delitto Ferioli venne svolto, invece, un regolare processo a Modena nel 1948. Gli assassini di Ferioli vennero individuati nelle persone di Renzo Galli, Alberto Ternelli, Felice Bertoli... », p. 23. Cfr. anche I.

Gran « regista » di una serie di omicidi compiuti nella zona da ex partigiani risulterà essere poi il « piccolo padre », primo cittadino di Castellarano, Domenico Braglia. L'attività dell'ex comandante partigiano fu occultata per decenni, anche se non era sconosciuta ai leader comunisti emiliani.[12] A svelare i criminosi retroscena sarà Aldo Magnani, dirigente reggiano, uno dei fonda-

Basenghi, S. Pastorini, M. Storchi, *Umberto Farri nella storia di Casalgrande (1900-1946)*, Casalgrande, Tipografia La Rapida, 1987.

[12] A partire dalla denuncia degli anni Novanta degli scheletri nell'armadio nel triangolo rosso, il dibattito sui delitti in Emilia, sulla « doppiezza » togliattiana, sulla resa dei conti, sul rapporto antifascisti-ex fascisti si è arricchito di moltissimi interventi. Cfr. E. Baraldi « Walter », *Il delitto Mirotti. Ho pagato innocente. L'omicidio, il processo, il carcere*, Reggio Emilia, Tecnostampa, 1989; Idem, *Nulla da rivendicare. L'infanzia, la Resistenza, gli anni bui della persecuzione*, Reggio Emilia, Tecnostampa, 1985; G. De Luna e A. Mignemi (a cura di), *Storia fotografica della Repubblica sociale italiana*, Torino, Bollati Boringhieri, 1997; P. Di Loreto, *Togliatti e la « doppiezza ». Il Pci tra democrazia e insurrezione (1944-1949)*, Bologna, Il Mulino, 1991; M. Dondi, *La lunga liberazione. Giustizia e violenza nel dopoguerra italiano*, Roma, Editori Riuniti, 1999; L. Fanti e R. Maseroli Bertolotti, *Le ragioni dei vinti*, Fabbrico (Reggio Emilia), Centroffset, 1999; D. Gagliani, *Brigate nere. Mussolini e la militarizzazione del Partito fascista repubblicano*, Torino, Bollati Boringhieri, 1999; N. Gallerano (a cura di), *La Resistenza tra storia e memoria*, Milano, Mursia, 1999; L. Ganapini, *Repubblica delle camicie nere. I combattenti, i politici, gli amministratori, i socializzatori*, Milano, Garzanti, 1999; F. Germinario, *L'altra memoria. L'estrema destra, Salò e la Resistenza*, Torino, Bollati Boringhieri, 1999; A.M. Imbriani, *Vento del Sud. Moderati, reazionari, qualunquisti (1943-1948)*, Bologna, Il Mulino, 1999; O. Montanari, *Gli innocenti. Sentenze con le assoluzioni di Germano Nicolini ed Egidio Baraldi. Atti – dichiarazioni – memoriali – documenti*, Reggio Emilia, Tecnograf Editrice, 1998; G. Nicolini, *Nessuno vuole la verità. Il processo don Pessina*, Reggio Emilia, Dea Cagna Editrice, 1993; G. Oliva, *La resa dei conti. Aprile-maggio 1945: foibe, piazzale Loreto e giustizia*, Firenze, Giunti, 2000; N.S. Onofri, *Il Triangolo rosso (1943-1947). La verità sul dopoguerra in Emilia-Romagna attraverso i documenti d'archivio*, Roma, Sapere 2000, 1994; L. Paggi (a cura di), *Le memorie della Repubblica*, Firenze, La Nuova Italia, 1999; G.E. Rusconi, *Resistenza e postfascismo*, Bologna, Il Mulino, 1995; Idem, *Se cessiamo di essere una nazione*, Bologna, Il Mulino, 1993; P. Scoppola, *25 aprile. Liberazione*, Torino, Einaudi, 1995; N. Tranfaglia, *Un passato scomodo. Fascismo e postfascismo*, Roma- Bari, Laterza, 1996.

tori del Pci locale, che, già all'epoca delle esecuzioni efferate, aveva convocato Braglia a Reggio per dirgli «Basta!» (tra gli ultimi delitti ordinati dal «piccolo padre» vi era anche quello dell'avvocato Ferioli, di cui si è parlato nel capitolo precedente). Un mese dopo le sue denunce inascoltate, Magnani venne trasferito e questo sancì la sua rottura con la Federazione emiliana.

Anche Angelo Fini, il cui assassinio, al contrario di quello di Farri, è rimasto completamente sepolto nella memoria storica, temeva di essere il bersaglio di qualche attentato. A circa un mese di distanza dall'omicidio di Farri si verificava a Bologna la feroce esecuzione del quarantottenne proprietario di un negozio di biciclette e militante socialista, abituato a non nascondere i suoi orientamenti antifusionisti.[13] L'episodio è tra i più cruenti e le modalità dell'agguato dimostrano che i sicari operano nella convinzione di poter agire impuniti. Fini era già stato messo in allarme dalla presenza di persone ignote che nel mese di luglio si erano fatte sorprendere nell'officina di via Strazzacappe nei pressi del parco della Montagnola. Il commerciante aveva ripetutamente denunciato di sentirsi seguito e spiato. Il 16 settembre, Fini vede tre uomini aggirarsi alle 21.45 tra la sua abitazione e il negozio. Esce di casa e li affronta a viso aperto. I tre gli puntano le canne addosso e lo colpiscono al torace. Sentendo gli spari, la moglie, Maria Benuzzi, accorre e viene colpita alla testa da una pallottola. Proprio mentre sta passando una donna di trentasei anni, che potrebbe riconoscere gli assassini. Per questo diventa anche lei una vittima delgi aggressori e viene ferita all'addome. Trasportata in ospedale, morirà dopo qualche giorno. Anche Fini viene ricoverato: gli inquirenti sono convinti che egli conosca i suoi attentatori e cercano di fargli rivelare la loro identità. Ma il militante socialista nemmeno in punto di morte vuole fare i nomi degli assassini e dichiara di temere per la vita dei figli. La

[13] Non firmato, *Tre persone gravemente ferite da un bandito in via Galliera*, in *Giornale dell'Emilia*, 19 settembre 1946; Non firmato, *Angelo Fini e Maria Benuzzi sono morti all'ospedale*, in *Giornale dell'Emilia*, 20 settembre 1946.

polizia continuerà per molto tempo a battere la pista del delitto politico.[14]

Le morti dei compagni socialisti ostili al Pci non avvengono invano.[15] A questo punto i socialisti serrano i ranghi e si presentano compatti all'appuntamento con il partito amico. Nel giro di un mese si rinsalda il legame di ferro dell'unità d'azione, firmato da Sandro Pertini per il Psi e da Luigi Longo per il Pci. Il comunicato socialista con cui si rafforza il «patto di unità d'azione con i comunisti» segue le orme di analoghi accordi siglati in precedenza (il patto del 1934, del 1937, rinnovato dopo i fatti cruenti della *semana sangrienta*, l'intesa del 4 agosto 1943).[16] «I due partiti sono interpreti degli interessi e delle aspirazioni unitarie dei lavoratori»,[17] si dichiara, e si sono uniti per battere il comune nemico fascista.

Sono veramente i fascisti il nemico da fronteggiare? Oppure esistono ostacoli e avversari non esplicitamente dichiarati? Per tutto il 1946 sono sotto il tiro degli illegalismi quadri e militanti di partiti antifascisti e, progressivamente, il passo delle esecuzioni è sempre più svelto. Come sono individuati i bersagli?

Una circolare riservata della commissione elettorale della Federazione provinciale romana del Pci, emanata il 15 maggio del 1946,[18] indicava lo spartiacque segreto tra «amici» e «nemici». Si trattava di un testo ciclostilato di sette pagine. Il cahier di

[14] Non firmato, *Febbrili indagini sviscerano il fattaccio di via Strazzacappe. I funerali della vittima*, in *Giornale dell'Emilia*, 22 settembre 1946.

[15] Non firmato, *La psicosi del mitra nell'Emilia rossa*, in *Risorgimento Liberale*, 27 settembre 1946.

[16] M. Degl'Innocenti, *Storia del Psi*, vol. III, *Dal dopoguerra a oggi*, cit., pp. 4-5: «Al termine della riunione del 23 agosto 1943 fu eletta la prima Direzione del ricostituito partito... la scelta del nome Partito socialista di unità proletaria indicava al tempo stesso un elemento di continuità e un tentativo di rinnovamento della tradizione socialista».

[17] P. Tarso, *Ma le polemiche continuano*, in *Giornale dell'Emilia*, 27 ottobre 1946.

[18] Non firmato, *I comunisti hanno questa opinione dei loro compagni di strada*, in *Risorgimento Liberale*, 19 maggio 1946.

istruzioni era rivolto agli attivisti del partito per orientarli nella campagna elettorale e aiutarli a decifrare gli aspetti meno evidenti, il significato più vero delle varie liste in lizza nel Lazio. Intanto, tra le ventisette formazioni concorrenti, avvertiva la circolare, ne esistono alcune di meramente fittizie, gonfiate e create ad arte dai monarchici per generare confusione e far credere a un'imponente presenza dei sostenitori della casa reale. Poi vi sono le liste dei «reazionari», come quella dell'Uomo qualunque e il Blocco delle libertà, i cui appartenenti sono definiti fascisti, ladri, truffatori, latifondisti e comunque di dubbia moralità. A questi si aggiunge la Dc, considerata anch'essa un raggruppamento politico reazionario e nel novero dei partiti da azzerare. Nonostante il suo pronunciamento a favore della Repubblica, lo scudo crociato è indicato come sostanzialmente filomonarchico e De Gasperi è dipinto come un «fascista». Poi ancora c'è l'Unione democratica nazionale con Francesco Saverio Nitti, accusato di essere «tedescofilo» (in veste di presidente del Consiglio, fra il 1919-1920 si era opposto allo smembramento della Germania e alla politica delle riparazioni imposte dal Trattato di Versailles. Avversario del fascismo, alla fine della seconda guerra mondiale con il suo gruppo, l'Unione nazionale per la ricostruzione, sarà uno degli animatori dell'Unione democratica nazionale, d'ispirazione liberale, costituita in occasione delle elezioni per l'Assemblea costituente del 1946 e formata anche dal Pli, Partito democratico del lavoro). Tra le altre forze stimate non proprio benevole c'è pure il Partito d'azione. «Rappresenta gli interessi della piccola e media borghesia di sinistra e degli intellettuali. Ma soprattutto rappresenta anche gli interessi dell'alta finanza ebraica attraverso Ascarelli.»[19] Del gruppo politico di Parri, che tutelerebbe gli interessi commerciali e industriali della borghesia italiana, si dice che è sostenuto dalla «longa manus della finanza ebraica incarnata dai Piperno».

[19] Il ciclostilato si riferisce probabilmente a Tullio Ascarelli, docente universitario di diritto commerciale e aziendale, esule nel 1938, che collaborerà al *Mondo*. Cfr. H. Goetz, *Il giuramento rifiutato. I docenti universitari e il regime fascista*, Firenze, La Nuova Italia, 2000.

L'allerta, non per fare la rivoluzione, ma per stare bene in guardia, si estende a tutta la penisola. A Cosenza, Genova, Milano, Vercelli, le Federazioni comuniste distribuiscono agli iscritti del Pci, soprattutto agli ex partigiani, moduli prestampati dove bisogna firmare l'impegno ad accettare una speciale chiamata, con preavviso di ventiquattr'ore, qualsiasi dislocazione il comando riterrà opportuno assegnare.[20] Servono a convocare quanti vogliono dare la propria adesione alle spedizioni che pullulano per tutta Italia.

E insieme alle avventurose sortite, in cui non mancano le armi, arriva il concerto degli intellettuali pronti a tracciare l'identikit del nemico un tempo alleato.

Uomini senza qualità

Gli ex fascisti sono stati accolti nelle fila di tutti i partiti della neonata democrazia. Ma i liberali di sinistra riscontrano che le ex camicie nere si ritrovano in particolare sintonia con i compagni del Pci. Il bagaglio con cui gli ex fascisti sono approdati nel Partito comunista è l'ostilità all'«individualismo liberale».[21] Entrambi i totalitarismi, fascismo e comunismo, non amano i liberali. Messa da un canto la consonanza che si era avviata alla fine della guerra, le scaramucce fra *Risorgimento Liberale* e *l'Unità* sono destinate a diventare, a partire dall'inizio del 1947, sempre più frequenti. Così nel corsivo *Scrittori per massaie*,[22] il quotidiano di Pannunzio faceva dell'ironia su una folta delegazione di noti intellettuali, tra cui Corrado Alvaro, Massimo Bontempelli, Libero Bigiaretti, Guido Piovene, Cesare Zavattini, Francesco Jovine, che non si erano

[20] Non firmato, *I comunisti hanno questa opinione dei loro compagni di strada*, in *Risorgimento Liberale*, cit.

[21] Erasmo (pseudonimo di Luigi Einaudi), *Fisionomia del neofascismo*, in *Risorgimento Liberale*, 7 marzo 1947.

[22] Non firmato, *Scrittori per massaie*, in *Risorgimento Liberale*, 11 febbraio 1947.

sottratti ai favori del regime[23] ed erano pronti ad aderire all'appello del partito e delle massaie delle borgate romane. L'autore del corsivo rimproverava loro di comportarsi come ai tempi in cui indossavano la camicia nera e obbedivano in massa al diktat del Pnf. Ad Alvaro il giornale rammentava, come esempio di sottomissione, i suoi articoli in cui inneggiava al duce e alla bonifica delle paludi pontine. Il narratore a sua volta se la prendeva con la «stampa liberale, inorridita che uno scrittore e i suoi colleghi vadano a vedere come sta la povera gente».[24] Era tutto un susseguirsi di botta e risposta, uno scambio di punture e veleni. *Risorgimento Liberale* irrideva chi era passato dalle parate sotto il balcone del duce alle sfilate nelle borgate e *l'Unità* avvertiva, a sua volta, la necessità di rivelare il volto più frivolo dei suoi antagonisti. Mandava come inviato speciale nel mondo liberal un giovane comunista che l'ambiente lo conosceva fin da bambino, Maurizio Ferrara. Il giornalista, infatti, proviene da un'importante famiglia antifascista e liberale[25] ed è laureato in giurisprudenza come il padre, l'avvocato Mario. Ma opera su un opposto versante politico. Entra nei ranghi comunisti nel 1942 e si impegna nella Resistenza romana. Futuro direttore dell'*Unità*, senatore, saggista (*Conversando con Togliatti*[26] è uno dei suoi libri più noti), nonché cultore delle poesie in dialetto romanesco, per anni sarà segretario particolare di Togliatti. Con la sua penna ironica descrive l'ambiente culturale e politico liberal da conoscitore di tutti i suoi anfratti e dei suoi segreti, e lo racconta come un ancien régime segnato da una vena di corruzione e di decadenza. Il liberale tratteggiato da Maurizio Ferrara nelle sue inchieste per *l'Unità* non sdegna di trascorrere le sue serate in night club e sale da ballo.

[23] Su Alvaro e gli scritti dedicati a Mussolini cfr. M. Serri, *I redenti. Gli intellettuali che vissero due volte. 1938-1948*, Milano, Corbaccio, 2005, pp. 288-289; P. Battista, *Cancellare le tracce*, cit., pp. 134-136, 141-143.

[24] C. Alvaro, *La stampa liberale inorridita che uno scrittore visiti la povera gente*, in *l'Unità*, 12 febbraio 1947.

[25] Cfr. G. Ferrara, *Il fratello comunista*, cit.

[26] M. e M. Ferrara, *Conversando con Togliatti*, cit.

Come «il 57» di via Veneto, il primo locale notturno che riapre i battenti dopo l'arrivo degli Alleati.[27] Oppure il privé per intellettuali «le Pleiadi», frequentato da economisti liberisti come Giuseppe Ugo Papi, molto vicino a Luigi Einaudi e ad Agostino degli Espinosa. Qui si suona «Brazil» e si danza «Mexico Way», «l'odore è leggermente dissoluto ... è odore di cocaina e sui visi di alcune signore c'è un che di corrotto e l'aspettativa di qualche sottile e specifico rimedio contro la noia».[28]

Nel duello tra i giornali che rappresentano due universi impegnati in un braccio di ferro, non ci si ferma agli strali a suon di musica. Lo zelo da neofita impone dichiarazioni sopra le righe a chi, come Sibilla Aleramo, ha dato notevoli contributi nell'epoca littoria[29] e ora esalta la sua nuova famiglia politica: «Arriverà il tempo in cui l'umanità tutta intera sarà degna di essere sopra la terra... Vi parla miei compagni una che... si sente straordinariamente giovane, miracolosamente rinnovata perché questo titolo di compagna lei lo ha da poco tempo... da nemmeno un anno... e da allora è come se avesse acquistato un'altra famiglia... e incontra ogni giorno nuovi compagni tanto cari... È l'umanità che si afferma... tra il falegname e lo scienziato, tra il bracciante e il poeta, se si presentano col comune denominatore di compagno si stabilisce immediatamente una parità assoluta... una parità spirituale».[30] Il Pci, purché ci si rifugi nelle sue braccia, è veramente una nuova casa. Per essere ben accetti dai «partiti socialisti»[31] gli zelanti neofiti devono ricorrere all'acrobazia di rispolverare un bagaglio di presunti fascisti di sinistra per indicare la continuità delle proprie scelte. E il partito del Migliore in alcune circostanze è molto

[27] M. Ferrara, *Una notte al 57*, in *l'Unità*, 30 marzo 1947.

[28] M. Ferrara, *La giovane scuola liberale danza «Mexico Way»*, in *l'Unità*, 3 aprile 1947.

[29] Sulla partecipazione alle iniziative di regime di Sibilla Aleramo, cfr. M. Serri, *I redenti*, cit., pp. 31 e 287, e R. Ben-Ghiat, *La cultura fascista* (nuova edizione), Bologna, Il Mulino, 2004.

[30] S. Aleramo, *Vi parla una compagna*, in *l'Unità*, 19 settembre 1946.

[31] V. Zincone, *Il socialismo fascista*, in *Risorgimento Liberale*, 4 agosto 1946.

più ben disposto verso questi personaggi che non verso gli abitanti della casa comune antifascista.

A volte – come è ben rappresentato dal caso dell'Aleramo ma anche di tanti altri intellettuali confluiti sotto le bandiere rosse – per essere bene accolti non serve nemmeno avere un passato di fascisti di sinistra. Basta essere transitati direttamente dal fascismo al comunismo senza simpatie per l'antifascismo dei liberalsocialisti. Si fa autorevole interprete di questa posizione il cattocomunista Franco Rodano (che il 9 dicembre del 1945, a conclusione di un Congresso straordinario, ha sciolto il suo Partito della sinistra cristiana per confluire nel Pci),[32] complice il libro di Lucio Lombardo Radice, *Fascismo e anticomunismo*, da lui recensito.[33] Il suo obiettivo? Etichettare in maniera negativa e squalificare tutte le forme « altre » di antifascismo, elogiando chi ha traslocato senza soluzione di continuità dai gagliardetti al pugno chiuso. Rodano condivide la tesi del matematico e oppositore del regime secondo cui sarebbero esistiti due tipi di antifascismo, quello votato all'azione dei comunisti e quello attendista e inetto dei liberalsocialisti, mazziniani, idealisti. « A Roma durante il ventennio », Rodano chiosa così il testo di Lombardo Radice, « di antifascisti non ve ne erano ». In altri luoghi « idealismo, mazzinianesimo, socialriformismo, clericalismo potevano legarsi a movimenti obiettivi di antifascismo ». Ma « a Roma si rivelava la natura di attesismo e di passività di tutte le correnti di pensiero e sostanza anticomunista e non esiste infatti intellettuale romano che sia stato antifascista attivo e che sia, in modo aprioristico, anticomunista ». Essere antifascista e non alloggiare nei ranghi comunisti si configurava come una carenza, un vero e proprio limite. « Così là dove il fascismo aveva raggiunto la piena realizzazione del suo sistema ... dove aveva potuto imporre su tutte le cattedre la sua rozza ideologia ufficiale, e aveva potuto ridurre, nel torpore sociale, tutte le altre correnti di pensiero a un'opera obiettiva di fiancheg-

[32] F. Rodano, *Fascismo e anticomunismo*, in *l'Unità*, 2 febbraio 1947.
[33] L. Lombardo Radice, *Fascismo e anticomunismo*, Torino, Einaudi, 1946.

giamento e di rincalzo ... si verificava il rovesciamento dialettico». Nasceva «una cultura che non era ancora marxista» ma che era «nuova» in quanto criticava le altre «come insufficienti sul terreno dell'azione», ossia come «strumenti di contemplazione e non di trasformazione del mondo».[34] Meglio insomma essere stati sostenitori del mito fascista dell'«azione» e anche di aquile imperiali e fasci littori: chi ha portato il fez, con una capriola dialettica può mutare in comunista. In altre parole, secondo Rodano, il comunismo è consanguineo del fascismo capitolino, della Roma imperiale e ministeriale, della città del potere, del pescecanismo, del malcostume. Gli antifascisti «altri», che non hanno il culto dell'azione, occupano posti di seconda fila: i liberalsocialisti si sono infatti crogiolati nel loro antifascismo e hanno spesso dimostrato di voler praticare una loro indipendenza, di essere pronti a esprimere il loro dissenso e di essere in perenne conflitto con il Pci, sempre desiderosi di minare il rapporto tra comunisti e socialisti e di voler attingere consensi dal bacino dei compagni socialisti. Al contrario, paradossalmente, i nuovi adepti che vengono da un'esperienza in camicia nera e poi si sono convertiti al comunismo, pronti a cancellare le tracce del loro scomodo passato, finiscono per essere più accomodanti e per nulla recalcitranti di fronte alle scelte comuniste.

Rodano pone così una pietra miliare nel faticoso viaggio del Pci verso la definizione dei suoi avversari politici. Ma in questo percorso non è solo.

Gli uomini di qualità

Toccherà a due intellettuali di primo piano, a Carlo Muscetta, eminente italianista, nel gruppo dei «senatori» della casa editrice Einaudi, e a Concetto Marchesi, grande classicista, offrire un ulteriore contributo nella definizione del «nemico» da schiaccia-

[34] F. Rodano, *Fascismo e anticomunismo*, in *l'Unità*, 2 febbraio 1947.

re sotto il tallone del partito operaio. E contemporaneamente attribuire al Pci l'autorità pontificale di unico detentore delle chiavi di accesso e d'interpretazione della lotta di liberazione.

L'illustre professore di Avellino è un ex collaboratore di *Primato*, la rivista fondata dal gerarca fascista Giuseppe Bottai, firmatario delle leggi razziali. Il vivacissimo studioso è stato anche un teorico del nicodemismo e della dissimulazione onesta (prendendo spunto dal trattatello seicentesco di Torquato Accetto con questo titolo), ovvero della fronda praticata da lui e dalla stragrande maggioranza degli intellettuali italiani sotto il fascismo. Una fronda rivendicata in uno degli ultimi articoli di *Primato*, pubblicato in data 15 maggio 1943,[35] quando l'era delle dissimulazioni era arrivata al traguardo.[36] Successivamente aveva aderito al Partito d'azione e poi ancora al gruppo di Concentrazione repubblicana. I suoi toni molto accalorati di esaltazione dell'approdo comunista, l'ultimo lido da lui toccato, si spiegavano anche con la necessità di dover giustificare le svolte politiche negli ultimi anni. La testata *Italia libera*[37] non mancava di far dell'ironia su Muscetta e sulle frasi altisonanti con cui sbarcava sul nuovo lido politico. Ricordava che aveva battuto il primato italiano di «variabilità politica» in quanto aveva cambiato in «quattro anni quattro partiti: fascista, azionista, Concentrazione repubblicana e ora comunista... Il prof. Muscetta è giovane», continuava il giornale, «e perciò si presume che possa ancora migliorare la sua performance».[38]

In due puntate, su *l'Unità*, il professore si dilungava sulle ragioni della sua adesione: «È inammissibile che in questo sfacelo

[35] C. Muscetta, *La dissimulazione onesta di Torquato Accetto*, in *Primato*, 15 maggio 1943.

[36] Cfr. M. Serri, *I redenti*, cit., pp. 187-204.

[37] Il giornale del Partito d'azione, nato in clandestinità nel 1943 e che cessò le pubblicazioni nel 1947, cui collaborarono, fra gli altri, Eugenio Montale, Carlo Levi, Leo Valiani, Geno Pampaloni, Leone Ginzburg, Carlo Caracciolo, Cesare Musatti.

[38] La citazione è riportata nella rubrica (non firmata) «Archivio», in *Risorgimento Liberale*, 18 marzo 1947.

di società si possa scegliere il proprio posto con scarsa convinzione. Perché non è con questi apporti di mezze speranze e di fiducia condizionata che si rafforzano i partiti e le correnti ideali».[39] Al Pci, infatti, non si può aderire se non con dedizione totale e anche chi è vicino per affinità ideologica e culturale al partito di Togliatti, si trova a coniugare «libertà e socialismo e l'affacciarsi nei cieli limpidi dell'utopia». «In che misura», si chiede lo scrittore, «noi continuiamo ad aver paura del comunismo, non già per preoccupazioni economiche, ma per amore del quieto e anarchico ed egoistico vivere, per una in fondo vile volontà di sfuggire a un impegno estremo e diciamo pure totale di se stessi?»[40] Condividere gli obiettivi, le rivalse, le campagne politiche e culturali del Pci è un «fatto morale, etico», poiché la partecipazione purifica. E soprattutto trasforma in «uomini non qualunque».[41] È questo il segreto della «conversione» al Pci, per Muscetta, connotato dallo zelo non discreto del neofita che ha un passato da riscattare, che disegna il ritratto degli eletti, segnati da una diversità antropologica. L'intellettuale einaudiano trae ispirazione dall'incombente presenza dell'Uomo qualunque di Guglielmo Giannini. Ed è suggestionato anche dalla divisione ratificata da *Uomini e no* di Elio Vittorini, il romanzo della Resistenza,[42] in cui i «non uomini» che era legittimo far fuori erano nazisti e fascisti. Ma adesso la situazione è cambiata. Non è la lotta contro le svastiche e le aquile che accende gli animi e rende «uomini non qualunque», ma il rapporto con il Pci. Partito caratterizzato, sostiene Muscetta, da una superiorità «etica e morale» che appartiene tanto ai comunisti che ai loro sostenitori. Così sono apprezzabili gli ex fascisti che oggi credono nel Pci «con convinzione»[43] e i cui peccati sono stati cancellati dal passaggio attraverso il fonte

[39] C. Muscetta, *Perché sono nel Partito comunista. Risposta a certe domande. Parte I*, in *l'Unità*, 16 marzo 1947.
[40] *Ibidem.*
[41] *Ibidem.*
[42] E. Vittorini, *Uomini e no*, Milano, Bompiani, 1945.
[43] C. Muscetta, *Perché sono nel Partito comunista*, cit.

battesimale comunista, che toglie ogni macchia dal pedigree che si vuole antifascista.[44] Sono invece « uomini qualunque » gli antifascisti che non si riconoscono nell'area comunista. Sono immersi nella « restaurazione democratica ».[45]

A partire dalla geniale invenzione dello slogan coniato dall'italianista, la storia degli « uomini non qualunque » è destinata a coincidere con la vicenda degli intellettuali di sinistra del dopoguerra. Il prof. di Avellino non solo concede una patente di nobiltà all'intellighenzia e al popolo comunista, ma ne amplia il cerchio di influenza. Definisce l'area di un'egemonia culturale che ospita la categoria degli intellettuali-compagni di strada, di quegli « uomini non qualunque » che, pur dichiarandosi fuori dal Pci e dunque liberi da dogmi, da legami e obbedienza di partito, di fatto saranno i più battaglieri sostenitori delle cause comuniste. Lo slogan di Muscetta degli « uomini non qualunque » sarà l'accredito per parecchie generazioni di intellettuali comunisti e per i fiancheggiatori o simpatizzanti del partito con falce e martello, pronti proprio a riconoscersi e a sostenere con dovizia di mezzi le battaglie del Pci.

A rafforzare l'immagine degli « uomini di qualità » contrapposti « agli uomini qualunque » sarà anche un'altra tra le personalità più autorevoli della piazza comunista, l'impetuoso militante socialista e fiero repubblicano Concetto Marchesi, le cui parole sono destinate a segnare un'importante tappa nel lungo viaggio comunista per la conquista dell'egemonia culturale. Anche Marchesi aveva imboccato sotto il fascismo una « china umiliante »[46] e aveva qualcosa da farsi perdonare. Nonostante la famosa prolusione del 1° dicembre 1943 in cui Marchesi, allora rettore dell'U-

[44] P. Mieli, *La goccia cinese*, Milano, Rizzoli, 2002 e Idem, *Le storie, la storia. Dall'Atene di Alcibiade a oggi*, Milano Rizzoli, 1999, p. 312, in cui descrive il ruolo di « fonte battesimale » che si era autoassegnato il Pci nel dopoguerra.

[45] C. Muscetta, *Perché sono nel Partito comunista. Risposta a certe domande. Parte II*, in *l'Unità*, 18 marzo 1947.

[46] L. Canfora, *La sentenza*, Palermo, Sellerio, 1985, pp. 15-20.

niversità di Padova, aveva infiammato gli animi ed esortato alla lotta armata contro i nazisti e i fascisti della Rsi, anche su di lui e sulla sua integrità di antifascista nel ventennio emergeranno, nel dopoguerra, alcune ombre. Marchesi aveva reso il suo tributo al regime entrando nel novero dei milleduecentocinquanta accademici che nel 1931 si piegarono all'obbedienza littoria. Soltanto dodici rifiutarono il giuramento di fedeltà.[47] Successivamente il professore accettò un altro pesante compromesso: membro dei Lincei, in base al nuovo statuto dell'Accademia[48] del 1934 non si sottrasse a una nuova dichiarazione di fedeltà. In seguito alla fusione dei Lincei con l'Accademia d'Italia, si ritrovò membro di quest'ultima nella categoria degli aggregati.[49] Al contrario Croce – così vituperato da Togliatti per la sua complicità con il regime –, Gaetano De Sanctis, Vito Volterra e altri non vollero piegarsi e decaddero.

Marchesi sull'*Unità* difende a spada tratta il suo partito e la sua ideologia dall'accusa continuamente ripetuta di sostenere i regimi totalitari. Nega ogni somiglianza con il fascismo e rifiuta questa «sconcia mistificazione ... di confondere insieme per comodo inganno le due forze inesorabilmente nemiche che ormai si contendono le sorti della società umana: fascismo e comunismo, vale a dire, per meglio intenderci, capitalismo e comunismo».[50] Chi è il vero nemico? Muscetta ha stabilito che esiste un unico antifascismo di qualità, Marchesi contribuisce a definire il carattere più specifico dell'« altro». «Per la vastità e la profondità delle radici che lo generano il fascismo ha infinite possibilità di risorgere sotto molteplici aspetti. Oggi risorge con una maschera de-

[47] Cfr. l'esaustivo saggio di G. Boatti, *Preferirei di no*, Torino, Einaudi, 2000, che illumina sull'approdo comune di dodici personalità molto diverse per origine, carattere, modi di pensare, attitudini sociali. Cfr. anche H. Goetz, *Il giuramento rifiutato. I docenti universitari e il regime fascista*, cit.

[48] G. Belardelli, *Il ventennio degli intellettuali. Cultura, politica, ideologia nell'Italia fascista*, Roma-Bari, Laterza, p. 232.

[49] P. Battista, *Cancellare le tracce*, cit., pp. 99-102.

[50] C. Marchesi, *Parole sfortunate*, in *l'Unità*, 2 marzo 1947.

mocratica e antifascista che gli è indispensabile per riprendere la vecchia lotta anticomunistica».[51]

Il classicista si applica a un indimostrabile teorema, da questo momento mai più messo in discussione: la presenza diffusa del fascista che si maschera da antifascista. È iscritto nei ranghi dei fascisti, infatti, non solo chi si dichiara apertamente nostalgico del vecchio regime ma anche chi si mimetizza, porta sul viso una maschera da democratico e antifascista. I fascisti, insomma, possono essere ovunque. Chi diserta l'approdo comunista, anche se antifascista, rientra nella categoria del neofascista mascherato. Nel marzo del 1947, per Marchesi, i socialisti poco accomodanti con il Pci, i democristiani, i repubblicani, i liberali di sinistra, fingono di essere antifascisti, ma sono fascisti con la maschera. Il connotato infamante può investire non solo chi fa politica in prima persona, i militanti dei partiti politici, gli «addetti ai lavori», ma chiunque possa essere additato come appartenente all'indegna ed estesa categoria.

In questa battaglia infuocata, *l'Unità*, respingendo la somiglianza comunismo e fascismo, a sua volta accomunava quest'ultimo al liberalismo. *Risorgimento Liberale* partiva lancia in resta contro questa analogia: «Quando si sono identificati fascismo e comunismo come due aspetti formalmente diversi ma sostanzialmente identici del collettivismo totalitario si è toccato il vivo della questione... Meno comprensibile è il loro [dei comunisti] tentativo di mettere nello stesso calderone liberalismo e fascismo sotto lo specioso pretesto che sono tutti e due anticomunisti. Argomenti di questo genere sono perfettamente identici a quelli dello zoologo che volesse sostenere che essendo il cane e il topo entrambi nemici del gatto, il cane è un topo».[52]

Il giornale di Pannunzio, sempre in contrasto con *l'Unità*, faceva notare i punti di contatto «tra gli assassinii che si stavano verificando per tutto lo stivale e le violenze dei fascisti che ave-

[51] *Ibidem.*
[52] Non firmato, *Su due fronti*, in *Risorgimento Liberale*, 20 marzo 1947.

vano spianato la strada alla dittatura».[53] Sottolineava che il fronte dello scontro si stava sdoppiando. Da una parte c'erano le nuove forme di fascismo, la nascita del Movimento nazionale per la democrazia sociale (Mnds)[54] dell'ex qualunquista Emilio Patrissi e la costituzione del Movimento sociale italiano, nel dicembre 1946. E il fascismo rinato è subito preso di mira con i delitti clamorosi del gennaio 1947 che colpiscono Eva Macciacchini e Brunilde Tanzi, simpatizzanti dei movimenti di destra e propagandiste del giornale *Lotta fascista*.[55] Dall'altra però c'è la guerra contro gli uomini senza qualità, i falsi antifascisti. È proprio Marchesi che si occupa di indicarli come bersaglio. Allarga e precisa lo spettro dell'antifascista che nasconde il fascista. Al primo posto: « I quaccheri cristiani ed ebrei », al secondo « la santa alleanza capitalistica », al terzo « gli Stati Uniti d'America », al quarto la « Chiesa cattolica forza antiproletaria ».[56] Si avviava anche così l'offensiva contro gli organi di stampa considerati espressione di queste categorie. Iniziavano gli assalti e i roghi a tutta una serie di testate. I primi ad essere investiti della fiammata erano il *Giornale d'Italia*, il *Giornale della Sera*, il *Corriere della nazione*, *Italia nuova*, *Risorgimento Liberale.*

Il caso Luzzatto Fegiz. L'antisemita fascista mascherato

Nell'elenco degli avversari del partito di Togliatti, come testimoniano gli accalorati proclami di Marchesi e le avvelenate circolari a uso interno, c'è la longa manus della finanza ebraica, fino a pochi mesi prima spogliata di tutti i suoi averi e decimata da nazismo e

[53] M. Lupinacci, *Violenza, paura, stupidità*, in *Risorgimento Liberale*, 19 marzo 1947.

[54] G. Parlato, *Fascisti senza Mussolini. Le origini del neofascismo in Italia, 1943-1948*, Bologna, Il Mulino, 2006, p. 214.

[55] Cfr. G. Fasanella e G. Pellegrino, *La guerra civile*, Milano, Rizzoli, 2005

[56] Non firmato, *Intellighentia e intelligenza*, in *Risorgimento Liberale*, 5 giugno 1947.

fascismo. Avrebbero tutte le carte in regola, i superstiti da pogrom, razzie e campi di concentramento, per potersi dichiarare antifascisti. Ma sono antifascisti non benemeriti, che non rientrano nella classifica degli uomini di qualità. E allora si fruga tra le carte, si va a guardare nel passato (cosa che si evita di fare nel caso di tanti intellettuali confluiti nel Pci, che solo pochi mesi prima avevano il brigidino all'occhiello). Il 23 aprile 1947[57] *l'Unità*, da Trieste, dava notizia che «gli studenti triestini reagiscono con tafferugli e con l'occupazione dell'università a quella che considerano una provocazione del governo militare alleato: ovvero alla sostituzione con un colpo di mano dei militari del rettore esistente, il Cammarata, con il prof. Pietro Paolo Luzzatto Feniz [sic]».

Il triestino docente di statistica, fondatore della Doxa, assistente dal 1924 al 1928 di Gustavo Del Vecchio alla cattedra di economia, in stretto contatto con Luigi Einaudi,[58] così ricorda quei mesi del 1947. «Fu un anno difficile per la Doxa e faticoso per me. Io facevo regolarmente lezione ed esami a Trieste, ma appena possibile correvo a Milano e lavoravo accanitamente, per cercare commesse, per rendere più efficiente l'organizzazione centrale e periferica dell'Istituto, per redigere questionari e relazioni, e per escogitare sondaggi sui temi d'attualità, che dovevano procurarci pubblicità, se non quattrini. Fra gennaio e marzo feci una decina di volte il viaggio tra Roma e Milano. Il 19 aprile mi trovavo a Milano, e mi preparavo ad uscire per prendere la corriera diretta a Cervinia, quando telefonò da Trieste il col. Washburne, che nel governo militare Alleato aveva le funzioni di Ministro dell'Istruzione, per annunciarmi che sarei stato nominato Rettore dell'Università. Gli dissi che non mi pareva una cosa semplice, tenuto conto delle norme che regolano in Italia questa materia, e che comunque io stavo partendo per la montagna e che se ne sarebbe parlato al mio ritorno. A Cervinia trovai un magni-

[57] Non firmato, *Gli studenti triestini si barricano nell'Ateneo*, in *l'Unità*, 23 aprile 1947.

[58] Cfr. D. De Castro, *Un leader mitteleuropeo*, in *Il Piccolo*, 6 maggio 1992.

fico sole e feci delle splendide sciate ... Consideravo la mia designazione a Rettore dell'Università una semplice ipotesi.»[59]

La mattina del 22 aprile Luzzatto Fegiz ricevette una chiamata della moglie che, molto allarmata, gli comunicava che il governo militare alleato «aveva annunziato la mia nomina a Rettore (o Commissario) e la destituzione di Cammarata; e che questo atto era considerato in città un sopruso, che tutti mi erano ostili e che non potevo accettare. Risposi che non avevo avuto alcuna comunicazione ufficiale e che avrei deciso dopo averla ricevuta».[60] Intanto gli studenti erano confluiti in massa e avevano occupato l'università, mentre i professori si mobilitavano e stilavano mozioni di protesta. Considerato amico degli angloamericani, a loro volta stimati solidali più con gli slavi che con gli italiani, il professore veniva aggredito da gruppi di giovani. Il giorno dopo una breve nota annunciava che il «prof. Luzzatto Felisc [sic] ... ha inviato un telegramma al prof. Cammarata per comunicargli il suo rifiuto a succedere d'autorità a un collega regolarmente eletto».[61]

Secondo *l'Unità* vi erano però dei singolari retroscena in quella repentina assunzione al maggiore incarico accademico. E la posizione del professore «nominato a forza rettore è tutt'altro che chiara». Quali erano le motivazioni più segrete di quella nomina? «Sintomatico è il fatto», osservava il giornale fondato da Antonio Gramsci, che nel 1938 il professor Luzzatto, «israelita discriminato chiese di entrare a far parte della Commissione di studi razziali sorta allora a cura del Governo fascista». E questo «sembra l'unico merito che può aver spinto gli Alleati a preferirlo e a nominarlo rettore». Il professore sarebbe stato un fascista antisemita. Questo suo passato cementava l'amicizia con gli Alleati, considerati non ostili al fascismo ma nemmeno all'antisemitismo. Come corollario si aggiungeva che il professore

[59] P. Luzzatto Fegiz, *Lettere da Zabodaski. Ricordi di un borghese mitteleuropeo. 1900-1984*, Trieste, MGS Press, 2002.

[60] *Ibidem.*

[61] Non firmato, *Gli studenti triestini sono tutti in sciopero*, in *l'Unità*, 24 aprile 1947.

« ama giocare a golf e a tennis » e in quanto vicino agli Alleati si cimentava in questi sport nei loro circoli.[62]

Queste accuse contro lo statistico erano molto pesanti. Ma erano vere? Figlio di padre ebreo ma di madre « ariana », come si registrava in epoca fascista a seguito dell'emanazione delle leggi razziali,[63] e come rivelano i documenti d'archivio, non aveva fatto parte né chiesto di entrare nella commissione per la razza. Sposato con una cattolica, avendo battezzato i figli il professore chiedeva di essere esentato dall'uso del cognome Luzzatto sostituito da quello materno, Fegiz o Fegitz. Peraltro era anche firmatario di una lettera di protesta contro le leggi razziali insieme a Ettore Ovazza, sterminato insieme a tutta la sua famiglia.[64] Malgrado tutto ciò anche lui rientrava nel novero degli antifascisti da combattere. Un'altra categoria di « fratelli » da eliminare.

A far divampare ancor più quel fuoco fratricida, a scatenare i colpi di tosse o gargarismi togliattiani denunciati da Salvemini, sarà il complicato *affaire* dell'oro di Dongo e la contrastata rivelazione della vera identità del comandante Valerio.

La resistibile ascesa del comandante Valerio

È domenica mattina, 30 marzo. A Roma, scriverà *l'Unità* il 1° aprile 1947, davanti a un enorme palco adornato di bandiere con falce e martello appositamente eretto di fronte alla Basilica di Massenzio, si sono riuniti più di trentamila cittadini della Capitale.[65] Basco, cravatta, impermeabile, baffetti sottili, Walter Au-

[62] *Ibidem.*

[63] Acs, Min. Int., Demorazza, fascicoli personali, b. 345, f. Luzzatto Fegiz, professor Pier Paolo; cfr. anche Acs, Min. Int., Ps cat. A1, 1938.

[64] A. Stille, *Uno su mille*, Milano, Mondadori, 1990.

[65] Non firmato, *Audisio ha strappato la maschera ai calunniatori della Resistenza*, in *l'Unità*, 1° aprile 1947; V. Gorresio, *Del tesoro di Dongo rispondano i democristiani. Sensazionale atto d'accusa del colonnello Valerio nel comizio di domenica alla Basilica di Massenzio*, in *Risorgimento Liberale*, 31 marzo 1947.

disio, alias comandante Valerio, fiancheggiato dai due dioscuri, Pietro Secchia, e il segretario della Federazione comunista romana, Aldo Natoli, si accinge a salire sulla struttura eretta appositamente per lui. Audisio, come da giorni e giorni il tam tam della stampa ha preannunciato, si mostra in pubblico nelle vesti ufficiali di esecutore della sentenza di morte nei confronti di Mussolini. Ad aprire il comizio è il compagno e amico Piotr o «Botte», nomi di battaglia di Secchia, che ha condiviso con Audisio gli anni del confino a Ponza. Con la sua capacità oratoria Botte ricorda «le centinaia di migliaia di vittime degli infernali campi di Germania, le migliaia di donne, di giovani trucidati dai nazisti e dai fascisti in centinaia di villaggi italiani». Rammenta «gli eroi di via Tasso, i massacrati di tutte le camere di tortura, i partigiani ai quali le belve in camicia nera strapparono il cuore, i patrioti che appesero vivi agli uncini dei macellai».[66] Prosegue nel lungo elenco dei martiri e degli eroi, che inizia con Antonio Gramsci, continua con i fratelli Rosselli, dimenticando, per non concedere spazio alla longa manus ebraica, che le circolari del Pci stigmatizzano, di evocare leggi razziali ed ebrei protagonisti dell'olocausto.

Comunque il personaggio principale di quella giornata cui non manca qualche goccia di pioggia è solo lui, il comandante Valerio, «uno dei migliori combattenti della classe operaia», come ricorderà Secchia alla folla festante. Il comandante non rinuncia al piglio polemico e battagliero. «Dato che siete stati così gentili», si rivolge alla piazza, «da ascoltare questi fatti, permettetemi di fare un po' di polemica dal momento che non si vive di solo pane», riferisce Vittorio Gorresio nella sua cronaca su *Risorgimento Liberale*.[67] «Cominciamo a cogliere qualche margheritina», dice il colonnello strizzando l'occhio. «È caduto il mistero di Dongo. Ma è caduto sulla loro testa!», grida suscitando applausi e risate. Valerio sostiene la tesi che il cospicuo bottino di

[66] Non firmato, *Audisio ha strappato la maschera ai calunniatori della Resistenza*, in *l'Unità*, cit.

[67] V. Gorresio, *Del tesoro di Dongo rispondano i democristiani*, cit.

Dongo è finito nei forzieri della Dc. Infatti rivela che l'ingente quantità di monete, oro e così via che le camicie nere trasportavano nella fuga senza scampo era stata consegnata al partigiano Bill (Urbano Lazzaro) e da questi a Enrico Mattei nella « qualità di tesoriere del comando volontari della libertà presso il quale rappresentava la Democrazia cristiana ».

Nei mesi della Resistenza Audisio aveva mutuato il nome di battaglia da Lorenzo Valerio, politico piemontese, deputato e senatore, fondatore di settimanali come *Letture popolari* e *Letture di famiglia*, soppressi dalla polizia nel 1848, e del giornale *La Concordia*. Per prepare questa pubblica apparizione del colonnello Valerio, *l'Unità* aveva approntato una ricca messe di articoli e di resoconti biografici. Giorni prima della manifestazione capitolina, aveva pubblicato un santino biografico del compagno Audisio firmato Marino, intitolato *Colui che fece giustizia per tutti. L'uomo Valerio*,[68] dove Walter Audisio era celebrato per la sua famiglia operaia, onesta e modesta, per essere il primo della classe (« così di lui parlano compagni di studi e vecchi insegnanti, non sorridete »),[69] per essere stato impiegato esemplare e coraggioso comandante. Sempre sul giornale fondato da Antonio Gramsci, siglata questa volta proprio da Audisio, appariva a puntate, la *Missione a Dongo*.[70] Sia la biografia firmata Marino che il resoconto dei fatti di Dongo del colonnello Valerio erano a loro volta preceduti da un fuoco di fila di dichiarazioni di parte comunista in cui si rivendicava con orgoglio l'esecuzione di Mussolini, mentre ci si difendeva dall'idea di un eventuale « processo ai partigiani per i loro atti di guerra ». Di cosa si trattava?

Togliatti ribadiva la giustezza « dell'esecuzione sommaria di Mussolini e degli altri principali gerarchi, fatta da mani italiane e per decisione di organi di governo e militari italiani... uno dei più grandi, forse il più grande merito politico del movimento di

[68] Marino, *Colui che fece giustizia per tutti. L'uomo Valerio*, in *l'Unità*, 23 marzo 1947.

[69] *Ibidem*.

[70] W. Audisio, *Missione a Dongo*, in *l'Unità*, 25-26-27-28 marzo 1947.

liberazione nazionale verso la nostra patria».[71] *L'Unità* a sua volta affermava: «I partigiani sono stati i salvatori del Paese, che a loro deve quel poco di giustizia che viene oggi riconosciuta all'Italia in campo internazionale. Fare il processo ai partigiani per i loro atti di guerra o per atti da loro compiuti durante la liberazione è un inammissibile delitto contro la patria».[72] Era quindi Longo che per l'Anpi faceva chiarezza sulla spinosa questione dell'oro di Dongo. Il monumentale deposito di monete d'oro, lire, sterline, franchi, gioielli, brillanti, collane, pellicce, damigiane di fedi d'oro, e così via aveva viaggiato con Mussolini in fuga sugli autocarri della Flak. Longo spiegava che date le «circostanze in cui si effettuò il sequestro dei valori dei gerarchi non è possibile pretendere un rendiconto come si potrebbe esigere da un magazziniere di un reggimento in tempo di pace»[73] (il

[71] Non firmato, *Dichiarazioni di Togliatti sull'esecuzione di Mussolini*, in *Risorgimento Liberale*, 14 marzo 1947. Su *l'Unità* a partire dal 18 novembre 1945, sotto il titolo *Come giustiziai Mussolini*, era stata pubblicata la versione «ufficiale» dell'uccisione di Mussolini. Gli articoli, presentati da Luigi Longo, erano tratti da una «relazione del Colonnello Valerio». Sono ventiquattro articoli che si concludono il 13 dicembre 1945. Nell'introdurli Longo scriveva: «In queste pagine parlano i testimoni oculari e gli esecutori materiali della cattura e della fucilazione di Mussolini e dei suoi accoliti, parlano i patrioti che ricevettero dal Comando generale del Corpo dei volontari della libertà le missioni ufficiali che condussero a buon termine e di cui si riferisce. Perciò non racconti romanzati, non mistificazioni, ma la nuda e pura realtà narrata da chi la visse e in gran parte la creò. Questo posso affermare per la parte avuta nel comando generale delle Brigate d'assalto Garibaldi e del Cvl e per la conoscenza che ho dei fatti». Il 3 marzo 1947 il colonnello Valerio, nella sede romana dell'*Unità*, consegnava al giornalista americano John Pasetti questa dichiarazione: «Sì, sono io, il ragioniere Walter Audisio, sono il colonnello Valerio. Sono io che ho fucilato personalmente Mussolini». Il 22 marzo del 1947 la segreteria nazionale del Pci rilasciava un comunicato sull'*Unità* confermando che il «Colonnello Valerio» era il ragioniere Walter Audisio, il quale verrà eletto deputato dal 1948 in poi per alcune legislature nelle liste del Pci.

[72] Non firmato, *Presa di posizione del Pci sul leggendario «tesoro di Dongo»*, in *l'Unità*, 14 febbraio 1947.

[73] Non firmato, *Chiedono i conti ai partigiani? Facciamoli: il credito è di miliardi*, in *l'Unità*, 16 febbraio 1947.

tesoro, ma le testimonianze su questo punto sono spesso discordanti, comprendeva 1.045.880.000 lire e poi franchi svizzeri, dollari, franchi francesi, pesetas, sterline oro, marenghi oro, chili di lingotti d'oro, pietre preziose, gioielli e argenteria. A tutto questo si dovevano aggiungere le riserve della Rsi, i fondi dei ministeri, il denaro ritirato in diverse banche milanesi prima della fuga, il fondo personale di Mussolini, i 100 milioni incassati per la vendita della sede del *Popolo d'Italia*, i soldi ottenuti da Alessandro Pavolini per le sue Brigate nere – circa 340 milioni –, i patrimoni di ministri e funzionari e delle loro famiglie, la dotazione degli ufficiali tedeschi e il denaro da questi razziato in caserme e uffici, oltre all'imponente mole di documenti e all'archivio di Mussolini).[74]

A scatenare il confronto-scontro tra la stampa comunista e *Risorgimento Liberale* c'era dunque la sparizione dei cospicui beni trasportati da quella colonna infame. Ma non solo. Il tesoro si era volatilizzato e alla scomparsa era seguita una misteriosa catena di assassinii. A cominciare dagli omicidi dei partigiani garibaldini, del trentatreenne Neri (Luigi Canali), ufficiale che aveva combattuto sul fronte sovietico,[75] e della sua amica, Gianna (Giuseppina Tuissi), avvenente operaia milanese di ventun anni. Il capitano Neri e Gianna, nel municipio di Dongo, avevano steso l'inventario dei valori dei gerarchi fascisti e delle persone al loro seguito. Il lungo elenco era stato controfirmato anche dai partigiani Pedro (Pier Luigi Bellini Delle Stelle), comandante della 52ª Brigata Garibaldi, e da Bill (Urbano Lazzaro), vice comandante della stessa Brigata.

[74] Cfr. L. Garibaldi, *La pista inglese. Chi uccise Mussolini e la Petacci?*, Milano Ares, 2002; U. Lazzaro, *L'oro di Dongo. Il mistero del tesoro del duce*, Milano, Mondadori, 1995, p. 72 e sgg., in cui l'ex partigiano dichiara che Mussolini, quando venne riconosciuto e fermato, «era in possesso di una borsa di cuoio con lire 1.700.000, 160 sterline d'oro e documenti segreti»; cfr. anche S. Bertelli e F. Bigazzi (a cura di), *Pci, la storia dimenticata*, Milano, Mondadori, 2001.

[75] Su Neri e i suoi legami con i servizi segreti inglesi cfr. L. Garibaldi, *La pista inglese*, cit.

A Neri non erano mancate le avvisaglie che si stava attentando alla sua vita. Era stato convocato da Lino (Giuseppe Frangi), uno dei carcerieri di Mussolini, per una comunicazione urgente e segreta sui «pericoli che stava correndo», a un notturno e misterioso appuntamento. Il 5 maggio 1945, poco dopo le due di notte, in località il Puncett, sul lago di Como, Neri però trovava il cadavere di Lino steso da una raffica di mitra.[76] Due giorni dopo, come da avvertimento, era sparito proprio il «capitano Neri». Per questo «prelievo» si faceva il nome di Nicola (Dionisio Gambaruto), che, installatosi all'albergo Posta di Como, comandava una temutissima polizia del popolo con le mani sporche di sangue per abusi vari. Gambaruto a sua volta diventerà una delle «colonne» della Volante rossa e ne capeggerà numerose azioni. Dopo Gianna, che viene uccisa il 23 giugno mentre tornava in bicicletta da Dongo, il 4 luglio affiora il cadavere della sua amica Anna Maria Bianchi, freddata con un paio di colpi di pistola alla nuca; il 6 dello stesso mese scompare Michele, padre della Bianchi e noto comunista, il cui corpo emerge dalle acque dopo circa una settimana, e poi vengono assassinati Lina Chiappo, l'avvocato Achille Cetti e la moglie Noemi, Alfredo Veronelli e il colonnello Di Domenico, individuati tutti come testimoni scomodi.[77]

[76] U. Lazzaro, *L'oro di Dongo. Il mistero del tesoro del duce*, cit., p. 235.

[77] La pubblica accusa al processo che si svolgerà a Padova a partire dal 29 aprile 1957 – 37 imputati, 300 testimoni, 50 parti offese, decine di giornalisti italiani e stranieri (*Life*, *Time*, *Associated Press*, *Reuter*, *New Chronicle*, *France Soir*, *Le Monde*, ecc.) – indicava come autori del trafugamento del tesoro e degli omicidi una trentina di partigiani. Tra i principali accusati c'erano Dante Gorreri detto «Guglielmo», emiliano, idraulico, segretario della Federazione comunista di Como, deputato del Pci di Parma e Pietro Vergani, nome di battaglia «Fabio», senatore del Pci di Pavia, già ispettore delle Brigate Garibaldi in Lombardia; a loro si aggiungevano Michele Moretti, in guerra «Pietro», commissario politico della 52ª Brigata Garibaldi e Urbano Lazzaro, ovvero «Bill», che identificò e arrestò Mussolini e altri. L'istruttoria era iniziata undici anni prima. Nel frattempo Gorreri, in detenzione preventiva, era stato eletto deputato nel giugno 1953 nelle liste del Pci. La richiesta di autorizzazione a procedere contro il neo onorevole provocherà un rinvio del dibattimento. Nell'agosto del 1957 si verificava inoltre un fatto imprevisto: uno dei giudici popolari della

Un altro delitto andava ad aggiungersi a questa sequenza: a partire dal novembre del 1946, il direttore del *Meridiano d'Italia*, Franco De Agazio, si stava occupando del complicato *affaire* dell'oro di Dongo e di questa catena di morti. Anche il giornalista faceva una brutta fine, freddato il 14 marzo 1947[78] con due colpi di pistola al cuore e un terzo al basso ventre da un commando costituito da un giovane magro con un impermeabile chiaro, da un altro basso e tarchiato e da un terzo meno riconoscibile e dall'aspetto più anonimo. Giornalista della *Stampa* durante la Rsi, De Agazio era stato detenuto per collaborazionismo a San Vittore e poi era entrato nel novero dei beneficati dall'amnistia di Togliatti.[79] Il *Meridiano d'Italia*, voce dei nostalgici del ventennio[80] (come *La Rivolta Ideale* di Giovanni Tonelli), creato da De

Corte si suicidava. Rinviato a data da destinarsi, il processo non veniva portato a compimento e ai due maggiori imputati, l'on. Gorreri e il senatore Vergani, veniva applicata l'amnistia prevista dal decreto del 4 giugno 1946.

[78] Cfr. G. Fiori, *Uomini ex: lo strano destino di un gruppo di comunisti italiani*, Torino, Einaudi, 1993, p. 92.

[79] Su F. De Agazio cfr. V. Paolucci, *I quotidiani della RSI*, Urbino, Argalia, 1987, p. 388.

[80] G. Parlato, *Fascisti senza Mussolini*, cit. Secondo quanto scriveva Concetto Pettinato nel 1951 (*In principio era il verbo*, 5 agosto), il *Meridiano d'Italia* vendeva oltre 50.000 copie alla settimana. Tra i periodici neofascisti, il più diffuso era il settimanale *Asso di Bastoni*, diretto da P. Caporilli, che raggiunse una tiratura di 100.000 copie; cfr. P.G. Murgia, *Ritorneremo!*, Milano, Sugarco, 1976, p. 106; M. Revelli, *La destra nazionale*, Milano, Il Saggiatore, 1996, p. 14. All'attività di proselitismo dei periodici d'area si affiancava quella svolta dai gruppi clandestini, in particolare i Fasci d'azione rivoluzionaria (Far), che sorsero soprattutto a Roma e Milano e si segnalarono per azioni dimostrative, come la momentanea «presa» della stazione radio di Monte Mario a Roma e il trafugamento della salma di Mussolini dal cimitero di Musocco. Lo stesso De Agazio, secondo un rapporto del questore di Roma alla magistratura del 27 agosto 1950, era membro del «senato», il gruppo di ex gerarchi che avrebbe diretto l'attività del neofascismo clandestino negli anni tra il 1945 e il 1947. Cfr. A. Baldoni, *La Destra in Italia. 1945-1969*, Roma, Pantheon, 2000, p. 93. Per una testimonianza «dall'interno» sui Far, cfr. M. Tedeschi, *Fascisti dopo Mussolini. Le organizzazioni clandestine neofasciste 1945-1947*, Roma, Settimo Sigillo, 1996, pp. 31-55.

Agazio, aveva come sottotitolo «Settimanale politico della produzione e del lavoro» ed era uscito per la prima volta a Milano il 3 febbraio 1946.[81] Vi collaborava, nei primi anni della pubblicazione e in forma anonima, l'ex ministro dell'Economia corporativa e della produzione industriale della Rsi, Angelo Tarchi. Il caporedattore Franco Maria Servello, nipote del direttore, gestirà il giornale dal marzo 1947 fino al 1961, quando cesserà definitivamente le pubblicazioni.[82]

Sul *Meridiano d'Italia*, l'ex repubblichino era sulle tracce del tesoro trasportato dai camion dove si trovavano, oltre a Mussolini e alla Petacci, Goffredo Coppola,[83] rettore dell'università di Bologna e presidente dell'Istituto nazionale di cultura fascista, il prefetto Luigi Gatti, il ministro della Cultura popolare, Fernando Mezzasoma, il ministro degli Interni, Valerio Paolo Zerbino, Nicola Bombacci, Alessandro Pavolini, comandante delle Brigate nere e segretario del Partito fascista repubblicano, e altri. Pavolini rifiuterà di arrendersi e cercherà di fuggire immergendosi nelle acque del lago di Como. Sarà catturato dai partigiani a tarda notte sulle rive del lago, grondante di acqua, ferito e allo stremo delle forze e verrà fucilato la mattina dopo. Il suo cadavere ciondolerà a testa in giù a fianco di quelli di Claretta Petacci e Mussolini a piazzale Loreto.

[81] Al periodico milanese, nel corso dei suoi quindici anni di attività editoriale, collaboreranno: Concetto Pettinato, Giorgio Pini, Giorgio Almirante, Filippo Anfuso, Rodolfo Graziani, Emilio Canevari, Bruno Spampanato, Ezio Maria Gray, Edmondo Cione, Carlo Silvestri, Julius Evola, Giorgio De Chirico, Carlo Costamagna, Pino Romualdi, Angelo Tarchi, Piero Pisenti, Ernesto Massi, Ugo Franzolin, Marco Ramperti, Mario Tedeschi, Umberto Guglielmotti, Edgardo Beltrametti, Giorgio Pisanò, Piero Operti e Massimo Rocca.

[82] A. Tarchi, *Come nacque il Meridiano*, in *Meridiano d'Italia*, 5 febbraio 1956.

[83] L. Canfora, *Il papiro di Dongo*, Milano, Adelphi, 2006. Il bellissimo racconto di Canfora è dedicato a Coppola, di cui descrive la formazione scientifica e culturale, l'ascesa nel regime, il ruolo di corsivista del *Popolo d'Italia* violentemente antisemita, e la scelta di rimanere a fianco dei gerarchi della Repubblica sociale fino alla morte a Dongo.

«L'affare di Dongo ha avuto origine da un'inchiesta fatta da alcuni giornali del Nord», spiegava *Risorgimento Liberale*,[84] commentando l'uccisione del giornalista. L'indagine, continuava il quotidiano, riguardava soprattutto l'assassinio degli ex partigiani che per varie vie erano a conoscenza dei misteri di Dongo. «Di questa vicenda si stava occupando l'autorità giudiziaria competente, e si sarebbe dovuto attendere l'esito della procedura in corso». E invece cosa succede? Il Pci sostiene «una tesi stravagante e inopportuna... quella di vedere nella procedura in corso un tentativo reazionario e fascista di fare un processo alle forze della Resistenza».[85] I comunisti spostano la battaglia dal terreno giudiziario a quello politico, si indignano i liberal di Pannunzio. Qual è il punto della contesa? «Col voler precludere l'indagine giudiziaria sugli eventuali colpevoli, [i comunisti] danno l'impressione al pubblico che essi temono che luce sia fatta... l'affare di Dongo diventa, per volontà degli stessi comunisti, un tema politico di battaglia anticomunista.» Chi secondo il Pci poteva essere l'unico giudice della faccenda? «Giudice competente ed esclusivo dei partigiani era il comando dell'Anpi e poiché da questo comando nessuna lagnanza era pervenuta, ed esso nulla aveva denunciato, l'autorità giudiziaria non doveva impicciarsi in fatti che non la riguardavano.»[86] Come mai tanta resistenza dell'Anpi e del Pci a far luce sulla macabra catena dei delitti secondo i percorsi della giustizia ordinaria?

Inizialmente, *l'Unità* aveva provato ad attribuire l'uccisione del direttore del *Meridiano d'Italia* al neofascismo clandestino. Si sosteneva che il giornalista tessesse strane trame con il marchese Puccio Pucci, avvocato e dirigente sportivo che, nel marzo del 1944, era stato nominato dalle autorità della Rsi, presidente del Coni. Il nobile sarebbe stato depositario di una grossa somma di

[84] Non firmato, *È stato assassinato a Milano per l'affare di Dongo un giornalista informatissimo*, in *Risorgimento Liberale*, 15 marzo 1947. Cfr. F. Auciello, *L'oro di Dongo? Fu usato bene*, in *Diario*, 22 aprile 2005.
[85] P. Gentile, *L'affare di Dongo*, in *Risorgimento Liberale*, 21 marzo 1947.
[86] *Ibidem*.

denaro consegnatagli appositamente dai gerarchi di Salò allo scopo di riorganizzare il fascismo.[87] De Agazio ne stava dando notizia. Una pista, questa delle uccisioni tra neofascisti, che non era avvalorata da alcuna prova.

A seguito del clamore suscitato dall'omicidio, il Pci rendeva ufficialmente nota l'identità dell'uccisore di Mussolini. Ma il giorno stesso in cui era reso manifesto con grande eco il nome di Audisio, *l'Unità*, tramite la penna del suo direttore, Pietro Ingrao, ribadiva molto duramente un concetto già affermato. Non negava esplicitamente che i partigiani comunisti fossero implicati nei delitti ma sosteneva la tesi di un complotto. Tutti quelli che si esprimevano in termini di «massacro di Dongo»[88] erano nemici dichiarati della Resistenza e dell'antifascismo. Ingrao allungava mazzate sui liberali di Pannunzio, rei di rappresentare «i liberali già compari di Mussolini» e oggi «ipocrite vestali della democrazia».[89] Li chiamava ancora le «vestali inascoltate dal popolo italiano e messe a tacere e in minoranza» sia sulla «questione di Trieste sia sui fatti dell'Emilia».[90] *Risorgimento Liberale*, a sua volta, si chiedeva perché – dal momento che nella vicenda di Dongo non erano state riscontrate delle irregolarità – fossero stati uccisi i principali testimoni. «Ma allora non ci si spiega come mai ci sia stato un così grave allarme dinanzi al pericolo di rivelazioni, da indurre alla soppressione di testimoni o complici loquaci.»[91] Per questo interrogativo sollevato da *Risorgimento Liberale* non c'era risposta. Solo l'accusa di essere solidali con i neofascisti. Il quotidiano di Pannunzio obiettava: «Ci dica quanti liberali figurano tra gli assassini dell'Emilia, dove un'insabbiatissima inchiesta governativa ha identificato 137 colpevoli comunisti, ci dica se per caso erano liberali gli assassini dei parroci o gli autori dei fatti di

87 Non firmato, *Più di trenta fermi per l'uccisione di De Agazio*, in *l'Unità*, 18 marzo 1947.

88 P. Ingrao, *Schiaffo sulla guancia*, in *l'Unità*, cit.

89 *Ibidem.*

90 *Ibidem.*

91 P. Gentile, *L'affare di Dongo*, cit.

Caulonia e di Andria. Ci dica se sono liberali gli autori delle violenze nelle elezioni sindacali ».[92] Iscritto nell'album di famiglia del neofascismo per aver chiesto di far luce sui delitti di Dongo, il giornale entrava nella lista nera dei nemici anticomunisti. Felice Platone, curatore – nonché censore di molte pagine sotto la supervisione di Togliatti – della prima edizione delle *Lettere dal carcere* di Antonio Gramsci,[93] pochi giorni dopo tuonava contro *L'industria della menzogna.*[94] A questa davano il loro apporto *Il Messaggero*, *Risorgimento Liberale*, *Il Giornale d'Italia.*[95]

La reazione alle denunce del giornale di Pannunzio era estremamente dura e determinata. Come mai?

Il comandante Valerio aveva all'apparenza una limpida biografia di antifascista. Per la sua attività clandestina di oppositore del regime era stato condannato a cinque anni di confino a Ponza. « Appare di carattere fermo, volitivo, di indole non cattiva. È educato e rispettoso... », così lo descrive un verbale della prefettura di Alessandria del 6 giugno 1934, « verso la fine del 1932 e nei primi mesi del 1933 si ebbero le prime avvisaglie di un movimento comunista in Alessandria con il rinvenimento di fogli di propaganda comunista proprio nello stabilimento Borsalino Giuseppe e F.llo dove era occupato l'Audisio ... Il 14 maggio 1934 unitamente ad altri è stato arrestato e interrogato. Perché costrettovi dalla evidenza delle prove già raccolte a suo carico ha confessato di essere il compilatore a macchina dei cliché di tutti i fogli di propaganda comunista diffusi in questa città ed in altre località della Provincia dal dicembre 1932... »[96] Così Audisio era stato destinato al confino a Ponza, dove era stato raggiunto, nell'aprile

[92] Non firmato, *Su due fronti*, in *Risorgimento Liberale*, 20 marzo 1947.

[93] A. Gramsci, *Lettere da carcere*, Torino, Einaudi 1947, a cura di F. Platone, ordinatore anche dei *Quaderni del carcere*, Torino, Einaudi, 1948-1951.

[94] F. Platone, *L'industria della menzogna*, in *l'Unità*, 18 maggio 1947.

[95] Acs, Cpc. Min. Int., Direzione Generale della Ps, b. 214, f. Audisio Walter.

[96] W. Audisio, *In nome del popolo italiano*, Milano, Nicola Teti Editore, 1975, p. 93.

1936, da Pietro Secchia. Un leader capace, secondo Audisio, di imprimere «un ritmo diverso all'attività politica e culturale dei vari gruppi di compagni».[97] Nella biografia pubblicata sull'*Unità* nel 1947,[98] a firma Marino, si narrava che Audisio era tornato ad Alessandria nel giugno 1939, dopo aver scontato la pena. La vita del futuro comandante Valerio dopo il rilascio dal confino era quella di un «sorvegliato braccato senza tregua ... visse alcuni mesi di disperazione e di disoccupazione ... 'Ci nutrivamo, la mia compagna e io, di latte e di patate lesse', racconta sorridendo».[99] Una sera però un amico lo informò che ai vertici della Federazione degli agricoltori c'era un ex compagno di scuola. Walter andò a bussare a quella porta. «Tu sei un fascista, io sono un comunista; ma io ti scrivevo i compiti all'Istituto tecnico, ricordi?» Alla chetichella, continua l'articolo, il ragioniere «fu assunto come avventizio per l'ufficio contributi agricoli... di lì passò all'ufficio distrettuale delle imposte ... gli industriali della città che conoscevano le sue doti eccezionali gli aprirono le porte delle loro aziende. Se lo contesero».[100] Il comunista, a cui gerarchi e industriali riconoscevano «doti eccezionali», passò da 900 lire al mese a 1500 lire, divenendo capo ufficio contabile. «Allo scoppio della guerra lavorava in un ditta censita dal fabbriguerra cosicché fu esonerato dai richiami alle armi»,[101] racconta Marino del suo personaggio.

In questa versione riportata dal giornale del Pci sono veramente tante le circostanze fortunate e i singolari benefici che il sovversivo Audisio ottiene dal fascismo. Una rapidissima ascesa professionale tutta per «meriti» con capi generosi e attenti alle sue qualità che se lo contendono per le sue doti di ragioniere. Ma non basta. Tra i vantaggi che riceve c'è anche quello di essere esonerato dalla partecipazione alla guerra e dall'invio al fronte. Succes-

[97] Marino, *Colui che fece giustizia per tutti. L'uomo Valerio*, cit.
[98] *Ibidem.*
[99] *Ibidem.*
[100] *Ibidem.*
[101] *Ibidem.*

sivamente, il comandante Valerio nell'autobiografia, *In nome del popolo italiano*,[102] pubblicata a metà degli anni Settanta, amplierà e approfondirà alcuni punti non secondari di tutta questa sua *vie en rose* sotto la dittatura. Valerio descriveva in maniera dettagliata le sue peripezie sotto il fascismo, i suoi rapporti con il compagno Longo (il leggendario Gallo della guerra civile spagnola, «sobrio nel vestire come nel parlare, figura di libero professionista, piccoli baffetti neri, occhi vivacissimi»), con il compagno Amendola («figura eretta e dignitosa nei vestiti superiori, dal cappello al cappotto, con i pantaloni inzaccherati e sbrindellati come un barbone»)[103] e poi la partecipazione alla Resistenza e l'esecuzione del duce.

Offriva anche particolari sulla fine della detenzione a Ponza. Non era terminata con l'esaurimento della pena. A marzo del 1939, raccontava Audisio, mentre era ancora al confino sull'isola, sua moglie riceveva dalle autorità carcerarie la notizia che la richiesta «di autorizzazione di visitare il marito non è stata accolta, per la cattiva condotta serbata dal confinato in colonia».[104] Audisio era considerato un soggetto in punizione permanente. Però poco tempo dopo il militante comunista presentava al ministero dell'Interno la domanda per poter essere operato d'appendicite presso la clinica Crespi di Alessandria. Il sospirato permesso di partire arrivava il 1° giugno. Giunto ad Alessandria e avendo trovato la moglie gravemente ammalata, ricorda sempre Audisio, si presentava al benevolo questore Luigi Alloati di Torino. Gli comunicava che non si sarebbe fatto operare fino al momento in cui non avesse saputo che la situazione della compagna della sua vita si fosse risolta. «Col mio fermo atteggiamento non esistevano che due soluzioni: o il mio immediato rinvio in colonia, oppure il tentativo di guadagnare tempo. La scelta venne fatta in questo senso: la domanda al ministero dell'Interno – sezione confino politico – partì alcuni giorni dopo e rimasi in attesa di comuni-

[102] W. Audisio, *In nome del popolo italiano*, cit., p. 121 e sgg.
[103] *Ibidem*.
[104] *Ibidem*, p. 124.

cazioni ... Il 15 giugno potei finalmente trarre mia moglie dal triste luogo della comune sofferenza e adagiarla nel letto di casa ... Già il mattino del 20 giugno mi presentavo agli uffici della 'Borsalino' per chiedere la mia riassunzione».[105]

Il compagno Walter saltava, in questa nuova versione, alcuni passaggi fondamentali della sua vita: il «buon» questore fascista si convinceva delle sue ragioni e il 20 giugno, divenuto di nuovo un uomo libero, come se niente fosse stato poteva chiedere la sua riassunzione presso la fabbrica di cappelli dove aveva lavorato e dove peraltro aveva pure fatto propaganda antifascista. Non ottenendo di essere riammesso al suo posto, incontrava per caso il vicefederale, ex compagno di scuola che, «commosso»[106] dal resoconto delle sue sventure, lo reintroduceva nel mondo del lavoro in cui l'antifascista conquisterà una posizione di notevole benessere.

Audisio dimenticava in entrambe le testimonianze, in quella a firma Marino sull'*Unità* e in quella nel volume autobiografico, di raccontare un episodio non secondario per il suo reinserimento e per la carriera successiva. «Trasmetto l'istanza del confinato in oggetto, tendente a ottenere una licenza per recarsi ad Alessandria, onde essere ricoverato, a proprie spese, nella Clinica Crespi e sottoporsi ivi ad atto operatorio di asportazione dell'appendice... Segnalato fino ad oggi fra i comunisti più convinti della Colonia, in questi ultimi tempi cerca di distaccarsi dal gruppo dei compagni di fede, e dimostra seri propositi di redenzione ... Egli ha dichiarato che una volta ottenuta l'invocata licenza, inoltrerebbe, da Alessandria, unitamente alla moglie, una domanda di grazia o di commutazione dei rimanenti dieci mesi di confino, facendo abiura dei principi politici professati finora.»[107] Il documento porta la data del 16 maggio 1939. Il comandante Valerio

[105] *Ibidem*, p. 132.
[106] *Ibidem*, p. 133.
[107] Acs. On. Min. Int., Direzione Generale della Ps, Confino Politico, num di prot. 011074, 16 maggio 1939 in Ags Confinati politici, b. 43, f. Audisio Walter.

già da prima dell'operazione all'appendicite si era preparato fin dai primi di maggio all'abiura dei suoi principi di comunista. Dimostrando rifiuto e distacco dai compagni aveva rapidamente spianato il terreno per la domanda di grazia. Solo dopo l'assicurazione scritta che il detenuto avrebbe avanzato domanda di grazia, il regime, che con i suoi confinati non era certo benevolo né si preoccupava eccessivamente del loro stato di salute, rilasciava il nulla osta per l'operazione di appendicite ad Alessandria. E lo faceva il 25 maggio.[108] I carabinieri di Alessandria registravano che «il sottotenente di complemento in congedo Audisio Walter per atto di clemenza del duce è stato dimesso dalla colonia di confino di Ponza, prendendo domicilio in via Lungo Tanaro 35, Casa Ceva» il 10 luglio 1939. Stando alla versione degli anni Settanta in quel momento l'attivissimo e fortunato Audisio aveva addirittura già trovato un lavoro. Si riaffaccia la storia dell'incontro fortunato con una serie di ex scolari che frequentavano la stessa classe. Il 28 giugno si imbatteva in un'ex compagna di scuola che lo raccomandava a un ex allievo della stessa scuola, il commendator Enrico Barbieri, a cui Audisio, bravo studente, passava i compiti. Barbieri era, nel frattempo, diventato un pezzo grosso in camicia nera, vicefederale della Federazione agricoltori. I mesi in cui Audisio, secondo la versione dell'*Unità* del 1947, era un «sorvegliato braccato senza tregua» e mangiava con la moglie latte e patate, nell'autobiografia degli anni Settanta si riducono a una manciata di giorni. Infatti: «Il 30 giugno potevo finalmente gridare vittoria. Prima vittoria di un assetato di lavoro. Venivo assunto come 'giornaliero avventizio' presso l'ufficio contributi agricoli alla favolosa paga di otto lire al giorno».[109] Da questo illustre trampolino di lancio fascista, che insieme alla domanda di grazia era un'onta di non poco conto per i compagni comunisti, prenderà avvio la serie dei suoi lavori molto gratificanti e soprattutto straordinariamente ben remunerati. Che iniziano con l'im-

[108] *Ibidem.*
[109] W. Audisio, *In nome del popolo italiano*, cit., p. 133.

piego «precario» all'ufficio distrettuale delle imposte e proseguono sempre sostenuti da straordinarie combinazioni. Assunto in una ditta di macchine agricole, il ragioniere si rivela una mente economica. Avvia vari traffici bancari con il Credito italiano e la Banca commerciale italiana. La sua escalation prosegue ed eccolo occupare un posto da capo ufficio, con lauti guadagni. Tutte occasioni che, veramente, la sorte non offriva ad altri ex confinati. Così, per esempio, Andrea Molinari, che aveva condiviso con Audisio la detenzione a Ponza, andava a bussare alla porta dell'amico. Sebbene libero e in circolazione da due anni non era riuscito a trovare uno straccio di lavoro. Guarda caso, non riusciva a procurarglielo presso la sua stessa azienda nemmeno Audisio, dal momento che, come riconosce Walter medesimo, per gli antifascisti le porte, durante la dittatura, non erano proprio aperte.[110] Audisio, invece, tramite la sua «abiura», era riuscito a rifarsi una verginità. Dalla fine del 1946 al momento in cui verrà rivelata la sua vera identità, cominceranno a diffondersi le voci sulla reale motivazione che poteva spingere lo stato maggiore comunista a tenere segreto il nome di Valerio. Per il giustiziere di Mussolini si sarebbe potuto delineare all'orizzonte addirittura un processo epurativo[111] per «carrierismo, profittantismo e malcostume corporativo fascista». Insomma, come delineava *Risorgimento Liberale*, si profilava la possibilità di una denuncia per tutte quelle singolari occasioni che la sorte gli aveva fatto piovere provvidenzialmente addosso. Se proprio l'esecutore di Mussolini si rivelava un cavaliere con alcune macchie, veniva a cadere il castello di carte degli uomini di qualità, degli eletti, della razza superiore di antifascisti, svaniva e si dissolveva l'identificazione tra Pci e antifascismo come suo «doppio». Con l'uomo più rappresentativo del Pci gravato da compromissioni, abiure e trame oscure che lo legavano al passato fascista.

Il «caso Audisio» verrà comunque dimenticato e messo tacere

[110] *Ibidem*, p. 154.
[111] Senza firma, nella rubrica «Archivio», in *Risorgimento Liberale*.

dal precipitare degli avvenimenti successivi. Proprio a partire dalle possibili rivelazioni sulla vicenda di Audisio e dagli interrogativi senza risposta sui delitti di Dongo, il tiro della violenza si alza in maniera incredibile. Ingrao aveva ben detto: tutti quelli che si esprimevano in termini di «massacro di Dongo»[112] si configuravano come ostili non nei confronti del Pci ma della Resistenza e dell'antifascismo. *Risorgimento Liberale* finiva nel lager dei lebbrosi, dei contaminati.

Togliatti – il leader che diceva di voler tenere le briglie strette sul collo di un cavallo che a volte si imbizzarrisce, la sua «periferia» incontrollata – cercherà di soffocare queste intemperanze? Tenterà di moderare questi fuochi che rischiano di accendere gli animi, di istigare alle violenze che il «centro» del partito dovrebbe rifiutare? Oppure sarà lui stesso un incendiario? «Guarite dalla lebbra, signori democratici»,[113] esortava il leader. I signori democratici che sono fascisti con la maschera sono numerosi. Nell'elenco non manca nemmeno Ugo La Malfa, «uomo politico di fama democratica», che pecca anche lui nell'indicare i pericoli di un'alleanza troppo stretta tra socialisti e comunisti e si ostina a veder «Nenni al rimorchio di Togliatti». La Malfa, dunque, «attinge i suoi orientamenti da quotidiani e settimanali di «color nero (clericale o fascista che sia)»[114] come *Risorgimento Liberale* e le altre pubblicazioni destinate ai roghi.

[112] P. Ingrao, *Schiaffo sulla guancia*, cit.

[113] P. Togliatti, *Guarite dalla lebbra, signori democratici*, in *l'Unità*, 30 ottobre 1947; G. Bellavista, *Le cause della lebbra*, in *Risorgimento Liberale*, 2 novembre 1947.

[114] P. Togliatti, *Guarite dalla lebbra, signori democratici*, in *l'Unità*, cit.

Capitolo V

UN'UNICA CHIESA

Quelli che tornano

Il caso Audisio metteva l'accento su un «maledetto imbroglio» fatto di reticenze, di verità nascoste e di omicidi tenuti sotto chiave dal partito di Togliatti. Proprio *Risorgimento Liberale* aveva fatto uscire allo scoperto questo groviglio. Ma si trattava comunque di episodi isolati che non coinvolgevano l'immagine complessiva della Resistenza e del movimento partigiano. Era invece il Pci che, attraverso la voce dei suoi intellettuali e anche mediante precise dichiarazioni del Migliore, polemizzando in maniera accanita con il quotidiano di Pannunzio, tendeva a trasformare questo insieme di misteri, bugie e segreti in una valanga pronta a sommergere l'immagine della recente lotta armata che aveva liberato l'Italia. Ribadendo contemporaneamente il suo ruolo di interprete unico e unico gestore del patrimonio della guerra civile. «I partiti di sinistra offrono la piacevole prospettiva di elezioni imperniate, ancora in pieno 1946, sul dilemma fascismo-antifascismo», osservava Luigi Barzini jr. sulle colonne di *Risorgimento Liberale*, «tremendi problemi di vita assillano il nostro paese, formidabili interrogativi si ergono davanti alla nostra coscienza morale e politica, e nessuno al mondo ci aiuta a rispondervi... il problema degli italiani è ancora e sempre il dilemma fascismo-antifascismo... così si riunisce tutto quello che si trova sull'altra sponda, dai democristiani ai liberali. Messovi sopra l'etichetta di fascista, lo si fa servire da magnifico bersaglio per le esercitazioni a fuoco dei partiti che si sono assunti il monopolio della salvezza della patria».[1] Si direbbe che «la democrazia progressiva non possa fare a meno del fascismo»,[2] sottolineava il giornale qualche giorno dopo.

L'8 gennaio 1946 a Fivizzano, in provincia di Massa, si tiene un pubblico dibattito. È stato organizzato, fuori da ogni collegamento con i partiti, solo da ex soldati semplici, ufficiali, sottufficiali che sono stati al fronte, che sono rimpatriati dai lager sovietici, dalla prigionia in Africa, che hanno patito le pene del rientro e che in Italia non riescono a individuare nuovi spazi o possibilità di inserimento. Nella piazza la manifestazione è appena iniziata quando si vede arrivare un camion. Gli occupanti non nascondono l'appartenenza politica. Al contrario la sbandierano, orgogliosi di essere socialisti e comunisti. Il loro proposito è impedire la manifestazione: ci riescono presidiando in forze il luogo del raduno. L'iniziativa, come riporta il giornale di Pannunzio, finisce tra i risentimenti e le denunce.[3] *L'Unità* dà gran rilievo a questo pronto intervento. Lo elogia come un'opportuna forma di «attacchi al fascismo»,[4] di cui il partito si fa sponsor e promotore. *Risorgimento Liberale* riscontra che nella penisola circola una singolare «delinquenza organizzata», in una situazione sempre sul crinale, sempre in procinto di degenerare «in rapine, saccheggi, omicidi».[5]

La riconciliazione tra partigiani e reduci non è ben vista. Non è accettato il rapporto tra chi milita sotto la falce e il martello e quelli che tornano. Il rientro dal fronte, dalla prigionia, dai campi di concentramento pone notevoli problemi di ordine pubblico, alimentati dalle richieste non sempre pacifiche di un'enorme massa di ex combattenti delusi, frustrati, provati dalle fatiche.

[1] L. Barzini jr., *I cavalli al Fiume*, in *Risorgimento Liberale*, 10 gennaio 1946.

[2] A. Scarlatti, *Le informazioni sbagliate*, in *Risorgimento Liberale*, 31 gennaio 1946.

[3] Non firmato, *Incidenti a Fivizzano (Massa) in un comizio di Combattenti*, in *Risorgimento Liberale*, 9 gennaio 1946.

[4] Non firmato, *l'Unità*, 10 gennaio 1946.

[5] Non firmato, *Ordine*, in *Risorgimento Liberale*, cit.

Nei pressi della galleria Principe di Napoli, il 10 gennaio 1946,[6] si radunano circa duemila ex militari per protestare con modi non proprio urbani contro le autorità napoletane, accusate di non occuparsi dei reduci da lager e prigioni varie. In mezzo a loro quasi sicuramente vi sono dei «mestatori». La folla prende a sassate la polizia alleata, che risponde con mitragliate, mentre i carabinieri fanno esplodere colpi di moschetto. Nel trambusto tredici persone rimangono ferite; i dimostranti si arrampicano su balconi e finestre per penetrare nella prefettura. La massa procede compatta verso la galleria Umberto I dove, ironia della sorte, ci sono chioschi allestiti «a favore dei rimpatriati dalla prigionia». Distruggono tutto quel che capita a mazzate, rovesciano tram, assaltano negozi, mentre il prefetto vieta tutti gli assembramenti fino a nuovo ordine. Al momento i reduci in Italia sono circa un milione e duecentomila, cui bisogna aggiungere settecentomila internati civili.

I problemi di «quelli che tornano» sono drammatici poiché spesso si tratta di soldati e ufficiali martoriati da una guerra a cui hanno partecipato senza alcuna adesione e convinzione.[7] Sono «ex prigionieri» che hanno subìto la «sofferenza e il martirio dei campi di concentramento», hanno assistito da lontano e «impotenti alla tragedia della patria», si sono sentiti «abbandonati da tutti ancor più che materialmente, moralmente. Come meravigliarsi che nell'animo dei reduci alberghino la sfiducia e il rancore?», si interroga retoricamente *Risorgimento Liberale*.[8]

Se il governo riesce ad assorbire un certo numero di ex graduati nelle aziende e negli uffici pubblici, non riesce comunque a trasmettere l'impressione che «la patria non li dimentica» (i provvedimenti presi rapidamente prevedono assunzioni al dieci per cento sul numero dei dipendenti esistenti alla data 31 dicem-

[6] Non firmato, *La prefettura assalita da migliaia di reduci*, in *Risorgimento Liberale*, 11 gennaio 1946.

[7] Cfr. il saggio di A. Bistarelli, *La storia del ritorno. I reduci italiani del secondo dopoguerra*, Torino, Bollati Boringhieri, 2007.

[8] Non firmato, *Quelli che tornano*, in *Risorgimento Liberale*, 1° marzo 1946.

bre 1945 e due miliardi di lire stanziati per reduci e senza tetto).[9] In particolare, chi ha fatto parte dell'Armir, Armata italiana in Russia, inviata da Mussolini al fronte orientale senza preparazione, equipaggiamenti e armi (in centomila non tornarono), rientra con un bagaglio di incredibili sofferenze. E per di più, per il trattamento ricevuto dai sovietici, non è ben disposto verso i partiti di sinistra, mentre porta notizie assai poco rassicuranti sulla salute democratica dell'Urss.

È addobbata tutta in rosso la stazione di Firenze, con striscioni e cartelli che annunciano l'imminente congresso del Partito socialista. Un treno arriva il 29 marzo 1946 alle 7.30 e sosta sui binari. È carico di circa settecento reduci di guerra provenienti dall'Unione Sovietica:[10] gli ex prigionieri hanno fatto un viaggio durissimo, durato quattro mesi. Sono emaciati, malati, senza prospettive. «Vengono da Kharkov, Kirov, Kasastan [sic]».[11] A Pontedera il personale ferroviario ha riservato loro un'accoglienza non proprio amichevole. Li chiamano «fascisti venduti», «carne da cannone», «traditori del popolo». I militari tentano di abbandonare il convoglio per una rapida resa di conti ma vengono obbligati a soprassedere e a proseguire. A Firenze non c'è nessuno ad accoglierli, nessuna autorità si affaccia all'orizzonte. Ora ufficiali e soldati sono esasperati: si buttano giù alla rinfusa dai vagoni, occupano la stazione di Santa Maria Novella e strappano cartelli e bandiere del Psi. Alcuni ferrovieri tentano di reagire. Un gruppo di reduci esce dalla stazione e si dirige verso il centro della città per avere un contraddittorio con Togliatti di cui è programmato un comizio. Pronti a sbarrar loro la strada, e a evitare che raggiungano l'obiettivo che si sono prefissati, ci sono operai con spranghe di ferro. Di fronte a quest'accoglienza i militari ci ripensano e tornano rapidamente indietro. Il treno dei rimpatriati è

[9] Non firmato, *Il programma del Governo per i reduci esposto alla Consulta dall'on. Gasparotto*, in *Risorgimento Liberale*, 5 marzo 1946.

[10] Non firmato, *A chi torna dalla Russia non piace il rosso*, in *Risorgimento Liberale*, 31 marzo 1946.

[11] *Ibidem.*

fatto ripartire in tutta fretta alla volta di Pisa. La faccenda potrebbe non avere altri sviluppi.

Ma invece c'è chi ritiene che i soldati siano colpevoli e vadano puniti per lo sfregio. La gravità del fatto viene sottolineata dall'imponenza della mobilitazione successiva. Otto camion organizzati in gran fretta, pieni di operai provenienti dalle fabbriche cittadine e di addetti allo scalo merci, per un pelo mancano il convoglio. Il treno è già ripartito e corre veloce verso Roma. La faccenda non è considerata risolta. Gli automezzi pieni di lavoratori adirati inseguono il treno che sfreccia sui binari. Fortunatamente non ce la fanno a raggiungerlo. Intanto a Civitavecchia è stata organizzata una manifestazione di accoglienza per «far la festa ai militari». Vengono ricevuti con grida come «potevate morire tutti», «monarchici venduti», «che siete tornati a fare?» Anche da qui il treno si avvia di corsa.[12]

Finalmente nella capitale, dal convoglio scendono stremati una quindicina di ex prigionieri. Chi c'è a festeggiare il loro rientro? Ancora una volta le banchine sono deserte. Non si fanno vive le autorità militari o civili che, pur essendo state preavvertite, non sentono la necessità di apparire. A gioire c'è uno sparuto gruppetto di parenti e amici. Molte mamme e sorelle sono in lacrime mentre gli ex detenuti scendono dal treno e gridano «Viva l'Italia!» oppure «Viva Roma mia!» *L'Unità*, dopo quanto è accaduto, esorta a campi di concentramento per reduci: il giornale scrive che «Il Ministro Romita ha decretato che il treno fosse fermato oltre Pisa e che i manganellatori fossero messi in un campo di concentramento».[13] *Il Lavoro* conferma l'intenzione del ministro di «mettere gli aggressori fascisti in un campo di concentramento a disposizione delle autorità». A dar ragione a *Risorgimento Liberale* che, al contrario, afferma che il governo è ben lontano da tali drastiche soluzioni, arriva una nota ufficiale. Vi si assicura che il ministero ha provveduto a una sistemazione per i militari cercando di isolare le singole responsabilità per i

[12] *Ibidem.*
[13] Non firmato, in l'*Unità*, 2 aprile 1946.

disordini di Firenze. Basta insomma essere entrati nel mirino della classe operaia militante e armata per essere espulsi dalla comunità antifascista: chi ha fatto la guerra ed è rientrato, anche se dichiara odio e risentimento verso il regime che lo ha costretto all'avventura bellica, è confinato nel territorio minato dei criptofascisti, degni del campo di concentramento. Come *Risorgimento Liberale* denuncia,[14] quello dei reduci sta diventando, e lo diventerà sempre più negli anni a seguire, un altro argomento tabù per la sinistra italiana.

Anche perché ogni politica della mano tesa è boicottata. Viene formato un comitato per agevolare il dialogo tra reduci e partigiani. Ma *l'Unità* attacca. Il quotidiano denuncia la presenza di uno «strano comitato che tutto rappresentava tranne i giovani democratici».[15] Questo comitato ha proposto un «Convegno per la riconciliazione» all'università La Sapienza di Roma. Ma «il tono dato dal segretario e poi dal presidente non convincevano e subito, da parte dei partigiani, si levavano alte proteste contro l'assurdo e inaccettabile modo con cui il segretario e successivamente il monarchico presidente e il segretario dell'assemblea tendevano a impostare la manifestazione».[16] Tutto finisce in rissa. Come mai? Cino Moscatelli, il leggendario comandante delle formazioni garibaldine della Valsesia e dell'Ossola, che hanno partecipato alla liberazione di Novara e sono entrate trionfanti a Milano in piazza Duomo, ritiene giusto menar le mani. È già iniziata la crisi governativa che lo porterà a diventare sottosegretario alla Presidenza del Consiglio nel terzo gabinetto De Gasperi – formatosi nel febbraio 1947 – dove Moscatelli si occuperà di reduci e partigiani (con Francesco Moranino, nome di battaglia nella guerra civile Gemisto, sottosegretario alla Difesa, poi accusato della strage della «missione

[14] Non firmato, *A chi torna dalla Russia non piace il rosso*, in *Risorgimento Liberale*, cit.

[15] Non firmato, *Una manifestazione fascista stroncata all'Università di Roma*, in *l'Unità*, 21 gennaio 1947.

[16] *Ibidem.*

Strassera»).[17] Ora Moscatelli è parte attiva negli scontri con i reduci e, intervistato dall'organo del Pci, ricorda la distinzione che i partigiani sulle montagne facevano tra i «responsabili del fascismo, responsabili delle sofferenze che venivano imposte al nostro popolo, tra i responsabili dei delitti e delle stragi e... coloro che per ignoranza, o illusioni o per errata concezione

[17] Sulle montagne del Biellese, dove il territorio era controllato dalla Brigata comunista Garibaldi-Biella che comprendeva il 6° Distaccamento Pisacane, comandato da Francesco Moranino, avvenne la strage della «missione Strassera». Emanuele Strassera, inviato dagli angloamericani, era un agente dell'Oss, sbarcato sulla costa ligure da un sommergibile Usa all'inizio dell'estate 1944 con il compito di coordinare la lotta partigiana. Strassera contattò Moranino e arruolò quattro partigiani bianchi. Attirati in un'imboscata il 26 novembre, Strassera e i quattro partigiani, Gennaro Santucci, Ezio Campasso, Mario Francesconi e Giovanni Scimone, vennero uccisi. Successivamente, il 9 gennaio 1945, furono liquidate con un colpo di rivoltella le mogli di due dei partigiani ammazzati, Maria Santucci e Maria Francesconi, che stavano per scoprire la verità sulla sorte dei loro mariti. In un primo momento si cercò di far ricadere la responsabilità della morte delle due donne sui fascisti e i loro feroci rastrellamenti. Nel dopoguerra i familiari delle cinque vittime e delle due donne uccise fecero riaprire questo caso dai tanti risvolti oscuri. Il deputato comunista Moranino fu accusato dopo la guerra dell'eccidio della «missione Strassera». Il 27 gennaio 1955 la Camera dei deputati, con una maggioranza di centrodestra, votò l'autorizzazione a procedere nei confronti di Moranino su richiesta della procura di Torino. L'accusa era di omicidio plurimo aggravato e continuato e occultamento di cadavere; Moranino fuggì in Cecoslovacchia. Il 22 aprile 1956, il processo svoltosi in contumacia a Firenze si concluse con la condanna all'ergastolo per sette omicidi. Confermata dalla Corte d'assise d'appello nel 1957.

L'anno successivo alcuni sospetti sullo svolgimento del processo, che per molti aveva come solo scopo un intento persecutorio contro il comandante partigiano, portarono il presidente della Repubblica, Giovanni Gronchi, a commutare la pena in dieci anni di reclusione (cosa che avrebbe permesso a Moranino di rientrare in Italia). Il 27 aprile 1965 Moranino, sempre esule a Praga, sarà poi graziato dal presidente della Repubblica Giuseppe Saragat.

Rimpatriò solo quando fu ufficialmente riconosciuto che i fatti di cui era accusato erano «atti di guerra» (tra l'altro non da lui ordinati), connessi con la guerra di liberazione e quindi giuridicamente legittimi. Il 19 maggio 1968 Pci e Psi annunciarono la candidatura dell'ex deputato nel collegio senatoriale di Vercelli. Moranino sarà rieletto con 38.446 voti ed entrerà nella Commissione industria e commercio del Senato.

dell'onore militare o per sovrastruttura ideologica acquisita in venti anni di fascismo combattevano contro di noi». Promette generosamente «mano tesa» per chi vuole rompere i ponti con il passato. Ma condivide completamente il comunicato dell'Anpi in cui drasticamente si afferma «che simili manifestazioni offendono lo spirito della Resistenza».[18]

A Roma la lotta contro gli ex militari è indicata dagli organi della stampa comunista come una mobilitazione contro il ritorno delle camicie nere. Al Sud, invece, le considerazioni di parte comunista procedono in direzione assolutamente contraria e non è malvista la presenza di quelli che hanno indossato la divisa. A Bari, il 26 dicembre del 1946, masse di reduci formano blocchi stradali e usano i filobus come arieti per sfondare il portone della prefettura. Che invadono dandole fuoco. La polizia spara e provoca feriti.[19] Due giorni dopo un corteo di alcune migliaia di persone sventola bandiere rosse e saccheggia un treno a Palmi, bastonando il personale ferroviario che si oppone.[20]

Sulle colonne dell'*Unità* si operano dei distinguo un po' schizofrenici.[21] *Siamo con i reduci*, titola il quotidiano il 19 febbraio del 1947: «Nel Sud i reduci stanno rapidamente evolvendo verso posizioni democratiche». Il giornale ricorda i fatti di Bari e della Sicilia, dove gli ex combattenti hanno chiamato a dirigerli «elementi di provata fede democratica». Nel Mezzogiorno chi torna dalla prigionia si può considerare dalla parte della classe operaia. E nel Nord? I reduci sono un fenomeno di tipo squadrista. Si sono messi alla loro testa «elementi di dubbia fede democratica, i quali danno l'impressione di essere una copia più o meno fedele dei vecchi dirigenti e organizzatori delle squa-

[18] Non firmato, *Una manifestazione fascista stroncata all'Università di Roma*, in *l'Unità*, cit.

[19] Non firmato, *A Bari tumulti e sangue*, in *Risorgimento Liberale*, 27 dicembre 1946.

[20] Non firmato, *La Calabria è di turno*, in *Risorgimento Liberale*, 29 dicembre 1946.

[21] Non firmato, *Siamo con i reduci*, in *l'Unità*, 19 febbraio 1947.

dre fasciste».[22] Dietro questi uomini si vedono comparire «gli stessi gruppi di armatori, di industriali chimici, metallurgici e tessili che armarono le squadre fasciste». Nel Nord, dove si è svolta la lotta di Liberazione, dove gli ex partigiani sono spesso in gran tumulto con le loro richieste e dove il Partito comunista ha seguito e consenso, le devastazioni, le occupazioni degli uffici dei reduci suscitano sdegno e riprovazione. Nell'ex Regno delle due Sicilie gli «illegalismi» non vengono condannati. Nemmeno quando, facendo gruppo con i disoccupati, i reduci si cimentano nella rivolta più sanguinosa.

Gli ex militari protestano contro «il governo delle sinistre che li dimentica».[23] Incappano nell'ira dei giornali di area comunista rientrando dal fronte rosso (una rubrica del giornale di Pannunzio si chiama proprio così: «Fronte rosso. Fronte russo») e con i loro racconti e le loro testimonianze confliggono con l'edulcorata rappresentazione dell'Urss a cui rimanda *l'Unità*. È alla redazione di *Risorgimento Liberale* che si presenta un gruppo di ufficiali provenienti dai gulag sovietici per denunciare la presenza di prigionieri nel paese dei soviet. Chi sono gli italiani trattenuti nelle steppe? Ecco i nomi fatti dai militari appena rientrati. Il generale Emilio Battisti (comandante della divisione alpina Cuneense), Umberto Ricagno (comandante della divisione alpina Julia), Etelvoldo Pascolini (comandante della divisione di fanteria Vicenza), don Giovanni Brevi e altri. Tra questi un capitano dei carabinieri e un cappellano gesuita, padre Alagiani, che, proprio per il fatto di essere un religioso, viene trasferito dai sovietici da un campo all'altro senza sosta fino all'ultimo spostamento per ignota destinazione.

Paolo Robotti, cognato di Togliatti, è un fedelissimo non solo del suo partito ma anche del mito dell'Unione Sovietica. Anche se su di lui pesa il dramma della detenzione e della tortura in Urss. Nel 1938 era stato arrestato dagli agenti staliniani con l'accusa di

[22] *Ibidem.*
[23] Non firmato, *Un reduce accusa*, in *l'Unità*, 28 febbraio 1947; Non firmato, *Coloro che rientrano*, in *Risorgimento Liberale*, 29 febbraio 1947.

attività provocatoria e di spionaggio e imprigionato nel carcere Taganka di Mosca, dove rimase fino al 4 settembre 1939. Sottoposto a tremende vessazioni, fu poi riabilitato e assolto da ogni imputazione e riprese il lavoro in fabbrica, occupandosi nel 1941 del trasferimento di uomini e macchinari in Siberia.[24] Robotti, tra i suoi incarichi in Urss, ha avuto, con Edoardo D'Onofrio e Luigi Amadesi, la responsabilità del giornale *L'Alba*, pubblicazione dei prigionieri di guerra italiani. La sua è una parola importante, ha il peso della testimonianza diretta: nega con decisione che vi siano prigionieri in quelle lande desolate. Anzi rileva divertito: «In ogni città d'Italia vi sono oggi delle chiromanti che – per 150 o 200 lire – garantiscono alle madri e alle vedove di combattenti dell''Armir' che il loro caro è vivo e si trova nelle mani degli 'orribili' bolscevichi ... l'ipotetica cifra di 60 mila prigionieri catturati dai sovietici non ha nessun serio fondamento. La si inventa per calunniare ancora l'Urss...»[25] Robotti rifiuta l'idea che vi siano prigionieri nella patria del socialismo. Ma anche che esistano «campi di prigionieri in Siberia» come raccontano invece i militari al loro rientro.[26] Anche D'Onofrio, ex combattente delle brigate internazionali in Spagna, conferma quanto sostenuto da Robotti e rimanda al mittente le accuse, esalta i contadini e «gli operai sovietici» che hanno salvato la vita ai militari italiani,[27] sostiene che i sovietici rispettano «i soldati italiani».

Nonostante tante smentite sulla reale sopravvivenza di questi detenuti, il gruppo esiste ed è ancora in vita. Battisti, Ricagno, Pascolini si trovano in Unione Sovietica. Durante i mesi del con-

[24] P. Robotti, *Scelto dalla vita. Gli incontri, gli scontri e la lotta dalla fondazione del PCI. Le memorie di un «rivoluzionario professionale»*, Roma, Napoleone, 1980. Cfr. R. Mieli, *Togliatti 1937*, cit.; E. Dundovich, *Tra esilio e castigo. Il Komintern, il Pci e la repressione degli antifascisti italiani in Urss*, Roma, Carocci, 1998; D. Fertilio, *La morte rossa. Storie di italiani vittime del comunismo*, Venezia, Marsilio, 2004.

[25] P. Robotti, *Commercio sui morti*, in *l'Unità*, 12 febbraio 1947.

[26] *Ibidem*.

[27] *Edoardo D'Onofrio risponde*, nella rubrica «Fronte rosso. Fronte russo», in *Risorgimento Liberale*, 12 marzo 1948.

flitto si sono offerti di combattere contro la Germania ma Stalin,[28] non considerandoli elementi fidati, non gradisce e rifiuta il permesso. Rientreranno nel 1950 insieme al tenente don Giovanni Brevi di Ronco Biellese, medaglia d'oro che in Urss ha avuto due condanne a dieci anni perché sacerdote dell'ordine del Sacro cuore. Nel lager ha fatto per giorni e giorni lo sciopero della fame, si è ridotto in precarie condizioni di salute, pelle e ossa, per conquistare qualche grammo in più di pane, legna per riscaldarsi e qualche medicina per alleviare la durissima prigionia ai compagni.[29]

I reduci riferiscono delle vicissitudini di un altro contingente di circa quindici militari – tutti indicati con nomi e cognomi – con spostamenti massacranti e trasferte su carri merci nel gelo e senza cibo. Sono stati deportati in un campo di detenzione nella foresta del Kazakhstan e incaricati di lavori pesantissimi, come il taglio della legna per settimane e settimane senza interruzione. Di nuovo saranno trasferiti a Odessa, dove se ne perdono le tracce,[30] mentre si diffondono le notizie di epidemie di tifo petecchiale che sterminano i sopravissuti nei lager.[31] I militari non sono parchi di testimonianze nemmeno sulle intollerabili condizioni di vita a cui, nell'inferno di Oranki, sottostanno circa cinquecento ufficiali. Per il riposo notturno hanno a disposizione uno spazio largo circa trenta centimetri (« lo verificavamo con un pezzo di spago quando sorgevano delle controversie »).[32] Laceri, denutriti, malvestiti, sono costretti ad alzarsi alle 5, possono andare a dormire solo alle 22, quando suona il silenzio. Trascorrono la loro giornata intera-

[28] M.T. Giusti, *I prigionieri italiani in Russia*, Bologna, Il Mulino, 2003, p. 105. In particolare sugli alpini italiani, cfr. A. Caruso, *Tutti i vivi all'assalto*, Milano, Longanesi, 2003 e Idem, *Caro Fassino, ricorda gli alpini*, in *La Stampa*, 28 giugno 2007.

[29] Non firmato, *Prigionieri italiani sono ancora in Russia*, in *Risorgimento Liberale*, 29 dicembre 1946.

[30] Idem.

[31] Non firmato, *Quasi tutti morti i prigionieri italiani in Russia*, in *Risorgimento Liberale*, 27 febbraio 1947.

[32] P.V., *Edoardo D'Onofrio carceriere d'italiani*, nella rubrica « Fronte rosso. Fronte russo », in *Risorgimento Liberale*, 6 marzo 1948.

mente all'aperto anche con rigide temperature, ammucchiati in un recinto non provvisto di panche o di sedie. Proibito sedersi o sdraiarsi per terra: affrontano le ore interminabili in piedi all'addiaccio. Quando qualcuno, stremato, si addormenta, viene chiuso in minuscole celle con altre dieci, quindici persone, così stipate che bisogna chiudere la porta a forza. Di fronte ai militari affamati, malati, sfiniti, a partire dal giugno 1943 D'Onofrio e Robotti tenevano le loro lezioni. Erano precedute da interrogatori sugli orientamenti politici, accompagnati da una pistola puntata alla tempia e da minacce di una sorte peggiore in Siberia.

Sono denunce pesanti, queste di *Risorgimento Liberale*. Proprio a partire da questi racconti e anche da altre testimonianze, prenderà l'avvio uno dei processi più seguiti della fine degli anni Quaranta. La diatriba sui prigionieri in Urss raggiungerà toni esasperati durante la campagna elettorale del 1948. Le accuse degli ex detenuti accolte da Pannunzio verranno riprese alla vigilia delle elezioni di aprile dall'opuscolo *Russia*, pubblicato dall'Unione nazionale reduci di Russia. Nel clima di entusiasmo per la prevista vittoria del Fronte popolare, D'Onofrio decise di querelare per diffamazione a mezzo stampa gli autori delle testimonianze raccolte nel libro. Il processo si svolse invece in una situazione politica completamente diversa e durò tre mesi, dal maggio al luglio 1949.[33] Per difendersi il leader comunista cercò di screditare uno dei principali testimoni della difesa, il cappellano militare don Enelio Franzoni. Durante la permanenza in Urss come prigioniero di guerra, secondo D'Onofrio, don Franzoni aveva firmato un verbale di interrogatorio in cui accusava un altro prigioniero, il cappellano militare don Brevi, di crimini di guerra. Togliatti in persona sollecitò l'ambasciatore sovietico Mikhail Kostylev affinché rintracciasse la testimonianza del cappellano Franzoni contro don Brevi. Lo scontro si svolse senza esclusione di colpi, tanto che il terzo segretario dell'ambasciata sovietica,

[33] E. Aga Rossi e V. Zaslavsky, *Togliatti e Stalin. Il Pci e la politica estera staliniana negli archivi di Mosca*, Bologna, Il Mulino, nuova edizione 2007, pp. 174-177.

Gheorghij Boghemsky, così ne descriveva gli sviluppi a Mosca: «Robotti ha consigliato a D'Onofrio di non ricusare Franzoni come testimone per poter finalmente sapere dove si nasconde, seguirlo e farlo fuori. Perché Franzoni è molto furbo e non ha fatto sapere né l'indirizzo né la città in cui vive... Robotti è estremamente dispiaciuto che finora questo traditore non sia stato punito come merita, in particolare durante un suo viaggio a Vienna, di cui Robotti ci aveva informato a suo tempo».[34] La deposizione di Franzoni contro Brevi indicata da D'Onofrio non fu però mai trovata. Il processo terminò nel luglio 1949 con l'assoluzione degli imputati accusati del reato di diffamazione.

«Coloro che rientrano»,[35] con i loro racconti, non addensano comunque ombre solo sull'immagine dell'Unione Sovietica, ma anche verità scomode sulla Jugoslavia di Tito. E così, tra il 1946 e il 1947 è uno scontro senza tregua – fatto di inchieste, reportages, testimonianze, smentite – tra *l'Unità* e il quotidiano di Pannunzio. «Un professore di Parenzo viene infoibato»,[36] accusa *Risorgimento Liberale* mentre riferisce dell'«esodo di 50 mila persone». Il giornale di Pannunzio descrive l'immigrazione massiccia di slavi che arrivano «nelle province giuliane», minacciano, intimidiscono, provvedendo a sostituire «le scritte italiane», alterano i «registri anagrafici», sostituiscono bandiere e distribuiscono domande collettive per l'annessione alla repubblica titina.[37] E spingono alla fuga. Anche *l'Unità* è poi costretta a prendere atto della nutrita emigrazione. Ma la attribuisce ad un battage menzognero sugli «agenti di Tito... pronti a 'infoibare' tutti gli italiani al mo-

[34] *Ibidem.*

[35] Non firmato, *Coloro che rientrano*, in *Risorgimento Liberale*, cit.

[36] Non firmato, *Italiani assassinati a Parenzo e gettati in una foiba*, in *Risorgimento Liberale*, 15 febbraio 1946. Cfr. G. Oliva, *Profughi. Dalle foibe all'esodo: la tragedia degli italiani d'Istria, Fiume e Dalmazia*, Milano, Mondadori, 2005; AA.VV., *Friuli e Venezia Giulia. Storia del '900*, Gorizia, Libreria Editrice Goriziana, 1997; G. Valdevit, *Foibe. Il peso del passato. Venezia Giulia. 1943-1945*, Venezia, Marsilio, 1997.

[37] Non firmato, *Gli intrighi jugoslavi nella Venezia Giulia. Una eloquente documentazione italiana*, in *Risorgimento Liberale*, 19 febbraio 1946.

mento stesso in cui avverrà il passaggio di Pola alla Jugoslavia».[38] L'inviato a Pola del quotidiano fondato da Antonio Gramsci, Tommaso Giglio, futuro direttore dell'*Europeo*, in *Terra bruciata a Pola per volontà degli alleati* considera la presenza degli angloamericani la vera ragione dell'incredibile esodo: a metà del 1946, dal capoluogo dell'Istria, in serbo-croato chiamata Pula, su circa trentaduemila abitanti ventottomila avevano già chiesto di espatriare. La polizia degli Alleati è sempre pronta «a creare uno stato di esasperata tensione fra la popolazione in modo da convincere determinati strati di cittadini ad abbandonare la propria casa ed i propri affari per affrontare un esodo pieno di incertezze». I polesi – in città rimarranno solo mille e duecento famiglie filojugoslave – manifestano a loro volta, secondo Giglio, contro i militari Alleati. La polizia reagisce col fuoco e colpisce a morte «un ex partigiano». L'atmosfera gronda minacce[39] da parte «dei funzionari del Comitato per l'esodo» ed è fitta di pesanti sollecitazioni a far bagagli e ad andare via. Giglio addita come responsabile della situazione di sofferenza e di abbandono forzato la stampa italiana: scarseggia di informazioni sulle generose elargizioni del governo jugoslavo nei confronti degli italiani. I finanziamenti sono di circa «cento milioni di lire del governo jugoslavo per la ricostruzione delle case di abitazione». Mentre «il solo Comitato popolare di liberazione aprirà 10 spacci di viveri, 7 di abbigliamento ed altri generi vari non appena gli alleati avranno abbandonato la città. I giornali si guardano bene dal far conoscere queste cose alla popolazione di Pola...»[40] Tre giorni dopo, proprio in coincidenza con la firma a Parigi del Trattato di pace, la mattina del 10 febbraio 1947 il generale Robert W. De Winton, a capo del governo militare alleato che deve consegnare Pola agli jugoslavi, è freddato da tre colpi di rivoltella. A sparare è Maria Pasquinelli,

[38] T. Giglio, *Terra bruciata a Pola per volontà degli alleati*, in *l'Unità*, 5 febbraio 1947.

[39] T. Giglio, *La fabbrica dell'esodo*, in *l'Unità*, 7 febbraio 1947.

[40] *Ibidem*.

trentaquattrenne fiorentina che vuole protestare contro le condizioni di pace imposte all'Italia.

Il giornale di Pannunzio ha anche avviato una campagna di denuncia su quanto avviene nei campi dell'orrore di Tito e si avvale di testimonianze dirette. Rientrano dalla Jugoslavia quattro soldati italiani, Ivo Ducci di Lucca, Mario Alpi di Roma, Pasquale Molinari di Frosinone, Giovanni Molaroti di Rovigo, con il loro bagaglio di notizie. «Cinquecento italiani», raccontano gli ex deportati, «lavorano nel campo di Nis, circa 100 nei boschi nei dintorni, 50 in quello di Svonej, 250 a Selenico, mentre in località Maddalena sono riuniti circa 250, altri 2500 nelle miniere». L'elenco prosegue con i campi di lavoro nelle isole dalmate stipate fino a un totale di 30 mila uomini. Quali sono le condizioni di vita? Nell'isola di Sant'Andrea il vitto è scarso, i detenuti sono stati privati di scarpe e di vestiti, lavorano scalzi e seminudi. La notte non hanno coperte e la loro giornata di pene e di fatiche è lunga dodici-sedici ore. Le torture e le malattie mietono vittime e le più diffuse, quelle che provocano un alto livello di mortalità, sono le pleuriti.[41]

La maschera strappata

Nell'autunno del 1946 i liberali registravano sconfortati, tramite la penna di Manlio Lupinacci, che il disegno di un «laburismo» all'italiana, di un'alleanza dei liberali con i socialisti, si era incamminato sul viale del tramonto.[42] Pannunzio, a sua volta, attaccava la Dc per la sua scarsa reattività di fronte al «ricatto» e alla prepotenza dei comunisti.[43] Non aveva invece alcun timore di

[41] Non firmato, *Trentamila italiani sono ai lavori forzati. La fatica dei nostri connazionali si protrae in qualche caso fino a 16 ore*, in *Risorgimento Liberale*, 2 febbraio 1946.

[42] M. Lupinacci, *Dalla rete di Nenni allo spiedo di Togliatti*, in *Risorgimento Liberale*, 10 ottobre 1946.

[43] M. Pannunzio, *Via dal Governo i comunisti!*, in *Risorgimento Liberale*, cit.

stilare lunghi elenchi il partito di Togliatti. Non c'erano solo i reduci e le loro recenti memorie che offuscavano lo splendore della grande madre, l'Unione Sovietica, e dei paesi socialisti come la Jugoslavia di Tito. Anche i democristiani all'inizio del 1947,[44] il 12 gennaio, erano nella lista «nera»: Togliatti dava le pagelle a seconda dello schieramento scelto, da una parte o dall'altra della barricata da lui stesso disegnata. Pochi giorni dopo la scissione del Partito socialista voluta da Giuseppe Saragat, che darà vita al Partito socialista dei lavoratori italiani (Psli) – a seguito della quale De Gasperi avrà occasione di sciogliere il governo e di formare il suo terzo ministero, riducendo i dicasteri concessi alle sinistre –, il leader elaborava il suo *cahier de doléance*.

Il Partito d'azione, sosteneva il Migliore, non ha «più la funzione dirigente che aveva nella politica italiana». I qualunquisti da una parte incarnano le tendenze della «gente qualunque», dall'altra rappresentano lo «spirito del politicante consumato». I liberali vivono una «profonda contraddizione tra l'appellativo di liberale e la difesa... di vecchi gruppi sociali privilegiati e reazionari». Togliatti ricorda che la «politica del Partito [comunista] prevede una serie di azioni politiche e di lotte incatenate una all'altra», nel corso delle quali «è necessario che il partito si avvicini, influenzi, organizzi, riesca dirigere, in un modo o nell'altro, tutti gli strati della popolazione»[45] soprattutto «là dove il partito è più debole».[46] Organizzare, dirigere tutti gli strati della popolazione: come esplicitava il quotidiano di Pannunzio, il Pci era pronto a un ulteriore passo in avanti deciso a rivendicare «un ruolo di partito di governo parallelo e superiore a quello legale», presentando sé e i suoi uomini come i soli, unici rappresentanti della «vera» democrazia.[47]

[44] P. Togliatti, *Aprire al popolo italiano la via che porta alla democrazia e al socialismo*, in *l'Unità*, 12 gennaio 1947.

[45] *Ibidem.*

[46] *Ibidem.*

[47] P. Gentile, *Un partito tenebroso*, in *Risorgimento Liberale*, 14 gennaio 1947.

In questa opera di organizzazione e di penetrazione, la conquista della classe operaia occupa uno dei primi posti. Ai cantieri navali di Palermo, alle tute blu non va giù il licenziamento di un operaio. È iscritto alla sezione del Pci della Borgata di Acquasanta. Pare che sia stato liquidato dalla direzione per il suo carattere violento e intemperante, tanto che quelli che hanno lavorato al suo fianco, e ben lo conoscono, concordano con il provvedimento. Difficile giudicare i torti e le ragioni. Comunque non si va tanto per il sottile e tre lavoratori additati come ostili al compagno licenziato e simpatizzanti della parte padronale vengono presi a pistolettate, finiscono in ospedale e uno di loro è in fin di vita. Gli altri operai individuano uno dei pistoleri che hanno punito i tre malcapitati: è un militante della sezione del Pci di Acquasanta che voleva prendersi una vendetta. Il presunto colpevole è salvato dal linciaggio dall'intervento della Ps.[48] Il regolamento dei conti potrebbe essere terminato. Ma in appoggio ai compagni della sezione di Acquasanta marciano uniti in grandi manifestazioni quasi tutti gli stabilimenti industriali di Palermo, da quelli della Chinina Arenella a quelli della manifattura dei tabacchi. E l'intero episodio diventa un'occasione per scendere in piazza in difesa di antifascismo e Resistenza.[49]

Gli agguati, i saccheggi, gli attentati in questo anno così fertile di divisioni, di ostilità non più mascherate, stanno facendo un consistente balzo in avanti dopo la linea divisoria fra amici e nemici tracciata da Togliatti. I più frequentemente colpiti sono i nostalgici della monarchia, combattuti con determinazione mentre si cerca di sopire le loro ambizioni politiche mettendo ogni loro avamposto a ferro e fuoco. Così la celebrazione della giornata del contadino a Enna si festeggia con il saccheggio della sede del partito con lo stemma sabaudo. Un monarchico, racconta il quotidiano di Pannunzio, si sottrae ai persecutori rifugiandosi all'interno di una rivendita di tabac-

[48] Non firmato, *Sparatoria a Palermo provocata dai comunisti*, in *Risorgimento Liberale*, 18 gennaio 1947.
[49] *Ibidem.*

chi[50] ma viene raggiunto e malmenato. I responsabili dell'accanimento sono militanti delle sezioni con falce e martello di Calascibella, Villarosa e Leonforte. Ai delitti singoli si affiancano gli assalti sanguinosi di una folla pronta a far giustizia con le sue stesse mani anche se i colpevoli sono presunti. Si arriva fino al punto di tenere lontani quelli che vogliono intervenire in difesa di un malcapitato innocente: si infierisce sull'aggredito, che si dissangua lentamente. È ciò che accade a Gioia del Colle. Il 28 marzo 1947 vengono incendiate la Camera del lavoro e la sede dell'Ufficio regionale del lavoro. Necessita una risposta. Tanto per non sbagliare, si procede a ranghi serrati contro le sedi dell'Unione monarchica, ma anche della Dc, degli agrari, del dazio e dell'Uomo qualunque. Nei locali che ospitano lo scudo crociato sono riunite una decina di persone. Vengono assalite e malmenate. Intanto le squadre in azione non tralasciano alcun altro luogo di aggregazione politica: tocca per primi ai seguaci dei Savoia. Poi agli adepti di Giannini barricati per difendere la cittadella dell'Uq. Gli attaccanti, a cui si aggiungono cospicui rinforzi, hanno la meglio e riescono a distruggere tutto. È finita? Non ancora. Viene arrestato dai carabinieri il presunto responsabile dell'incendio alla Camera del lavoro. Si chiama Matteo Resta. Dopo i primi accertamenti, Resta è considerato estraneo alla vicenda. Viene rilasciato. Si sparge la notizia. Quando esce dalla stazione dei carabinieri da cui è stato fermato, il primo colpo di roncola gli arriva alle spalle, tra le scapole. La piazza è affollata ma la forza pubblica non riesce a bloccare quelli che hanno deciso di infierire. Nessuno può intervenire per salvarlo. Il secondo colpo arriva sul collo. Sotto gli occhi di tutti viene finito dai manifestanti con alcune coltellate al cuore.[51]

Gli attentati sono una forma di dissuasione nei confronti di

[50] Non firmato, *Violenze a Enna per la giornata del contadino*, in *Risorgimento Liberale*, 25 febbraio 1947.

[51] Non firmato, *Un linciaggio sulla pubblica piazza*, in *L'ora d'Italia*, 29 marzo 1947.

chiunque ambisca cimentarsi nell'agone politico. Gli esponenti del Partito liberale e dell'Uomo qualunque sono nel mirino: ferite da coltello non profonde e bastonature con corte mazze di ferro sono loro riservate in una bella domenica di marzo[52] (il 16) in contemporanea a Roma, a S. Elpidio a Mare in provincia di Ancona, a Civitavecchia e a Livorno.[53] Finiscono in barella ricoverati per i maltrattamenti subiti due deputati liberali, Ottavio Mastrojanni e Roberto Lucifero. Che si presentano poi nell'aula di Montecitorio vistosamente fasciati, sollecitando le rimostranze dei colleghi con falce e martello per il loro esibizionismo.

Gli incidenti avvengono tutti nello stesso giorno e con modalità simili. Il modesto appartamento che accoglie la locale sezione dei qualunquisti di Civitavecchia viene assaltato ed espugnato, e due iscritti al partito (i «dottori» Cremaschi e Luotti) ricevono un paio di coltellate. «La tesi degli aggressori è nota», è il grido di indignazione di *Risorgimento Liberale*, «il fatto che persone di un partito diverso dal loro (e non importa quali persone e quale partito) intendano svolgere una qualsiasi attività politica costituisce una 'provocazione'... siamo di fronte a una violenza ignobile di squadre organizzate da partiti detentori del potere. E la complicità morale dei partiti detentori del potere è facilmente dimostrabile. Troppa stampa governativa trasuda quotidiani eccitamenti alla violenza. Troppe violenze già commesse trovano sollecita giustificazione o vengono minimizzate».[54] Il giorno successivo *l'Unità* titola a forti tinte: *Si denigra la Resistenza per colpire il regime democratico*. Ed è pronta a scaricare una raffica di accuse, con la firma di Pietro Secchia, contro i «neo-fascisti, qualunquisti e liberali [che] hanno 'montato' un'indecente calcolata speculazione sugli incidenti toccati domenica scorsa a due loro deputati [si riferisce agli incidenti capitati a Mastrojanni e Lucifero]».[55] Secchia poi si interroga: «Chi aveva interesse di presentare l'Italia

[52] Non firmato, *La violenza è vile*, in *Risorgimento Liberale*, cit.
[53] Non firmato, *Richiamo al governo*, in *Risorgimento Liberale*, cit.
[54] Non firmato, *La violenza è vile*, in *Risorgimento Liberale*, cit.
[55] P. Secchia, *Chi sono i provocatori?*, in *l'Unità*, cit.

democratica e repubblicana in preda ai disordini, al terrore? Chi se non coloro che hanno interesse a creare un'atmosfera torbida, sediziosa, nella quale poter giustificare il ricorso allo squadrismo?»[56] E aggiunge che «è sospetta la clamorosa speculazione intorno ai fatti in questione». Secondo l'interpretazione di Secchia i liberali sono stati bersaglio di «forze reazionarie e conservatrici». Lo scopo? Suscitare la reazione fascista. Ora nel gruppo dei neofascisti sono inseriti anche i liberali. Cosa li collega ai fascisti? Sono entrambi anticomunisti, spiega il leader. E dunque si può parlare di «piombo fascista e liberale».[57] I liberali e i qualunquisti sarebbero stati colpiti da uomini del loro stesso colore politico per provocare rigurgiti di neofascismo.

Il compagno Botte elenca le vittime comuniste a partire dal 1945: «Il 29 novembre 1945 veniva assassinata con una fucilata al ventre la contadina Giuditta Levato di Calabricata (Catanzaro); Pasquale D'Adamo, segretario della sezione comunista di Serracapriola, il 30 settembre 1946 veniva ucciso con una fucilata alla schiena; il 28 novembre veniva assassinato da una fucilata al ventre Olimpio Puerari, segretario della sezione comunista di Scandolara Ravara (Cremona); il 9 ottobre 1946 il bambino Franco Fiammeni veniva ucciso da una bomba lanciata dai fascisti nella Casa del popolo di Porta Genova a Milano. Poi il segretario della Camera del lavoro, il compagno Miraglia. Più altri delitti ad Aragona, a S. Elisabetta, ad Alia».[58]

Pannunzio riconosce l'uso indiscriminato della forza pubblica, ma rileva anche che i «social comunisti e i fascisti sono gli avversari irriducibili del liberalismo».[59] Facendo così emergere l'ambiguità dello scudo crociato, con i «democristiani che preferiscono il compromesso, l'accomodante politica dei patteggiamenti, dell'omertà».[60] Coglie l'occasione per non lasciar passare in cam-

[56] *Ibidem.*
[57] *Ibidem.*
[58] *Ibidem.*
[59] M. Pannunzio, *Chi getta l'allarme*, in *Risorgimento Liberale*, cit.
[60] *Ibidem.*

po economico l'atteggiamento «monopolista»[61] della Dc, seguito su questa strada da Mario Ferrara. L'avvocato liberale, avviando una polemica destinata a essere ripresa da Salvemini sulle pagine del *Mondo*, si schiera contro le caste feudali del nuovo parlamentarismo; chiama a raccolta contro il «feudalismo democratico», in cui rientrano «leggi elettorali sempre più complicate per essere maneggiate dai ragionieri dei partiti»; se la prende con «il rinvio alle calende greche di quelle riforme che sono più rivoluzionarie delle sommosse» e prende posizione contro i «democratici del parlamentarismo e delle prebende».[62] Ferrara in queste tesi era sostenuto da Leone Cattani, che proponeva un'«unione di tutte le forze liberali».[63]

Segnali che le acque non si erano affatto placate, intanto, continuavano ad arrivare da tutta la penisola. Bombe e attentati investivano anche le istituzioni religiose. Un ordigno esplosivo a Cermenate, in provincia di Como, colpisce l'edificio che ospita i Missionari scalabriniani. A Scafati, nell'hinterland vesuviano, il parroco è ridotto a una poltiglia sanguinolenta. Alla locale manifattura tessile, di fronte allo sciopero della sua fabbrica, l'operaia Immacolata De Felice recalcitra. I dimostranti non sono pronti ad accettare le sue ragioni. Malmenata, inseguita, sanguinante e con un braccio spezzato si rifugia in chiesa. Ma anche qui è raggiunta dagli scioperanti, percossa di nuovo e lasciata priva di sensi vicino all'altare.[64]

Le rappresaglie come pratica quotidiana vengono puntualmente registrate da *Risorgimento Liberale*. A Palermo è assassinato il segretario della Confederterra. Dopo un comizio della Fiom migliaia di operai su camion della Camera del lavoro si

[61] *Ibidem*.

[62] M. Ferrara, *Non vogliono la libertà*, in *Risorgimento Liberale*, 28 ottobre 1947.

[63] L. Cattani, *Il terzo partito e il mito dei blocchi*, in *Risorgimento Liberale*, 28 ottobre 1947.

[64] Non firmato, *Ancora sangue e devastazioni*, in *L'ora d'Italia*, 18 novembre 1947.

recano dove si ritiene abbia sede l'Msi. Invadono i locali che ospitano il Movimento nazionale democrazia sociale. Picchiano a sangue un passante, Emanuele Ghersi. Ma c'è un errore. Si chiarisce l'equivoco e gli operai si trasferiscono nel posto giusto e mettono a soqquadro l'appartamento occupato dall'Msi, massacrando il custode settantaquattrenne, Luigi Pagano. Ancora a Palermo sono sotto assedio gli stabili che ospitano la Democrazia cristiana, l'Unione monarchica e l'Uomo qualunque.[65]

I delitti portano altri delitti. In questo territorio del crimine in aumento e in espansione trovano il loro posto le sortite dei « bravi ragazzi ». Così firmano le loro azioni gli adepti della Volante rossa, che non sdegnano l'estetica della violenza e della pistola (la chiamano « la girandola »), i giubbotti di pelle nera dell'Air Force americana, e che si riuniscono presso il circolo ricreativo della Casa del popolo di Lambrate. Le loro « bravate » non sono affatto isolate ma si collegano con un filo rosso agli altri « illegalismi » che pullulano nella penisola. « Tollerati, se non aiutati », i « 'bravi ragazzi' della Volante rossa », racconta Miriam Mafai, « conosceranno un momento di semiufficialità nel 1947 durante l'occupazione della prefettura di Milano e usciranno allo scoperto il 14 luglio 1948, durante lo sciopero e i disordini che fecero seguito all'attentato a Togliatti ».[66] Sono tollerati o forse anche supportati, perché non sono soli a compiere simili imprese. Dall'Emilia alla Puglia, le loro azioni si collocano su una scena piena di echi e di risonanze, molto animata, « vivace », in cui gli attori si danno la voce, legano le loro sorti.

Il 5 luglio, il venticinquenne Mario Gandini viene arrestato. Insieme all'amico Walter Veneri, entrambi della Volante rossa, aveva preparato un attentato contro la casa del fascista Fulvio Mazzetti, in corso Lodi 33 a Milano. La bomba lanciata contro una finestra però si è fermata contro la zanzariera ed è poi ricaduta in strada investendo con l'esplosione Mario, l'attentatore. I « bravi

[65] Non firmato, *Un linciaggio sulla pubblica piazza*, in *L'ora d'Italia*, cit.
[66] M. Mafai, *L'uomo che sognava la lotta armata*, cit., p. 84.

ragazzi» hanno intercettato a Milano, nella sede del settimanale missino *Rivolta ideale*, una riunione di quaranta simpatizzanti. I neofascisti sono riuniti per ascoltare una lezione del professor Achille Cruciani e si vedono piombare all'improvviso al centro della sala un cilindro di metallo, lungo dieci centimetri e con una miccia accesa. Uno dei presenti prontamente lo afferra e lo ributta fuori dalla finestra in via Agnello. L'esplosione provoca la caduta dell'architrave di marmo del portone del palazzo, la rottura di molte vetrine e danneggia tre automobili lì vicino.[67] I ragazzi della Volante rossa, nonostante gli insuccessi, non desistono e il 27 luglio un ordigno al plastico viene rinvenuto in un cinema milanese. Lì, sempre il professor Cruciani, seguace dei gagliardetti di un tempo, avrebbe dovuto tenere una conferenza. Non è passato nemmeno un mese e il 23 agosto una ventina di neofascisti progettano un attacco alla Casa del popolo di Lambrate. Ma nelle loro file si nasconde un informatore militante di falce e martello. Avvertiti dal loro infiltrato del progetto di un attacco a colpi di bombe a mano, i compagni reagiscono con una sparatoria. Resta ucciso un giovanissimo neofascista e un altro viene arrestato.[68]

A settembre Togliatti riscopre «in larghissimi strati di popolo la volontà rivoluzionaria» e che «le rivoluzioni non le dichiarano e nemmeno le fanno i partiti. I partiti le dirigono solo se sono forti e hanno con sé la maggioranza».[69] Non è un'esortazione alla presa del potere, ma solo a ribadire la propria consistente presenza. Il 25 dello stesso mese una bomba ad alto potenziale viene lanciata contro la Federazione comunista milanese di Porta Garibaldi.[70] La polizia fa una retata di estremisti di destra. A Roma si scatena il putiferio. L'Msi tiene un affollato comizio il 10 ottobre. I neofascisti tengono banco da un camioncino organizzato come un palco improvvisato a piazza Colonna. Ma da Montecitorio

[67] C. Guerriero e F. Rondinelli, *La volante rossa*, cit., p. 31.
[68] *Ibidem.*
[69] Non firmato, *Intervista a Palmiro Togliatti*, in *Risorgimento Liberale*, 10 settembre 1947.
[70] P. Secchia, *L'attentato di Milano*, in *l'Unità*, 26 settembre 1947.

escono scatenati gli onorevoli comunisti e socialisti e la polizia carica indiscriminatamente. Il Pci accusa il ministro degli Interni, Mario Scelba, di complicità con l'Msi. Si tratta proprio dello stesso Scelba che nella primavera del 1947 era stato definito, dall'*Unità* e dall'*Avanti!*, «schietto antifascista, repubblicano e non dell'ultima ora»; adesso per gli stessi giornali diventa caporione del «terrorismo di polizia», esponente del «governo della guerra civile e della miseria».[71] Mauro Scoccimarro ammonisce minaccioso: se «le forze dello Stato non sapranno provvedere il mio partito provvederà da solo».[72]

Al Nord ecco pronta una risposta e un nuovo sommovimento: i ragazzi della Volante rossa l'11 ottobre irrompono nella sede milanese dell'Msi di S. Radegonda, ferendo numerosi neofascisti. Pochi giorni dopo gli assalitori finiscono in manette. Sono tutti iscritti al Pci.[73] Il partito prende pubblicamente posizione contro l'estremismo dei suoi militanti. Ma non esprime nessuna condanna quando due operai di Sesto San Giovanni vengono fermati dalla polizia e tute blu armate assediano la questura a bordo di camion ottenendo il rilascio dei compagni.

Tra i nemici dell'antifascismo e dunque nel mirino delle squadre della morte c'è pure il partito di De Gasperi. Sedi della Democrazia cristiana sono invase e occupate a Manfredonia, ad Ascoli Satriano, a Candela, a Torre Maggio. In prima fila tra i cronisti che riportano giorno per giorno il calendario degli eccidi è il quotidiano di Pannunzio. A Modena partigiani armati si concentrano nella piazza dove si accinge a tenere un comizio l'ingegnere qualunquista Giorgio di Vistarono,[74] che è costretto ad abbandonare il campo dai mitra spianati. A Milano, il 29 ottobre, alla fine di una manifestazione indetta dalla Camera del lavoro, la

[71] M. Degl'Innocenti, *Storia del Psi*, III vol., *Dal dopoguerra a oggi*, cit., pp. 70-90.

[72] C. Guerriero e F. Rondinelli, *La volante rossa*, cit., p. 25.

[73] *Ibidem*, p. 35.

[74] Non firmato, *I partigiani impediscono un comizio qualunquista*, in *Risorgimento Liberale*, 27 ottobre 1947.

Volante rossa saccheggia i locali del *Meridiano d'Italia* e lancia bombe a mano contro la nuova sede dell'Msi. Le spedizioni dei bravi ragazzi continuano. La sera del 4 novembre, Ferruccio Gatti, ex console della milizia e responsabile dell'Msi milanese e dei Far (Fasci di azione rivoluzionaria), nel suo appartamento di viale Gian Galeazzo sta aspettando due sconosciuti. I due gli hanno comunicato la loro intenzione di prendere contatto con i Far. Davanti al portone si fermano sei uomini in bicicletta. Due salgono da Gatti. Dopo che la cameriera li ha introdotti nella sala da pranzo puntano le pistole, uccidendo Gatti e ferendo il figlio e la moglie che tenta di fermarli. Riescono a fuggire con gli altri quattro amici che li stanno aspettando. Del gruppetto della Volante rossa, Giordano Biadego sarà condannato a trent'anni per l'assassinio di Gatti. Nella stessa serata quattro individui bussano alla porta di Angelo Marchelli, segretario della sezione dell'Msi di Lambrate. Sostengono di essere poliziotti. Ma la consorte, insospettita, si rifiuta di farli entrare. Stessa tecnica per uccidere, il giorno dopo, il qualunquista Michele Petruccelli. Alla porta si annunciano come fattorini che devono consegnare dei giornali. Invece sono dei killer armati.[75] La sera dell'8 novembre viene aggredito e ferito a Salerno il vicesegretario della Federterra del comune di Salerno. Era andato a trovare l'anziano padre. Si sviluppano reazioni a catena a Napoli e a Torre Annunziata, dove vengono assalite e distrutte le sedi del Movimento nazionale democrazia sociale.

A Robbiano di Mediglia si verifica uno dei fatti di sangue tra i più feroci di questi mesi. Nel paesino della cintura operaia milanese sono stati malmenati alcuni operai della Breda. Si sospetta di un'altra tuta blu, Ferruccio Dallera. Lo aspettano sotto casa, dove viene colpito ferocemente e ripetutamente con un martello. Il mandante di questa aggressione agli operai Breda è individuato nel qualunquista Giorgio Magenes. Di lui si pensa che sia anche il deus ex machina di un agguato contro giovani comunisti che il 9

[75] C. Guerriero e F. Rondinelli, *La volante rossa*, cit., p. 36 e sgg.

novembre rientravano da una festa da ballo a San Giuliano Milanese.[76] Successivamente, alla cascina dove abita il Magenes, si raccoglie una «folla» infuriata. L'assembramento ancora una volta non sembra avere il tratto dell'occasionalità. Tra gli esecutori del linciaggio del Magenes, si fanno notare volti noti della Volante rossa. E tra questi, gran frequentatore di aule di tribunali, Dionisio Gambaruto. Partigiano dalla pistola facile, è imputato al processo sui fatti di Dongo per l'uccisione del capitano Neri, che aveva partecipato alla cattura di Mussolini e stilato l'inventario dei beni dei gerarchi uccisi sul lago di Como.[77] Su Gambaruto erano caduti, in un primo momento, anche i sospetti per l'uccisione del giornalista De Agazio, ma verrà poi assolto con formula dubitativa. Approfittando dei provvedimenti di clemenza, era scampato ad altre precedenti condanne per omicidio, come l'uccisione di Giulia Morelli che, il 9 giugno 1944, aveva prelevato insieme a Luigi De Giovanetti: entrambi erano stati trascinati in un prato alla periferia di Monza e bersagliati a colpi di mitra (cadavere lei, tre mesi di ospedale per lui). Di lì a pochi mesi, a Roncaglia di Tivo, nei pressi di Sondrio, aveva ucciso a rivoltellate Igino Della Nave e Rocco Alberti, sempre evitando di finire dietro le sbarre.[78] Per i fatti di Mediglia gli verranno imputati reati minori.

Il Magenes, appostato dietro una finestra, cerca di difendersi. Spara sugli assedianti. Uccide un operaio, Luigi Gayot, e ferisce un altro dimostrante, Ferdinando Rivolta. Intanto è arrivato il sindaco che convince Magenes a consegnarsi ai carabinieri. Gli viene assicurata l'incolumità. Magenes getta le armi e si affaccia sulla soglia. La «folla» lo travolge e lo colpisce con picconi e badili, riducendolo a una massa di carne informe mentre per tutta la notte si scatena la caccia al qualunquista.[79] Il 13 novembre

[76] Non firmato, in *Risorgimento Liberale*, 10 novembre 1947.
[77] Cfr. capitolo 4, p. 148.
[78] Non firmato, in *Corriere della Sera*, 15 giugno 1957.
[79] Non firmato, *Un qualunquista linciato*, in *Risorgimento Liberale*, 12 novembre 1947.

centocinquantamila persone partecipano al funerale di Gayot. Appena terminata la cerimonia, tre camion si recano in viale Monte Grappa all'assalto della sede del Movimento nazionale democrazia sociale, circondata da carabinieri che sono sopraffatti dall'imponente numero dei dimostranti.[80] Continua la ricerca dei fascisti o presunti tali.

«Gli assalitori della cascina di Mediglia non erano gente del posto né delle vicinanze, ma erano giunti dalla parte opposta di Milano, in camion, secondo la vecchia tecnica delle squadre d'azione», così *Risorgimento Liberale* spiega la dinamica dell'azione. «Da molti giorni a Milano vengono affissi negli atrii di molte case manifestini stampati a cura del Partito comunista, che invitano a 'reagire contro (segue uno spazio bianco per il nome della persona incriminata) perché di idee non comuniste'».[81] L'aperta apologia «di reati come il saccheggio, la devastazione, l'assassinio a danno di organizzazioni politiche e di giornali avversari mostra come i dirigenti comunisti abbiano perduto ogni remora»,[82] è un altro rilievo del giornale. Il quotidiano di Pannunzio ricorda che *l'Unità* è solita elogiare gli assalti alle sedi di testate avversarie, descrivendole come «covi di briganti fascisti distrutti a furia di popolo».[83]

La giustizia è necessariamente sommaria, se a essere minacciato è l'antifascismo. A Milano, i militanti dell'Uomo qualunque vengono puniti duramente. Il trentaquattrenne Ignazio di Lilla e l'amico di venticinque anni Giuseppe Creditutto[84] hanno fama di appartenere al partito di Giannini. Al primo spezzano un braccio a colpi di randello, l'altro presenta sul corpo numerose ferite di armi da taglio e un trauma cranico. A Foggia e a Bari nello stesso giorno vengono incendiati gli uffici dell'Upsea (Ufficio provinciale statistico economico agricolo).

[80] Non firmato, *Squadrismo organizzato*, in *Risorgimento Liberale*, 14 novembre 1947.
[81] *Ibidem.*
[82] *Ibidem.*
[83] *Ibidem.*
[84] Non firmato, *Incendi e devastazioni*, in *L'ora d'Italia*, 14 novembre 1947.

Basta poco per essere individuato come « fascista ». Anche solo la delazione di un vicino di casa. Al grido « il fascista », Giuseppe Zibordi di trentanove anni viene bastonato e ricoverato quasi in fin di vita ad Abbiategrasso. Stessa sorte tocca al trentenne Cesare Bianchi a Gratosoglio (nella periferia milanese). Anche a Cartura (a venticinque chilometri da Padova) c'è gran voglia di far piazza pulita dei qualunquisti: un gruppo di cento dimostranti cerca di trascinar fuori con la violenza dalla sede dell'Uq Dino Casetto, di quarant'anni, e il figlio di diciassette che impugna come il padre un fucile e spara sulla folla degli assedianti. Sono sette le persone che feriscono prima dell'arresto.[85]

La « vigilanza democratica »

Tutto sta rapidamente evolvendo. La tutela dei valori dell'antifascismo viene tirata continuamente in ballo persino se si tratta di difendere un'amministrazione di sinistra indagata per conti che non tornano. « Pescara resiste »: così strillano a caratteri cubitali i manifesti che tappezzano la città alla fine del tumultuoso novembre del 1947. I liberal di Pannunzio denunciano quello che sembra l'inizio di una nuova guerra civile.[86] Il ministro dell'Interno Mario Scelba ha promosso un'inchiesta governativa a Pescara per indagare su favoritismi, pressioni indebite e bilanci irregolari durante la gestione del sindaco socialista Italo Giovannucci.[87] È nominato un commissario straordinario per verificare lo stato di salute del comune. Per risposta, la città, in una giornata di pioggia

[85] *Ibidem.*

[86] P. Gentile, *È necessario difendersi*, in *Risorgimento Liberale*, 18 novembre 1947; Non firmato, *Un appello del Partito liberale agli italiani*, in *Risorgimento Liberale*, 18 novembre 1947.

[87] Non firmato, *I fatti di Pescara*, in *Corriere della Sera*, 12 dicembre 1947; Non firmato, *300 cittadini presidiano il Municipio*, in *l'Unità*, 13 dicembre 1947; Non firmato, *Tutto l'Abruzzo al fianco di Pescara*, in *l'Unità*, 15 dicembre 1947.

e vento sferzante, viene presidiata da camion carichi di partigiani « con la berretta operaia », scrive *l'Unità*,[88] che prendono militarmente possesso di strade e piazze. Il centro cittadino, occupato da militanti armati, piomba in un silenzio spettrale. Piazze e strade si svuotano. Scarseggiano acqua e viveri. Per uscire di casa e circolare sono necessari dei lasciapassare firmati dagli occupanti e dal sindaco. Vengono mobilitate le cucine dell'Ente comunale per offrire due ranci al giorno alle « truppe » che spadroneggiano. Mentre la Democrazia cristiana copre di avvisi i muri cittadini per rendere note tutte le inadempienze e le irregolarità compiute dalla giunta, il sindaco e i consiglieri comunali occupano prima il municipio, poi si trasferiscono nella sede del Psi sostenendo di non aver intenzione di indire nuove elezioni.

Pescara non è la sola città occupata. Anche a Verbania, dopo che partigiani hanno presidiato la città verso la fine del 1946, tornano gli ex combattenti con il fazzoletto rosso al collo. A Perugia dilaga la violenza: nell'antica città d'arte umbra scoppia una bomba carta nei locali che ospitano il Pci. Fortunatamente non fa danni. Chiamati dalle campane che suonano a stormo dal palazzo dei Priori, gruppi armati assaltano la sede del Pli. Lo stesso accade a Spoleto, battuta da uomini con i mitra spianati. Le sedi dei democristiani e dei liberali vengono saccheggiate e spogliate di tutto, con tavoli e mobili cosparsi di benzina e dati alle fiamme. Un gruppo di democristiani viene picchiato a San Severo e una truppa di alcune centinaia di persone attacca gli edifici che ospitano lo scudo crociato e i liberali. Divampa un incendio alimentato con taniche di petrolio.[89]

Non vi è città che non sia sotto pressione. A Cerignola i diccì non hanno vita facile. Gruppi di scioperanti sparano a raffica contro l'edificio che ospita lo scudo crociato e lanciano bombe a mano contro una caserma dei carabinieri. Dopo un assalto alle

[88] Non firmato, *300 cittadini presidiano il Municipio*, cit.

[89] Non firmato, *Preludio di guerra civile*, in *Risorgimento Liberale*, 16 novembre 1947; Non firmato, *Tre ore di battaglia*, in *Risorgimento Liberale*, 19 novembre 1947; Non firmato, in *Risorgimento Liberale*, 20 novembre 1947.

carceri sono liberati trentadue detenuti comuni.[90] La città pugliese è occupata ed è proibito circolare. Il permesso lo hanno solo camion con bandiera bianca per raccogliere i feriti (tra cui il vicequestore). Al circolo cooperativo Don Minzoni, prima che si scatenino gli scontri più violenti, pensionati e agricoltori stanno giocando a carte: anche qui arrivano i dimostranti. Gli anziani sono etichettati come «fascisti», vengono picchiati mentre viene messo tutto a soqquadro. Muore Angelino Domenico, di settantotto anni. Una casa colonica è messa a ferro e a fuoco.[91] Anche palazzo Cirillo-Farrusi è devastato. Ma non è ancora arrivato il momento in cui può placarsi il tornado che investe la penisola.

La «vigilanza democratica»[92] è lo slogan che lancia *l'Unità* e lo accompagna al grido di furore contro il fascista «mascherato». Si combina con i delitti di folla ed è sinonimo di ferocia. Come a Napoli. Fin dalle prime ore della mattina del 13 novembre, autocarri carichi di bandiere e di operai della Bombrini Parodi circolano per le vie della città per esercitare la «vigilanza democratica». Dopo aver assaltato la sede dell'Msi prendono in ostaggio un poliziotto. L'agente, sparando all'impazzata, riesce a darsi alla fuga. Ma viene riacciuffato e ferito con una coltellata all'inguine. Secondo un copione già sperimentato, uomini armati tengono lontani eventuali soccorritori mentre la vittima muore dissanguata.[93] Chiunque può finire sotto la lente del sospetto.[94] Contro gli antifascisti non doc o fascisti mimetizzati si diffondono persino liste di proscrizione. A Sesto San Giovanni vengono affissi manifesti di condanna dei neofascisti e vengono aggiunti a penna i nomi di quelli che sono sospettati di essere fascisti mascherati.[95] Intervistato sulla sua concezione della lotta politica in

[90] Non firmato, *Attaccata la forza pubblica a Cerignola*, in *L'ora d'Italia*, 16 novembre 1947.

[91] *Ibidem.*

[92] Non firmato, *Vigilanza democratica*, in *l'Unità*, 28 novembre 1947.

[93] Non firmato, *Incendi e devastazioni*, in *L'ora d'Italia*, cit.

[94] Non firmato, *Vigilanza democratica*, in *l'Unità*, cit.

[95] Non firmato, *Criminose campagne di stampa di gruppi reazionari e fascisti*,

fase pre-elettorale, Togliatti osserva: «Ci manterremo sul piano parlamentare fino a quando questo sarà possibile e per le questioni che possono essere risolte sullo stesso piano parlamentare». Del resto, aggiunge, «si possono fare delle rivoluzioni democratiche».[96]

In questi mesi, con i cadaveri che lastricano le strade, corre come su un filo elettrico l'idea della Resistenza come rivoluzione «ininterrotta». L'*Avanti!* titola a lettere cubitali sulla «rivoluzione a metà»,[97] con slogan che alcuni decenni dopo alimenteranno tanti cortei che inneggiano alla «Resistenza come rivoluzione tradita», alla «banda partigiana come esempio di democrazia diretta»,[98] alla mobilitazione antifascista contro il «fascismo di Stato»,[99] all'«antifascismo militante»[100] contro «l'antifascismo a parole e disarmante dei dirigenti revisionisti del Pci».[101]

Dalle scorribande della Volante rossa, dagli eccidi di piazza, dagli esempi del triangolo della morte, dalle rivolte del Sud, dall'ondata di scioperi che investe la penisola nasce un'eredità di vigilanza democratica molto specifica e italiana, destinata a scavalcare il secolo passato e ad arrivare a ridosso del nuovo secolo.[102] Lo

in *l'Unità*, 27 novembre 1947.

96 Non firmato, *Nuove azioni dirette minacciate da Togliatti*, in *L'ora d'Italia*, 14 novembre 1947. P. Togliatti, *Le prospettive della nostra lotta*, in *l'Unità*, 2 dicembre 1947.

97 Non firmato, *Battaglia aperta ed a fondo*, in *Avanti!*, 1° febbraio 1948.

98 Cfr. G. De Luna, *Le identità*, in G. De Luna e M. Revelli, *Fascismo e antifascismo. Le idee, le identità*, Firenze, La Nuova Italia, 1995.

99 Cfr. sul «fascismo di Stato» A. Lepre, *Storia della prima Repubblica. L'Italia del 1942 al 1992*, Bologna, Il Mulino, 1993; P. Ginsborg, *Storia d'Italia dal dopoguerra ad oggi. Società e politica 1943-1988*, vol. II, *Dal miracolo economico agli anni '80*, Torino, Einaudi, 1989; P. Craveri, *La repubblica dal 1958 al 1992*, Torino, Utet, 1995; G. Crainz, *Il paese mancato. Dal miracolo economico agli anni Ottanta*, Roma, Donzelli, 2003.

100 Non firmato, *Dal 25 aprile al 1° maggio*, in *Lotta continua*, 27 aprile 1972.

101 *Ibidem.*

102 L. Annunziata, *Brigatisti perché solo Italia?*, in *La Stampa*, 11 febbraio 2007.

spirito del 1947 ha infatti un suo indirizzo preciso: si colpiscono organi di stampa e giornalisti (come accadrà negli anni di piombo, con gambizzazioni e assassinii come quelli di Walter Tobagi o di Carlo Casalegno). A Milano, squadre provenienti dalla Stalingrado milanese, incendiano il giornale cattolico *l'Italia*. È il battesimo del fuoco. A Foggia, Ferrara, Brindisi, Lecce, sono dati alle fiamme *L'ora d'Italia*, *Rivolta ideale*, *Meridiano d'Italia*.[103] A Palermo, le rivolte e gli attacchi durano parecchi giorni e così pure gli incendi delle edicole e delle sedi dei giornali. Il 16 novembre a Bari, Napoli, Milano si demoliscono i punti vendita e si distruggono quelli che espongono *Risorgimento Liberale*, da tempo inserito nel novero degli « organi che si sono venduti ai plutocrati ».[104] « Le sinistre abbandonano la via della legalità e... vogliono creare nel paese una situazione disperata e intollerabile... vogliono dimostrare che senza di loro non si governa »,[105] è il giudizio senza appello di *Risorgimento Liberale*. Il giornale non manca di rilevare che tutte queste devastazioni sono compiute al grido di « neofascismo ». « La collusione fra Pietro Nenni e il neofascista Giovannini per la pubblicazione del settimanale 'Rosso e nero' fu a suo tempo dimostrata ampiamente; l'amnistia di Togliatti fu assai più ampia di quella che il re Umberto si proponeva di emanare, e altissimi gerarchi fascisti come Orfeo Sellani pubblicarono interviste su settimanali comunisti rivendicando una tendenza 'di sinistra' del fascismo da inserire tra le attuali forze 'progressive'. Lo stesso Togliatti ha intonato recentemente il 'vieni meco' ai 'fascisti di sinistra', cioè ai fascisti di Salò, e lo stesso Di Vittorio ha accolto un mese fa nella Cgil, senza alcuna obiezione, cioè con parole di simpatia, gli esponenti della corrente sindacalista-corporativa, fra i quali non mancano ex consiglieri nazionali e membri di governi fascisti. Quando si è assunto il criterio della simpatia e della indulgenza per i fascisti 'come tali' non si può decentemente gridare al pericolo neofascista dichiarandosi provocati e abbandonarsi a soprusi, distruzioni e

[103] Non firmato, in *Risorgimento Liberale*, 16 novembre 1947.
[104] P. Gentile, *Un partito tenebroso*, in *Risorgimento Liberale*, cit.
[105] M. Pannunzio, *Preludio di guerra civile*, in *Risorgimento Liberale*, cit.

massacri a danno di chi col neofascismo – a differenza di Togliatti – non ha mai voluto aver nulla a che fare».[106]

Prosegue in tutta la penisola la distruzione delle edicole che mostrano giornali non graditi, dal *Mattino d'Italia* a *Risorgimento Liberale* alla *Voce repubblicana*. Alla luce dei falò dei giornali che bruciano, ancora una volta, spiega *l'Unità*, gli operai si mobilitano all'insegna della «vigilanza democratica».[107] A Udine, dopo un comizio svoltosi in piazza della Libertà per protestare contro licenziamenti di operai, un corteo di dimostranti assalta la redazione del *Lunedì*,[108] settimanale che conduce una battaglia contro la cessione di Trieste alla Jugoslavia. Quindi viene invasa la sede del *Messaggero Veneto*.[109] Lo stile ricorda quello dei roghi nazisti e fascisti di pagine e pagine e così anche in Parlamento si discute in maniera accanita se «i metodi fascisti sono tornati nelle piazze e se al manganello si è sostituito il mitra».[110]

Difficile distinguere tra democristiani, liberali, monarchici, qualunquisti, socialisti saragattiani, repubblicani. La guerra intestina non permette esitazioni, obbliga a certezze. E il neofascismo, come ricorda il quotidiano di Pannunzio, spesso è un pretesto. Non solo gli esponenti dei partiti, i militanti, i politici, ma anche persone qualsiasi entrano nel novero dei fascisti mascherati che simulano di essere antifascisti. Per finire tra i dannati e acquisire la nomea basta poco: magari essere un profugo giuliano.

Ha trentatré anni Silvestro Zuppino ed è riuscito a scappare da Fiume, diventata Rijeka, dopo essere entrato nel mirino dell'Ozna, il temibile Distaccamento per la difesa del popolo, polizia temutissima quanto il Tribunale popolare. Pagando a caro prezzo

[106] Non firmato, *Il neofascismo è un pretesto*, in *Risorgimento Liberale*, 20 novembre 1947.

[107] Non firmato, *Vigilanza democratica*, in *l'Unità*, cit.

[108] Non firmato, *Conflitto nel leccese: 2 morti e 14 feriti*, in *L'ora d'Italia*, 21 novembre 1947.

[109] *Ibidem*.

[110] Non firmato, *Altri giornali bruciati*, in *Risorgimento Liberale*, 16 novembre 1947; Non firmato, *Criminose campagna di stampa di gruppi reazionari e fascisti*, in *l'Unità*, 27 novembre 1947.

la sua fuga è riuscito a venire via dalla sua città. Ma tutti a Zeme, in Lomellina, sanno chi è, da dove viene e quali sono le sue idee politiche. È la notte tra il 17 e il 18 novembre, le strade sono deserte, Silvestro viene freddato a colpi di pistola.[111] La polizia ancora una volta segue la pista del delitto politico.

I liberali non sono tollerati ad Alessandria né a Vercelli (quattro feriti gravi con in prima fila il segretario del locale Pli), e nemmeno a Lucera, Manfredonia e ad Ascoli Satriano, in provincia di Foggia (tre feriti). Qui intervengono agenti armati per fermare gli assalti e si scatena il far west contro le sezioni liberali, mentre esponenti diccì vengono accoltellati. Tre ragazzi dello scudo crociato sono presi a bastonate e finiscono in corsia con costole e gambe spezzate.

Ancora i liberali sono sotto tiro a Livorno. Sono le 10.30 del 13 novembre quando arriva un assalto inaspettato. La sede del Pli in piazza Cavour viene presa all'arrembaggio, si scardinano porte e finestre, macchine da scrivere e tavoli finiscono in strada[112] e gli assalitori si accaniscono con armi e sassi.

A Minervino Murge, Bitonto, Bisceglie, Bari, mentre è in atto uno sciopero generale, i manifestanti tagliano i fili del telegrafo e del telefono ed effettuano posti di blocco. A Corato, vicino a Bari, un nuovo scontro feroce occupa la scena. Alcuni scioperanti fermati dalle forze di polizia sono stati trovati in possesso di mitra e bombe a mano. Dopo essere stati rilasciati partono al contrattacco. Aiutati dalla solita folta folla, che si va ingrossando con l'ausilio dei soliti pullman carichi di « lavoratori », la locale caserma viene presa di mira con bombe a mano. Il perimetro esterno è cosparso di benzina, tanto da rischiare di trasformare i militari asserragliati all'interno in torce umane. Le squadre di polizia avviano un conflitto a fuoco per liberarli dall'assedio. Tutto termina con otto feriti, tra cui due militanti comunisti, mentre gli altri sono agenti.[113]

[111] Non firmato, *Profugo giuliano ucciso a rivoltellate in Lomellina*, in *L'ora d'Italia*, 19 novembre 1947.

[112] Non firmato, *Incendi e devastazioni*, in *L'ora d'Italia*, cit.

[113] Non firmato, *Sedizione rossa in Puglia*, in *L'ora d'Italia*, 19 novembre 1947.

Le sedi dei partiti sono presidiate con i mitra spianati. A Gravina di Puglia, durante un assalto alla diccì, lo spazzino comunista Ignazio Abbadessa viene ferito a morte. In un primo momento viene indicato come responsabile dell'omicidio il democristiano Fabio Clori, ma dopo un'ulteriore indagine verrà scagionato. Numerosi i feriti a Campo Salentino, in provincia di Lecce, durante uno scontro a fuoco. Quattordici agenti di polizia finiscono in ospedale. Trapassati da colpi di rivoltella, muoiono due dimostranti.[114]

La Dc è fra i nemici da abbattere: il 20 novembre la situazione in Puglia si aggrava. A Bitonto gruppi armati, come in una rappresentazione più volte ripetuta, procedono a ranghi serrati contro la sede della Dc, del Circolo cacciatori e dell'Uq. Le forze di polizia non ce la fanno a contrastarli e due carabinieri e un agente rimangono feriti. Gli agguati si susseguono. Alle 5.30 della mattina del 21, sempre a Bitonto, l'anziano don Pasquale Di Leo si sta recando a piedi per dir messa in un piccola chiesa un po' fuori dell'abitato.[115] Una bomba a mano lanciatagli alle spalle lo ferisce gravemente. A Bisignano un gruppo di militanti comunisti tenta di invadere la sede dell'Uq. La polizia, avuta notizia dell'assalto che si sta progettando, è già schierata e uccide uno degli assalitori. A Isola Capo Rizzuto, Cutro, Maida, Strongoli vengono eretti posti di blocco e barricate e si susseguono incursioni nelle caserme per impadronirsi delle armi.[116] Le azioni sono coordinate.

Sono tutte storie dimenticate e non approfondite. Al contrario, l'episodio destinato a rimanere in luce in questo anno pieno di tenebre è la protesta contro il trasferimento del prefetto di Milano, Ettore Troilo, che ha luogo il 27 novembre. Durante la guerra, Troilo ha comandato il più importante reparto partigiano del Centro-sud, il Corpo volontari Maiella. Ma pochi giorni dopo il

[114] Non firmato, *Conflitto nel Leccese: 2 morti e 14 feriti*, in *L'ora d'Italia*, cit.

[115] Non firmato, *Odio, sangue, angoscia*, in *L'ora d'Italia*, 22 novembre 1947.

[116] Non firmato, *Sangue in Calabria*, in *L'ora d'Italia*, 26 novembre 1947.

pubblico linciaggio di Magenes, il ministro degli Interni, prendendo spunto da una divergenza di opinioni sullo sciopero generale, decide di sostituirlo. Questo intervento « appare ai partiti di sinistra, ai militanti e agli ex partigiani come l'ennesimo insulto ai valori e ai protagonisti della Resistenza ».[117] Il 28, dopo molte trattative, Pci, Psiup, Pri e Psli decidono uno sciopero generale di dodici ore. Il Pci lo avrebbe voluto a oltranza. Alle 13.30 Milano è tutta ferma. Un deserto. Chiudono i giornali, la radio sospende le trasmissioni, cinema, teatri e negozi sono sbarrati. Vengono bloccati i trasporti pubblici. Le strade sono controllate da ex partigiani armati pronti a punire i trasgressori. Nel pomeriggio è assaltata la sede dell'Msi e viene occupata la Rai di corso Sempione. La città comincia a spopolarsi. File di macchine con a bordo le famiglie più facoltose sono in marcia verso il confine con la Svizzera. Per circa quarantott'ore tutta la provincia appare sull'orlo della guerra civile. La tensione è destinata ad allentarsi e a scemare a partire dal momento in cui Giancarlo Pajetta cerca, senza successo, di mettersi in comunicazione con il presidente del Consiglio Alcide De Gasperi. La parola decisiva è quella di Togliatti. All'annuncio trionfale di Pajetta: « Abbiamo la prefettura », il leader risponderà con l'algida e nota battuta: « Bravi, è adesso che ve ne fate? »[118] Il governo concede a Troilo ancora qualche giorno per consentire ai partiti di sinistra di sospendere l'agitazione e mandare a casa i partigiani; poi verrà sostituito da un uomo di Scelba.

Pajetta successivamente affermerà che l'occupazione aveva solo un carattere dimostrativo e che, se si fosse fatta concreta la prospettiva di uno scontro armato con le forze dell'ordine, si era pronti ad abbandonare le postazioni.[119] Ma la vicenda Troilo è la punta di un iceberg. Sotto c'è un mare di violenza. Rinvigoriti dal

[117] C. Guerriero e F. Rondinelli, *La volante rossa*, cit., pp. 37-38.

[118] C. Troilo, *La guerra di Troilo. Novembre 1947: l'occupazione della Prefettura di Milano, ultima trincea della Resistenza*, Soveria Mannelli, Rubbettino, 2005; C. Guerriero e F. Rondinelli, *La volante rossa*, cit., p. 38.

[119] C. Guerriero e F. Rondinelli, *La volante rossa*, cit., p. 38.

tourbillon che devasta lo stivale, i «bravi ragazzi» della Volante rossa sono in azione. Il 6 dicembre alcuni uomini armati aggrediscono e picchiano una guardia giurata della Breda di Sesto San Giovanni. E non è finita. Sei giorni dopo arrivano in camion i ragazzi di Lambrate. Sono venticinque, tutti armati. Quattro entrano nel palazzo milanese di via Natale Battaglia. Chiedono dell'ingegner Italo Toffanello, già vicedirettore dello stabilimento Vittoria delle Acciaierie Falck, poi epurato perché ritenuto responsabile della deportazione in Germania di sessanta operai. Sono le 21.20, la serata è gelida. Ha appena nevicato. L'ingegnere viene fatto salire sull'autocarro con una rivoltella puntata alla tempia e portato vicino a piazza Duomo. Lì viene abbandonato privo di vestiti mentre un pacchetto con i suoi abiti viene deposto a piazzale Loreto. Si telefona alla polizia perché lo ritiri. Appuntato al pacco c'è un biglietto: «È stata una lezione al signor Toffanello. Restituiamo quello che era in suo possesso». Segue la firma: «Un gruppo di bravi ragazzi».[120] Mentre continuano i delitti nel triangolo rosso – come l'omicidio il 17 novembre 1948 di Angelo Casolari e Anna Ducati, assassinati nella casa parrocchiale di Freto, in provincia di Modena –, in parallelo proseguono anche gli assassini della Volante rossa: con l'eliminazione nel 1949 di Felice Ghisalberti, un piccolo artigiano colpito al cuore da proiettili sparati da un tassì, e di un impiegato, Leonardo Massaza, ex direttore di una filiale della Banca Commerciale durante gli anni del fascio. L'11 febbraio dello stesso anno verranno arrestati, per l'omicio di Ghisalberti, Paolo Finardi ed Eligio Trincheri, ex fascista repubblichino passato al terrorismo rosso: condannato all'ergastolo, Trincheri verrà graziato negli anni Settanta. Pena analoga per Alvaro, ovvero Giulio Paggio – che ha comandato, nel corso della Resistenza, la 118ª Brigata Garibaldi –, operaio originario di Saronno che ripara oltre cortina[121] insieme ad altri giovanotti della Volante rossa.

[120] *Ibidem*, p. 41.

[121] C. Bermani, *Storia e mito della Volante rossa*, prefazione di G. Galli, Milano, Nuove Edizioni Internazionali, 1967.

Dal Centro al Nord al Sud è un fuoco di fila di devastazioni e omicidi. A Roma il 5 dicembre 1947, mentre i « ragazzi » operano al Nord, la violenza acquista tonalità accese e ogni sciopero si configura come un preludio di guerra intestina. Persino la capitale è diventata un accampamento: tutta attraversata da cortei di militanti con bandiere rosse ed ex partigiani che, con le pistole sotto i giubbotti, bivaccano e stazionano in vari, strategici punti. Il centro della metropoli è bloccato, da piazza Garibaldi a Ponte Milvio, da Ostia a Primavalle, da via Casilina a via dell'Acqua Bulicante, a via di Tor Pignattara. Un serpentone di folla collega vari punti della città con bandiere con falce e martello, mitra e tanti bastoni. A Tor Pignattara inizia un conflitto a fuoco tra polizia e dimostranti. Un manifestante, Cecilio Pellegrini, si accascia al suolo per un proiettile che gli ha trapassato la coscia. Morirà qualche ora dopo in ospedale. Il ventunenne Giuseppe Tannea è ferocemente colpito alla testa: è intervenuto a difesa di un ragazzino di undici anni picchiato dopo che ha incautamente gridato il suo sostegno alle forze dell'ordine. A questo punto un sottufficiale, Giovanni Di Dio, si offre come mediatore e interviene per far liberare il ragazzo e per soccorrere altri feriti. All'agente viene chiesto di depositare il mitra mentre si avvicina al gruppo dei « ribelli » e lui esegue confidando che lo facciano passare. Ma appena è a portata di mano, viene sopraffatto e preso a pugni, calci e sprangate. Altri poliziotti riescono a sottrarre alla furia degli assalitori e a trascinare via il corpo inerte ma ancora vivo del sottufficiale.[122]

Il 21 gennaio 1948 *l'Unità* lancia un nuovo minaccioso avvertimento: « Chi acquista la stampa gialla fornisce denari ai propri nemici [sic] dell'Italia ». Il linguaggio alquanto sgrammaticato offre il pretesto per qualche battuta: *Risorgimento Liberale* ironizza sull'anonimo estensore del pezzo scritto in un italiano zoppicante e vi vede la mano di Secchia, ribattezzato per l'occasione

[122] Non firmato, *Bombe. Barricate. Un morto*, in *L'ora d'Italia*, 6 dicembre 1947.

«il temuto nemico della sintassi». In alternativa, continua *Risorgimento Liberale*, «un'attribuzione a Di Vittorio non sarebbe del tutto fuor di luogo».[123] Svarioni linguistici a parte, la testata comunista incrementava l'elenco dei nemici di carta da sabotare – che comprendeva, tra gli altri, in primis *Risorgimento Liberale* affiancato da nuovi titoli: *Il Tempo*, *Il Messaggero*, *Il Giornale d'Italia*, *Il Giornale della Sera*, *Momento*, *Momento Sera* e *l'Espresso* (nulla a che vedere con l'attuale settimanale).

Dall'inizio del 1946 al 1948 si brucia così l'unità antifascista, il patrimonio accumulato nei mesi della guerra partigiana. Insieme ai giornali «oppositori», riuniti in un unico falò senza distinguo, si getta alle fiamme la possibilità di una diversa lettura degli uomini e dei fatti della Resistenza. L'anno 1947 si è concluso con la nascita, il 28 dicembre, del Fronte popolare, sotto il cui simbolo Pci e Psi sfideranno la Dc e gli alleati nelle elezioni della successiva primavera. La sconfitta del Fronte e la vittoria clamorosa dello scudo crociato vengono attribuite da Giorgio Bocca a un'opinione pubblica ancora condizionata dall'«eredità fascista, dalla sua ventennale predicazione di odio e di disprezzo per i comunisti presentati a generazioni di italiani come i nemici della patria, gli uomini del colpo di pistola alla nuca, i fanatici servi di una potenza straniera remota e incomprensibile con cui non si hanno rapporti culturali e di cui si conosce poco o nulla».[124] Era proprio così? Oppure la tattica degli illegalismi e dei delitti di folla, nel segreto dell'urna, aveva dirottato i voti alla Dc?

Il Fronte, persa la gara delle schede elettorali, vincerà però un'altra, importante battaglia culturale. Ormai il segno è netto tra chi è dentro e chi non rientra nella truppa degli «uomini di qualità». Questa la vera eredità resistenziale. La superiorità dei

[123] Non firmato, *Fango*, in *Risorgimento Liberale*, 23 gennaio 1948.

[124] G. Bocca (in *Palmiro Togliatti*, cit., v. II, p. 448) spiega in questi termini la vittoria elettorale della Dc il 18 aprile 1948, con il 48,51 per cento e la maggioranza assoluta alla Camera contro il 30,98 per cento del Fronte popolare.

monopolisti dell'antifascismo, l'egemonia degli uomini non qualunque è stata anche affermata sulle strade e nelle città in via di ricostruzione nel 1947. Al contrario gli «uomini qualunque» sono cacciati nel limbo dei falsi antifascisti o nell'inferno dei democratici con la rogna, come diceva Togliatti in maniera un po' sbrigativa ma efficace. Il mito dell'attacco alla Resistenza si è consolidato. Giunge così quasi al capolinea anche l'esperienza liberal del quotidiano. Ma si rinsaldava per Pannunzio e i suoi fedelissimi la consapevolezza che il progetto della terza forza andava mantenuto in vita. Magari su altre testate.

Capitolo VI

IL COMPLESSO DEI MIGLIORI

Gli incendi accesi dai « gargarismi » togliattiani ancora divampano mentre Pannunzio abbandona la navicella, il 5 dicembre 1947, con il giornale assaltato e con i liberali assediati, messi alle corde e sempre più pronti a stringere patti di ferro con la destra monarchica. La direzione passa a Manlio Lupinacci che, in sintonia con la virata del Pli abbandonato dai liberali di sinistra, accompagnerà la testata fino al suo esaurimento, il 20 ottobre 1948. Nel frattempo era stato proprio il timoniere di *Risorgimento Liberale*, alla fine dell'agitato 1947, a capitanare la scissione a sinistra nel Pli, contro la corrente di destra guidata da Roberto Lucifero.[1] La terza forza di Pannunzio era pronta per approdare sulle colonne di un nuovo settimanale. A Roma, in via Campo Marzio, al piano nobile di un antico palazzo, dietro una porta con mezzi vetri e tendine verdi, il giornalista affrontava con *Il Mondo* la fatica della dissidenza.[2] Un vero travaso di forze collegava *Risorgimento Liberale* e questa nuova impresa della carta stampata: stesso direttore, stesso gruppo fondatore, stesse firme destinate a crescere e ad aumentare negli anni.[3] Alberto Arbasino ne definirà lo stile come caratteriz-

[1] A. Jannazzo, *Il liberalismo italiano del Novecento. Da Giolitti a Malagodi*, cit., p. 190.

[2] G. Leuzzi, Il Mondo *non abita più qui*, Napoli, Liguori, 1989; N. Ajello, *Lezioni di giornalismo*, Milano, Garzanti, 1985; M. Del Bosco, *I radicali e* Il Mondo, Torino, Eri, 1979.

[3] Nello Ajello, Carlo Antoni, Alberto Arbasino, Achille Battaglia, Vitaliano Brancati, Guido Calogero, Antonio Cederna, Marco Cesarini Sforza, Nicola Chiaromonte, Giovanni Comisso, Francesco Compagna, Benedetto Croce, Vittorio De Caprariis, Sandro De Feo, Ennio Flaiano, Enzo Forcella, Alessandro

zato da una «vecchia eleganza intellettuale mediterranea che guardava a un'Europa così lontana, però pensata e ripensata, una cultura non da club o da coffee-house ma da antica Agorà».[4] Una cifra elegante che accompagnerà l'agorà-agone dei pannunziani fino alla nascita del Partito radicale.

La continuità con *Risorgimento Liberale* si riconosceva persino nell'identità delle rubriche. Come le «Lettere scarlatte», che si ritrovavano sul *Mondo* e su *Risorgimento Liberale.* Mentre «Documenti scarlatti» era apparsa su *Oggi*, rivista pannunziana del ventennio. Sul *Mondo* e su *Risorgimento Liberale* stessa verve antagonista, snob, oppositiva, che Eugenio Scalfari considererà un'eredità della fronda longanesiana, ovvero un lascito di Leo Longanesi, caposcuola dalla fine degli anni Trenta d'un nuovo giornalismo fondato anche sull'«alleanza tra lo snobismo e l'opposizione».[5] «Il primo numero del *Mondo*», ricorda il fondatore di *Repubblica*,[6] «uscì in edicola il 19 febbraio del 1949. Aveva 16

Galante Garrone, Aldo Garosci, Vittorio Gorresio, Arturo Carlo Jemolo, Raffaele La Capria, Ugo La Malfa, Tommaso Landolfi, Riccardo Lombardi, Mino Maccari, Giulia Massari, Alfredo Mezio, Paolo Monelli, Eugenio Montale, Alberto Moravia, Cesare Musatti, G. Gaspare Napolitano, Mario Paggi, Pier Paolo Pasolini, Ercole Patti, Leopoldo Piccardi, Domenico Rea, Stefano Rodotà, Rosario Romeo, Alberto Ronchey, Lina Ruffini, Giovanni Russo, Massimo Salvadori, Luigi Salvatorelli, Giuseppe Saragat, Eugenio Scalfari, Ignazio Silone, Giovanni Spadolini, Enzo Tagliacozzo, Mario Tobino, Leo Valiani, Mario Vinciguerra e tanti altri.

[4] I. Man, *Lo snob che vide lontano*, in *La Stampa*, 21 maggio 2007.

[5] E. Scalfari, *La sera andavamo in via Veneto*, cit., p. 12: «La storia dei liberals del *Mondo*, paradossalmente, non può neppure essere raccontata se non si parte da Longanesi, sloganista del fascismo e contemporaneamente dell'antifascismo prima e durante gli anni di guerra e, sucessivamente, fondatore del 'Borghese' e intellettuale organico... della destra ribalda e qualunquista... Longanesi fece nell'Italia dei Littoriali un'operazione in qualche modo simile a quella fatta dall'abate Scarron a Parigi durante la fronda dei principi all'epoca della reggenza del cardinal Mazzarino. L'abate Scarron era soprattutto un uomo di spirito. Idee politiche, per quel che se ne sa, nessuna, salvo quella del contraddire e del brillare contraddicendo... inaugurò così una tradizione che sarebbe durata a lungo nella storia politica europea e cioè: l'alleanza tra lo snobismo e l'opposizione».

[6] *Ibidem.*

pagine e costava 80 lire. L'articolo di fondo era anonimo ed era dedicato alla politica di Stalin, ovviamente con toni molto critici. L'altro articolo di prima pagina era firmato da Carlo Sforza, allora ministro degli Esteri, ed era dedicato all'Europa. In seconda pagina il 'Taccuino', cioè i commenti anonimi del giornale, di politica interna e di costume, e fu quella la vera sede dalla quale Pannunzio, servendosi di giornalisti di notevole livello, sarebbe settimanalmente intervenuto sulle vicende italiane... Di fatto, tutta la cultura italiana non marxista passò fin dai primi mesi su quelle pagine e vi rimase, più o meno, fino ai primi anni Sessanta. Poi cominciarono le separazioni e la schiera si assottigliò».[7]

La strada di Pannunzio incrociava così quella di Esto e dello «zio» Salvemini. Rossi aveva fatto la sua apparizione sul secondo numero del *Mondo* con un lungo intervento su *La peste nella scuola*.[8] E sollecitava lo «zio» a salire sulla stessa barca: «La direttiva generale del *Mondo* è quella che si chiama 'terza forza', né comunista né democristiana; presa di posizione ben netta contro il fascismo e la monarchia... Secondo me conviene fare il possibile perché questo 'luogo di raduno' mantenga i collegamenti fra gli uomini della terza forza indipendentemente dai partiti ai quali appartengono».[9] Il nuovo giornale di Pannunzio era pronto, inizialmente tramite gli interventi di Rossi, Salvemini, Mario Ferrara e altri, a dar vita «nel paese a un movimento di sinistra, che sia indipendente tanto dai comunisti quanto dai democristi, e che offra una soluzione ai problemi attuali».[10] Era il sogno, sempre inseguito e mai raggiunto, di una sinistra italiana distinta e distante dal Pci ma anche pronta a combattere sia il ritorno di un fascismo «manganellatore», sia un «fascismo omeopatico»[11] di marca diccì: «I liberali, repubblicani e socialisti sono diventati

[7] *Ibidem*, pp. 79-80.
[8] E. Rossi, *La peste nella scuola*, in *Il Mondo*, 26 marzo 1949.
[9] G. Fiori, *Una storia italiana. Vita di Ernesto Rossi*, cit., p. 247.
[10] G. Salvemini, *La capponaia*, in *Controcorrente*, agosto 1948; ora in Idem, *Opere. Scritti vari*, cit., vol. VIII, pp. 756-757.
[11] G. Salvemini, *Qualche sasso in capponaia*, in *Il Mondo*, 24 dicembre 1949; ora in Idem, *Opere. Scritti vari*, cit., vol. VIII, p. 779.

prigionieri di guerra dei democristi oppure sono finiti nella grondaia neofascista»,[12] sosteneva Salvemini.

Eppure il sogno di Rossi, Salvemini e anche dello stesso Pannunzio non vedrà la luce nei termini in cui era stato concepito. Una strada di solitudine si aprirà per i PM o Pazzi Malinconici[13] o grandi eretici, fino alla drammatica rottura tra Rossi e Pannunzio. L'amichevole rapporto fra i due inciamperà sui fogli di *Oggi*: rinfacciati dal veemente Esto all'amico come scritti razzisti e fascisti.[14]

Prima ancora di questa separazione, comunque, la stragrande maggioranza degli intellettuali italiani di sinistra non condivise l'indirizzo tracciato dai profeti disarmati,[15] come Salvemini aveva ribattezzato politici e intellettuali liberal. Lo stesso *Mondo* non procederà nel solco di *Risorgimento Liberale*, nonostante le prese di posizione di Vittorio De Caprariis sull'Urss nella rubrica «Ventesimo secolo», firmata Turcaret, le battaglie contro il dogmatismo marxista di Nicola Chiaromonte[16] o di Giovanni Ferrara,[17] il rifiuto di cadere nella «trappola» di Togliatti opposto da Garosci, Rossi o Salvemini. Destinerà agli scantinati della memoria quegli argomenti-tabù per la sinistra italiana che il quotidiano aveva invece affrontato nella sua breve vita: dalla vera storia degli omicidi del triangolo rosso, alle ingiustizie nei confronti dei reduci, alla realtà dei prigionieri di guerra in Urss, ai campi di concentramento in Jugoslavia, alle foibe, alla ricostruzione della «guerra guerreggiata» che aveva terremotato i mesi appena passati. Sulle pagine del nuovo settimanale di Pannunzio, Rossi e Salvemini saranno i principali custodi della memoria degli avvenimenti percepiti come spine nel fianco dagli intellettuali comu-

[12] G. Salvemini, *Miliardi elettorali*, in *Il Mondo*, 19 aprile 1952; ora in Idem, *Opere. Scritti vari*, cit., vol. VIII, p. 785.

[13] G. Salvemini, *La pelle di Zigrino*, in *Il Mondo*, cit.

[14] Cfr. nota 11, capitolo 1.

[15] G. Salvemini, *Complesso pontificale*, in *Il Mondo*, cit.

[16] N. Chiaromonte, *Dietro l'altare marxista*, in *Il Mondo*, 28 aprile 1951.

[17] G. Ferrara, *Tentazione comunista*, in *Il Mondo*, 9 gennaio 1962.

nisti e dai loro « compagni di strada ». Ma quali furono le ragioni del progressivo abbandono da parte del *Mondo* delle tematiche che più avevano caratterizzato *Risorgimento Liberale*?

« Quando nacque *Il Mondo* la cultura laica italiana era debole e divisa. Il Pci faceva prigionieri gli intellettuali nella concezione gramsciana del rapporto tra partito e cultura »,[18] ha scritto Giovanni Russo. Una cultura laica e disunita, da una parte, e dall'altra il miraggio di un approdo culturale ricco di lusinghe e di promesse: i prigionieri erano ben felici di farsi catturare. Il 1° febbraio 1948 al Planetario di Roma gran parte della cultura italiana era schierata sotto l'effigie di Garibaldi, emblema della lista elettorale in cui il Partito comunista e il Partito socialista si presentavano alle elezioni uniti nel Fronte Popolare. Una truppa di « utili idioti », così Ernesto Rossi aveva battezzato i fiancheggiatori del Pci. Nell'*Italia socialista* osservava che « in Jugoslavia questi intellettuali li chiamano Koristni Nevini, gli 'utili idioti'. A Firenze », continuava, « invece dicono: 'Pei bischeri non c'è Paradiso' ».[19] Croce i nuovi adepti li condannava come « sciocchi o vanesi ».[20] Sciocchi o vanesi o « utili idioti », però, in quell'anno gli intellettuali aderenti al nuovo credo erano una pattuglia di tutto rispetto: tramite la raccolta di firme di scrittori, registi, pittori e giornalisti fatta dall'*Avanti!* e dall'*Unità*, i sottoscrittori saranno più di trecento. Anche se non pochi furono comunque i ripensamenti, con *Risorgimento Liberale*, *l'Europeo* e *Oggi* che intercettavano i firmatari del manifesto a favore del Fronte popolare per captare eventuali abiure.

L'ombrello comunista, sosteneva Esto,[21] si era aperto come

[18] G. Russo, *Così andava il mondo*, in *Critica Liberale*, giugno-luglio, vol. X, n. 92-93, 2003.

[19] E. Rossi, *Pei bischeri non c'è Paradiso*, in *L'Italia socialista*, 26 febbraio 1948.

[20] N. Ajello, *Intellettuali e Pci. 1944-1958*, Roma, Laterza, 1979, p. 160.

[21] E. Rossi a G. Salvemini, Roma, 16 gennaio 1955; ora in *Dall'esilio alla Repubblica. Lettere 1944-1957*, cit., p. 765 : « La nostra non è una posizione di intolleranza: è una diversa posizione politica. Parri e Calamandrei sostengono che quando piove dobbiamo metterci sotto l'ombrello con i comunisti. Noi

rifugio per gli intellettuali pronti ad accorrere, vogliosi di entrare nel perimetro degli uomini di qualità. Zelanti, in special modo, tutti quelli che avevano un consistente background in camicia nera (da Salvatore Quasimodo a Massimo Bontempelli, Carlo Bernari, il creatore del premio Viareggio Leonida Répaci, Sibilla Aleramo, Renato Guttuso, Giulio Carlo Argan, Carlo Lizzani, Roberto Rossellini, Giuseppe Ungaretti, il fondatore del premio Strega Goffredo Bellonci e così via).[22]

Molto solerti persino i più apparentemente sdegnosi, i cosiddetti «puritani», ora desiderosi di risiedere nell'area privilegiata dei migliori,[23] degli «uomini non qualunque»: Piero Calamandrei e lo storico e giurista Arturo Carlo Jemolo. Pure loro vogliosi di fugare le ombre del passato, protetti dall'ombrello del Pci smacchiatore o fonte battesimale. «Di Jemolo credo di averti fatto leggere quello che scrisse nel *Dizionario di politica*, a cura del Pnf. Di Calamandrei mi ha fatto leggere, ieri, Pannunzio alcune pagine parecchio antipatiche nelle premesse storiche alle *Istituzioni di diritto processuale civile secondo il nuovo codice* – Padova, 1941», scrive Rossi a Salvemini.[24] Si riferisce a un brano di Je-

invece diciamo: camminare divisi e battere uniti. [...] *Noi non diamo ostracismi a nessuno.* Desideriamo solo mantenere una posizione chiara, comprensibile da tutti, nei confronti dei comunisti. E questa posizione è diversa dalle posizioni di Parri e Calamandrei».

22 Cfr. M. Serri, *I redenti*, cit.

23 Cfr. L. Ricolfi, *Perché siamo antipatici? La sinistra e il complesso dei migliori*, cit.

24 E. Rossi a G. Salvemini, Roma, 3 febbraio 1954; ora in E. Rossi e G. Salvemini, *Dall'esilio alla Repubblica. Lettere 1944-1957*, cit., p. 715. Cfr., ancora a dimostrazione dell'atteggiamento di Jemolo troppo compiacente nei confronti del regime, un'altra lettera di Rossi. Esto riporta integralmente a Salvemini la voce *Chiesa e Stato* tratta dal *Dizionario di politica* a cura del Pnf, Istituto dell'Enciclopedia Italiana, Roma, Anno XVIII: E. Rossi a G. Salvemini, Roma, 24 settembre 1953; ora in E. Rossi e G. Salvemini, *Dall'esilio alla Repubblica. Lettere 1944-1957*, cit., p. 699. Sul *Dizionario di politica* e sugli intellettuali che vi presero parte, cfr. A. Pedio, *La cultura del totalitarismo imperfetto. Il Dizionario di Politica del Partito nazionale fascista (1940)*, Milano, Unicopli, 2000.

molo ricco di omaggi sia al Concordato sia al discorso tenuto dal duce in Senato il 25 maggio 1929. E ad alcuni scritti «servili» di Calamandrei, divenuto poi sommo bardo di una Resistenza a cui non aveva partecipato. «Un uomo, Calamandrei, che durante il Ventennio mussoliniano aveva scelto di vivere l'antifascismo entro una dimensione privata, piuttosto che attraverso lo scontro aperto con il regime», osserva Sergio Luzzatto, prefatore della nuova edizione di *Uomini e città della Resistenza* di Calamandrei. «E che al momento della resa dei conti, durante la guerra civile, aveva scelto di nascondersi in Umbria... Un uomo che nel suo diario di sfollato, fra il 1943 e il '44, aveva espresso più di una riserva sulla Resistenza armata; e che soltanto dopo la Liberazione si era riconciliato con i partigiani, diventando il cantore delle loro gesta e del loro martirio.»[25] A Calamandrei, Rossi destinerà parole di fuoco in quanto esponente, insieme a Parri, della genìa che più detesta: i cantori, i retori, nonché fiancheggiatori di tutte le battaglie comuniste. «A dirti la verità io ho terribilmente sui coglioni tutte le commemorazioni ed in particolar modo quelle combattentistiche (garibaldini, reduci, partigiani...) Penso che il buon Ferruccio... andando a braccetto con Longo faccia completamente il gioco dei comunisti... io non ho mai preso sul serio l'epopea dei partigiani quale risulta nelle 'orazioni' di Calamandrei e di altri storici della Resistenza... Se nel 1918 avessimo perduto, un Calamandrei ne avrebbe raccontata l'epopea... la guerra partigiana è un 'mito' che serve come strumento di lotta contro i fascisti».[26]

L'estesa e composita galassia dei nuovi emergenti nell'Italia postbellica sarà descritta anche da Franco Fortini come l'affer-

[25] S. Luzzatto, *Piero Calamandrei fu soltanto un desistente*, in *Corriere della Sera*, 25 gennaio 2006, e la risposta di G. De Luna, *Su Calamandrei. Luzzatto, l'occasione mancata*, in *La Stampa*, 2 febbraio 2006, a proposito della ristampa di *Uomini e città della Resistenza*, Roma, Laterza, 2006 (con l'introduzione dello stesso Luzzatto e con la prefazione di C.A. Ciampi). Uscito per la prima volta nel 1955, il volume raccoglie gli scritti, i discorsi, le epigrafi di argomento resistenziale di Calamandrei nel dopoguerra.

[26] E. Rossi a G. Salvemini, Roma, 24 febbraio 1955; ora in E. Rossi e G. Salvemini, *Dall'esilio alla repubblica. Lettere 1944-1957*, cit., pp. 787-788.

marsi di un nuovo ceto, di una «casta sociale di sinistra»[27] che si nutriva del complesso dei «migliori», del privilegio di rientrare nell'area degli «intellettuali non qualunque»: «Penso, per esempio, al gruppo di intellettuali accademici già allora comunisti, o vicini al comunismo: Banfi, Marchesi, Bianchi Bandinelli, Cantimori, Garin e altri ancora, che nel corso degli anni Cinquanta avrebbero assicurato il ricambio entro uno dei maggiori centri di potere». La casta di sinistra accoglieva professori insediati sulle cattedre universitarie, come Antonio Banfi o Ranuccio Bianchi Bandinelli, intellettuali ed editori di spicco, come Italo Calvino, Natalia Ginzburg, Cesare Pavese e Giulio Einaudi, che si piegavano alle censure e ai diktat del Pci;[28] critici cinematografici che andavano in deliquio per la filmografia sovietica; critici letterari che difendevano a spada tratta le ragioni del realismo socialista;[29] giornalisti che su *l'Unità* bacchettavano severi i profughi di Pola. Erano proprio questi i rappresentanti di una nuova forma di «servitù volontaria»,[30] che supportavano l'affermarsi dell'egemonia culturale della sinistra definita da Pannunzio «ultraconservatrice». Il primo *Mondo* sottolineava l'affollarsi nella sinistra italiana di «chierici zelanti»[31] o «utili idioti», mentre si dissol-

[27] F. Fortini, *Insistenze*, Milano, Garzanti, 1985, p. 166.

[28] Cfr. M. Pirani, *E adesso rendete pubblici gli archivi dell'Einaudi*, in *la Repubblica*, 24 gennaio 2008: partendo dal rifiuto dello Struzzo di pubblicare le lettere non compiacenti nei confronti del Pci di Renato Poggioli, Pirani affronta il tema delle censure che personalità della casa editrice di via Biancamano e non solo – come lo stesso Giulio Einaudi, Italo Calvino, Cesare Pavese, Natalia Ginzburg, Vito Laterza e altri – accettarono negli anni Quaranta e Cinquanta da parte del Pci, pur cercando a volte di sfuggire dalle strette dell'ideologia staliniana. Sulla vicenda Poggioli cfr. M. Canali, *La cacciata di Poggioli*, in *Liberal*, 2 febbraio 2008. Sulla casa editrice Einaudi cfr. L. Mangoni, *Pensare i libri. La casa editrice Einaudi dagli anni Trenta agli anni Sessanta*, Torino, Bollati Boringhieri, 1999; E. Galli Della Loggia, *L'identità italiana*, Bologna, Il Mulino, 1998; G. Belardelli, E. Galli Della Loggia, L. Cafagna, G. Sabbatucci, *Miti e storia dell'Italia unita*, Il Mulino, Bologna, 1999.

[29] Cfr. la rubrica «Lettere scarlatte», in *Il Mondo*, n. 21, a. 1955.

[30] V. Foa e F. Montevecchi, *Le parole della politica*, cit., p. 29.

[31] P. Gentile, *Il chierico zelante*, in *Il Mondo*, 2 aprile 1949.

vevano molte delle speranze di giustizia sociale e di coesione nazionale nutrite a partire dal 1945. Il professore di Molfetta, sempre sul *Mondo*, protestava poi contro la penisola delle mafie e delle camorre, della partitocrazia,[32] i «bischeri in automobile»,[33] i politici «pescecani» che sopraffacevano la folla dei «pesciolini».[34] Ricordava anche la sanguinosa epopea postbellica appena trascorsa. Rivolgendo accuse al Pci, ovvero al partito «di tutti quelli che vogliono infiltrarsi nel governo per farlo saltare per aria dal di dentro», che alimenta un'«atmosfera di violenza e di guerra civile»,[35] che persegue una lotta «contro l'idea stessa di democrazia».[36] Per arrivare alle scottanti dichiarazioni sul fatto che «scuotendo dal di dentro la povera capsula della democrazia italiana, i comunisti ottengono di farsela cadere sulla testa, cioè secondano l'opera di chi per opposti fini la demolisce dal di fuori».[37] Con il rischio di un revival in camicia nera[38] che sarebbe potuto nascere dalla «guerra civile permanente».[39] Questo rifiuto di accodarsi ai compagni di strada comunisti sarà interpretato progressivamente come incapacità di Rossi e Salvemini di percepire la realtà in evoluzione dei grandi

[32] Cfr. *Salvemini e la partitocrazia* nel saggio di G. Quagliariello, *Gaetano Salvemini*, Bologna, Il Mulino, 2007, pp. 245-283.

[33] G. Salvemini, *Qualche sasso in capponaia*, in *Il Mondo*, cit.

[34] G. Salvemini, *Miliardi elettorali*, in *Il mondo*, cit.

[35] G. Salvemini, *La capponaia*, cit.

[36] *Ibidem.*

[37] G. Salvemini, *Qualche sasso in capponaia*, cit.

[38] *Ibidem.*

[39] G. Salvemini, *Proporzionale sproporzionata*, in *Il Mondo*, 27 settembre 1952; ora in Idem, *Opere. Scritti vari*, cit., vol. VIII, p. 799. Cfr. le parole di Luigi Pintor nell'intervista di Giampiero Mughini (*Un comunista inguaribile*, in *Paese Sera*, 11 giugno 1977), che riconoscerà: «Quel che dominava i nostri pensieri era il conflitto internazionale, la possibile imminenza di una terza guerra mondiale, la bomba atomica, il nostro ruolo in questa gigantesca partita... Non avevamo dubbi che gli impiccati fossero colpevoli. Il colpo di Stato fu micidiale ai fini delle elezioni italiane, ma pensammo: 'Intanto abbiamo la Cecoslovacchia'. Le cose stanno così. Chi le racconta diversamente non fa autentica storiografia».

partiti di massa, in particolare del Pci.[40] E, mentre la memoria della « guerra guerreggiata » sfumava negli anni, ogni evocazione dell'accaduto sarà letta e interpretata come espressione di atteggiamenti pregiudizialmente negativi nei confronti del maggior partito operaio. Voce fuori dal coro degli intellettuali di sinistra, Salvemini lo diventerà ancor più per tante sue opzioni: ad esempio per la scelta che lo portava a votare per la Dc, tenendo stretto il naso tra l'indice e il pollice, come dirà con un'immagine fortunatissima. « In questa valle di lacrime noi non abbiamo modo di scegliere fra il bene e il male. Possiamo solamente scegliere tra il male, il peggio, il più peggio, e il massimo del peggio », scriveva il professore proprio alla vedova di Camillo Berneri, simbolo di un'altra lotta intestina, quella in Spagna.[41] « Se potessi sperare in una palingenesi anarchica – cioè il meglio nel migliore dei mondi possibili – mi murerei nell'intransigenza anarchica... ma non ho speranza in nessuna palingenesi. Perciò a chi mi domanda il mio parere sul da farsi, consiglio di preferire al massimo del peggio – cioè a Togliatti e ad Anfuso – il più peggio, cioè De Gasperi, Scelba, Villabruna, Pacciardi e generi simili, ma di stringersi fortemente il naso fra il pollice e l'indice »[42]. Per evitare il « massimo del peggio », gli intellettuali e i politici del *Mondo* appoggeranno, con il naso turato, anche la battaglia per la cosiddetta « legge truffa » e daranno il proprio sostegno allo scudo crociato (una legge in cui lo storico Pietro Scoppola vedrà, molti anni dopo, un tentativo positivo di « risposta istituzionale alla debolezza parlamentare »).[43] « Il gruppo del *Mondo* si schierò in blocco, con poche defezioni, in favore della legge maggioritaria, la legge-truffa, come la battezzò l'opposizione, del 1953 », ricorda

[40] Cfr. G. Carocci (a cura di), « *Il Mondo* ». *Antologia di una rivista scomoda*, cit., e M. Salvadori, *Gaetano Salvemini*, Torino, Einaudi, 1963.

[41] G. Salvemini, *A un'amica anarchica*, in *Volontà*, marzo 1953; ora in Idem, *Opere. Scritti vari*, cit., vol. VIII, pp. 820-821.

[42] *Ibidem*.

[43] P. Scoppola, *La repubblica dei partiti. Profilo storico della democrazia in Italia, 1945-90*, Bologna, il Mulino, 1991, p. 239 e sgg.

Scalfari. «L'espediente dell'apparentamento tra liste di diversi partiti e il premio di maggioranza allo schieramento vincente avrebbero dovuto consentire agli 'elettori laici' di spostare il voto della Dc ai 'tre piccoli' senza il timore di indebolire la 'diga' anticomunista».[44]

«Zio» e «nipote» nella loro battaglia per denunciare l'egemonia strisciante del Pci saranno soli e di frequente portati davanti al tribunale dell'intellighenzia, che li accuserà dal 1945 in poi per anni di essere al «soldo della plutocrazia anglo-americana»[45] o «trotzkista canaglia», come gli anarchici e i trotzkisti di Spagna.[46] Rossi, per i suoi strali alla sinistra «ultraconservatrice», era bollato come un portatore di acqua dei reazionari e dei clericali, che aveva tradito l'antico verbo liberale: «La differenza tra la loro posizione [si riferisce agli «Ernesto Rossi»] e quella dei liberali e dei democratici sinceri del passato», osservava Togliatti nel 1952, «è che questi erano convinti che la storia li chiamasse a fondare un regime stabile, la cui solidità stava proprio nella libertà. Per questo liberali e democratici sinceri non ebbero mai nemici a sinistra, considerarono sempre utile e giusto che la libertà venisse conquistata e difesa dal fucile dell'operaio... Per gli Ernesto Rossi, la libertà non è più una prospettiva storica reale... e questo è uno dei sintomi più seri del logorio della loro coscienza politica».[47]

Salvemini, non essendo considerato un attendibile «compagno di strada» dei comunisti non era più nemmeno antifascista: Velio Spano definiva il professore di Molfetta «un sabotatore nato, un sabotatore per tendenza congenita».[48] In controtenden-

[44] E. Scalfari, *La sera andavamo in via Veneto*, cit., p. 83.

[45] E. Rossi a G. Salvemini, Ginevra, 13 febbraio 1945; ora in E. Rossi e G. Salvemini, *Dall'esilio alla Repubblica. Lettere 1944-1957*, cit., p. 61.

[46] G. Salvemini, *Il privilegium fori*, pubblicato in inglese con il titolo *Vatican and Mindszenty*, in *The Nation*, 6 agosto 1949; ora in Idem, *Opere. Scritti vari*, vol. VIII, p. 776.

[47] R. di Castiglia, in *Rinascita*, a. IX, n. 10, 1952, ora con il titolo *Ernesto Rossi, i comunisti e la democrazia*, in P. Togliatti, *I corsivi di Roderigo*, cit., p. 245 e sgg.

za si poneva Giorgio Napolitano, che vedeva in Salvemini un maestro di antiretorica, un rinnovatore, autore di pagine «non dimenticabili».[49] La lotta si combatteva sul piano della diffamazione: da una parte si ricordava sempre il «primo» Salvemini, l'intellettuale del *Non mollare*, dall'altra il «secondo» Salvemini, quello dell'emigrazione e del dopoguerra, che si permetteva di criticare l'operato dei profeti armati e della Resistenza. Di tutte le accuse di parte comunista si farà poi portavoce, tra l'altro, una biografia di Gaspare De Caro, pubblicata dopo la scomparsa di Salvemini, che procedeva senza mezzi termini per screditare quanto più possibile il professore. Vi si affermava che la sua «intransigenza anticomunista» lo aveva relegato «in sdegnoso isolamento»,[50] in una «solitudine senza speranza», privo di affetti, sempre pronto a «trinciare il mondo con la sua intransigenza moralistica».[51] L'esperienza americana era conferma del suo «irriducibile provincialismo»,[52] del suo opportunismo, del fatto di essere detestato da quanti gli erano vicini. Tra i tanti demeriti che gli venivano addebitati, c'era anche quello di essere, sempre in America, «privo di studenti», e di essere considerato la «massima autorità sulla politica e sulla storia italiana» solo perché si andava accentuando un certo interesse nei confronti del fascismo. Anche se «è dubbio che la sua presenza di per sé costituisse un atto di accusa contro il fascismo».[53] Ritornava l'onta del non essere nemmeno antifascista. In Italia, scriveva il biografo, caduto il regime, sarà circondato dalla più assoluta indifferenza per la sua incapacità di comprendere «la sapiente codificazione patriottica togliattiana»,[54] il nuovo corso del Pci. E dunque era consacrato

[48] Cfr. G. De Caro, *Gaetano Salvemini*, cit., p. 413.

[49] G. Napolitano, *Il meridionalismo di Salvemini*, in *il Contemporaneo*, 22 ottobre 1955.

[50] G. De Caro, *Gaetano Salvemini*, cit., p. 389.

[51] *Ibidem*, p. 390.

[52] *Ibidem*, p. 391.

[53] *Ibidem*, p. 395.

[54] *Ibidem*, p. 421.

come «ultimo dell'estinta specie dei Maestri, di cui ormai bisognerà fare a meno».[55]

La vicenda del terzismo italiano registrava la sua ulteriore sconfitta verso la metà degli anni Cinquanta. *Risorgimento Liberale*, con le sue numerose battaglie, dallo sporco affaire degli assassinii di Dongo alla vera storia del colonnello Audisio, alla denuncia degli illegalismi e dei delitti di folla, finiva completamente dimenticato.[56] In anni di postcomunismo, persino oggi che il Pci è da tempo sepolto, la lettura di questo dopoguerra continua a muoversi sulle linee tracciate dal partito di Togliatti in materia di antifascismo e di Resistenza.[57] In prossimità della nascita del Partito democratico e in occasione del cinquantenario della sua scomparsa, Salvemini è stato recuperato dall'*Unità*, il giornale che più lo aveva bastonato per aver osato denunciare la guerra dei profeti armati.[58] La lotta di Salvemini e di Rossi contro l'Italia del malaffare, del malgoverno, degli imbrogli targati scudo crociato, è diventata una delle pietre miliari della storia della penisola.[59] Molto meno preso in considerazione è stato invece il

[55] *Ibidem*.

[56] Cfr. G. Sabbatucci, *Il riformismo impossibile. Storie del socialismo italiano*, Roma-Bari, Laterza, 1991, pp. 79-91, dove si evidenzia come con la scissione di palazzo Barberini si sia esaurito il legame del Psi con l'elettorato progressista. S. Colarizi, *La seconda guerra mondiale e la Repubblica*, Torino, Utet, 1984, p. 471, teorizza la fine della centralità democratica, in un sistema politico dominato dalla cultura cattolica e comunista a cui si aggiungeva il peso non indifferente di una destra molto battagliera.

[57] Sul *Mondo* cfr. P. Battista, *Epigoni abusivi. Dal Risorgimento Liberale al Centro Pannunzio*, cit., p. 7.

[58] Nella collana «Le chiavi del tempo» diretta da Bruno Gravagnuolo e abbinata all'*Unità*, infatti, è stato riproposto nel 2007 il *Dizionario delle idee* di Gaetano Salvemini, già pubblicato da Editori Riuniti nel 1997.

[59] Gaetano Salvemini a Ernesto Rossi, Sorrento, 23 febbraio 1955; ora in E. Rossi e G. Salvemini, *Dall'esilio alla Repubblica. Lettere 1944-1957*, cit., p. 432. In ripetute occasioni Rossi e Salvemini si pronunceranno sia in difesa del Pci sia per convergenze fattive con i comunisti. Ne è testimonianza, ad esempio, la polemica presa di posizione nei confronti del leader democristiano Mario Scelba secondo cui sarebbe stata auspicabile una commemorazione del movimento

j'accuse che maestro e discepolo facevano dell'« atmosfera di guerra civile » che si accompagnava alla conquista dell'egemonia culturale e all'affermazione del « complesso dei migliori »: sono così passate in predicato come una fissazione senile o l'evocazione di assurdi fantasmi tutte le battaglie di Salvemini contro gli illegalismi, i « gargarismi » togliattiani e la « guerra guerreggiata ».

Sulle colonne del « giornale polifonico » – così Igor Man ha chiamato *Il Mondo*, ricordandone la suggestione esercitata su direttori come « Alberto Ronchey e Giorgio Fattori che ne ripresero le basi quando diressero la *Stampa* »[60] – Rossi presentiva « il disastro che l'economia d'assalto avrebbe alla lunga provocato, capì che l'intrallazzo avrebbe generato un mostro ».[61] Tuttavia le intuizioni rimasero inascoltate perché Rossi, Salvemini e il gruppetto dei profeti disarmati suggerivano alla politica e alla cultura italiana un percorso differenziato e audace.[62] Ma era una sparuta pattuglia, la cui predicazione cadeva sempre più nel deserto: gran parte dell'intellighenzia del *Mondo* sposava infatti cause e battaglie comuniste, non accettando di finire nella ristretta compagine degli uomini « qualunque ». Con le loro denunce, i due intellettuali che avevano osteggiato a lungo la sinistra che aveva vinto e messo il bavaglio alla sinistra liberal ai suoi esordi subiranno il destino, previsto da Salvemini, di PM (pazzi malinconici) o massi erratici.

partigiano dalla quale fossero esclusi i comunisti: « A questo non dobbiamo consentire a nessun patto. Sarebbe una falsificazione storica, la quale ci disonorerebbe. O la celebrazione è fatta col concorso di tutte le correnti che in realtà parteciparono alla resistenza, compresi i comunisti (ed esclusi gli attendisti), o ognuno la faccia per conto proprio: preti e attendisti e fascisti convertiti da una parte, non comunisti e non preti dall'altra, comunisti per conto proprio. Nessuna associazione coi comunisti, se non c'è associazione di tutti ... Nessuna associazione con i partigiani di destra, se non ci sono i comunisti; mancando l'associazione di tutti, ognuno per sé e Dio per tutti ».

[60] I. Man, *Lo snob che vide lontano*, in *La Stampa*, cit.

[61] *Ibidem*.

[62] E. Scalfari, *Il passo doppio di Veltroni*, in *la Repubblica*, 18 novembre 2007: « Ricordo ancora i convegni degli 'amici del Mondo' che fornirono all'allora centrosinistra la base culturale della sua politica. È un buon esempio da tener presente ».

RINGRAZIAMENTI

Ringrazio Giovanni Sabbatucci, mio primo lettore.

INDICE DEI NOMI

INDICE

Collana Storica
diretta da Sergio Romano

A.A.V.V., *L'alleato scomodo*
A.A.V.V., *La Vandea* (esaurito)
Shlomo Ben-Ami, *Palestina, la storia incompiuta*
Giorgio Borsa, *Dieci anni che cambiarono il mondo*
Paul Bracken, *Fuochi a Oriente. L'ascesa del potere militare asiatico e la seconda era nucleare*
Hélène Carrère d'Encausse, *Lenin. L'uomo che ha cambiato la storia del '900*
Elena Cassin, *San Nicandro* (esaurito)
Christopher Catherwood, *La follia di Churchill*
Iris Chang, *Lo stupro di Nanchino* (2 edizioni)
Michael Curtis, *La Francia ambigua*
Nino Del Bianco, *Francesco Melzi d'Eril: la grande occasione perduta*
Domenico del Rio, *I gesuiti e l'Italia*
Niall Ferguson, *La verità taciuta*
Guglielmo Ferrero, *Avventura. Bonaparte in Italia, 1796-1797*
Guglielmo Ferrero, *Ricostruzione. Talleyrand a Vienna, 1814-1815*
Maria Ferretti, *La memoria mutilata* (esaurito)
Orlando Figes, *La tragedia di un popolo*
Richard Fletcher, *La conversione dell'Europa. Dal paganesimo al cristianesimo 371-1386 d.C.*
Richard Fletcher, *Cristianesimo e Islam a confronto*
Douglas J. Forsyth, *La crisi dell'Italia liberale*
Brigitte Hamann, *Hitler: gli anni dell'apprendistato*
Jill Hamilton, *Dio in armi*
Judith Herrin, *Bisanzio*
Aleksandr Herzen, *Breve storia dei russi* (esaurito)
Ludovico Incisa di Camerana, *I caudillos*
Ludovico Incisa di Camerana, *Il grande esodo*
Ludovico Incisa di Camerana, *L'Italia della luogotenenza* (2 edizioni)

Ludovico Incisa di Camerana, *I ragazzi del Che*
Alain Jaubert, *Commissariato degli archivi* (esaurito)
Paul Johnson, *La nascita del moderno, 1815-1830*
Ivone Kirkpatrick, *Mussolini*
Guido Knopp, *Tutti gli uomini di Hitler* (2 edizioni)
Guido Knopp, *Complici ed esecutori di Hitler*
Guido Knopp, *Figli di Hitler*
Guido Knopp, *Olocausto*
Guido Knopp, *Tedeschi in fuga*
Richard Lamb, *La guerra in Italia, 1943-1945* (2 edizioni)
Richard Lamb, *Mussolini e gli inglesi*
Walter Laqueur, *Il nuovo terrorismo*
Arrigo Levi, *Russia del Novecento* (2 edizioni)
John Lucaks, *Cinque giorni a Londra*
John Lukacs, *Churchill. Visionario, statista, storico*
Giuseppe Maranini, *Storia del potere in Italia, 1848-1967*
Vojtech Mastny, *Il dittatore insicuro: Stalin e la Guerra fredda*
Karl Meyer, *La polvere dell'impero*
Bernard McGinn, *L'Anticristo* (esaurito)
Fernando Mezzetti, *Da Mao a Deng*
Pierre Milza, *Storia d'Italia*
Maurizio Molinari, *La sinistra e gli ebrei in Italia, 1967-1993* (esaurito)
Harold Nicolson, *Storia della diplomazia*
Ernst Nolte, *Controversie*
Iris Origo, *Il mercante di Prato*
G. Passelecq, B. Suchecky, *L'enciclica nascosta di Pio xi*
Angelo Pezzana, *Quest'anno a Gerusalemme*
Constantine Pleshakov, *Il silenzio di Stalin*
Constantine Pleshakov, *L'ultima flotta dello zar*
John F. Pollard, *L'obolo di Pietro*
Paul Preston, *Le tre Spagne del '36*
Gianpaolo Romanato, *L'Africa Nera fra Cristianesimo e Islam. L'esperienza di Daniele Comboni*
Mark Roseman, *Il Protocollo del Wannsee e la «soluzione finale»*
Vittorio Dan Segre, *La guerra privata del tenente Guillet* (3 edizioni)
Mirella Serri, *I profeti disarmati*

Mirella Serri, *I redenti*
Christopher Seton-Watson, *Da El Alamein a Bologna* (esaurito)
John Collings Squire, *Se la storia fosse andata diversamente* (2 edizioni)
Zeev Sternhell, *La destra rivoluzionaria*
Yves Ternon, *Lo Stato criminale*
Harold H. Tittmann, Jr., *Il Vaticano di Pio* XII
Donovan Webster, *Le terre di Caino*
Nicolas Werth, *L'isola dei cannibali*
Henri Wesseling, *La spartizione dell'Africa*
Ronald Wright, *Continenti rubati* (esaurito)
Alvise Zorzi, *Monsieur Goldoni* (esaurito)

MIRELLA SERRI
I REDENTI
Gli intellettuali che vissero due volte.
1938-1948

Norberto Bobbio parlava di una vita « divisa in due parti », dove la cesura si identifica con il 1943, il crollo del regime fascista e la nascita di un'Italia democratica attraverso l'esperienza della Resistenza e della guerra civile. Furono pochi gli intellettuali che in precedenza si opposero al regime fascista; pochi coloro che protestarono apertamente contro le leggi razziali. Furono molti, invece, quelli che si formarono e operarono all'interno delle istituzioni fasciste di cultura che propagandavano una concezione politica totalitaria e razzista, e che solo dopo il 25 luglio abbracciarono gli ideali dell'antifascismo, percependo questa svolta come un'autentica esperienza di « redenzione ». Questo libro ricostruisce, anche sulla base di documenti inediti, segmenti della biografia dei molti intellettuali italiani – come Argan, Della Volpe, Lizzani, Muscetta, Alicata, Guttuso, Carlo Morandi, Giaime Pintor, Sylos Labini, Rossellini – che non furono « dissimulatori onesti », vale a dire accorti antifascisti raccolti attorno a presunte riviste di fronda, come *Primato* di Bottai, e neppure « voltagabbana », bensì uomini che « vissero due volte » e che rappresentano il doloroso quanto repentino processo di maturazione di un'Italia democratica e antifascista all'interno di un regime totalitario messo in crisi dalla guerra mondiale. Senza nulla togliere, ma anzi valorizzando, la storia di tutti quei personaggi – da Vittorio Foa a Giorgio Amendola ai fratelli Pajetta a Leone Ginzburg molti altri – che testimoniarono durante tutto il Ventennio la possibilità di un attivo antifascismo.

CONSTANTINE PLESHAKOV
L'ULTIMA FLOTTA DELLO ZAR

1904-1905. Russia e Giappone si contendono il predominio su Manciuria e Corea. La flotta nipponica ha già distrutto quella russa sul Pacifico e, per forzare il blocco navale imposto su Port Arthur lungo le coste cinesi, lo zar Nicola II decide di trasferire nel Pacifico la flotta del Baltico. Sotto il comando dell'eroico ammiraglio Rozdestvenskij si compie così un'impresa straordinaria: la circunmnavigazione di Europa e Africa, l'attraversamento dell'Oceano Indiano e l'approdo nell'Oceano Pacifico, in mesi di estenuante navigazione fra potenze ostili (la Gran Bretagna non concede il passaggio del Canale di Suez, la Francia ostacola l'approdo in Madagascar), difficoltà di reperire combustibile e approvvigionamenti (le ditte tedesche ritardano nelle consegne), l'inettitudine del comando generale dello zar, l'impreparazione di parte dell'equipaggio (tirato fuori dalle galere di Mosca). Arrivati in vista delle coste coreane, quel che resta della terza squadra viene infine annientato grazie al genio strategico dell'ammiraglio Togo in una delle più epiche battaglie di tutta la storia: la battaglia di Tsushima. Un libro di storia che si legge come un romanzo di avventura.

Dello stesso autore:
Il silenzio di Stalin

Fotocomposizione Editype s.r.l.
Agrate Brianza (Milano)

Finito di stampare
nel mese di ottobre 2008
per conto della Casa Editrice Corbaccio s.r.l.
da Grafica Veneta S.p.A. di Trebaseleghe (PD)
Printed in Italy